前言

　　方言是民族共同语的地域分支,它本身是地域文化的积淀,同时又是地域文化的载体。熟语是词汇系统中的固定短语或句子,是汉民族人民在长期的语言活动中反复加工锤炼而成的。王勤先生在《汉语熟语论》(2006:133)一书中指出了熟语与文化的关系,认为"语言本身是一种特殊的文化现象,它包容和反映了民族生活中丰富多彩的种种文化现象。然而在语言的文化信息里又比较集中地储存在语言的词语中,其中的语(主要是熟语)又是蕴藏和反映文化信息的主要部分"。邵阳方言的熟语,也集中反映了邵阳地区的物质文化和精神文化,是邵阳人民集体智慧的结晶。

　　学术界对方言熟语的研究仍处于语言学研究的边缘地带,重视程度不够。湖南方言熟语的研究成果目前只有《长沙方言常用熟语通释》《祁阳方言熟语》和《俗语的多维度研究——以湖南郴州为例》等几种。邵阳方言熟语研究成果很少,只有少数专著中例举性地收集了一些熟语,主要是谚语和歇后语,很少涉及惯用语、俗成语等熟语类型,且基本上是简单地列出条目,很多没有释义和例句,还谈不上研究。

　　笔者作为邵阳人,在日常口语交际中,经常会接触到一些具有地域特色的方言熟语,尤其是一些富有哲理和教育意义的熟语,会时不时地从我们的母亲口中蹦出,让我们倍感亲切并受到教益。而很多熟语对于我们而言,已经只是似曾相识但不能准确地理解和表达了,方言熟语及其所承载的地域文化在我们的交际中,在我们的记忆里一点点地流失!

　　有感于邵阳方言熟语研究成果的匮乏和家乡方言熟语文化逐渐式微的现实,我们在对家乡方言语法的研究过程中,也有意识地使用包含有当地熟语的例句。但是,限于语法研究的性质和篇幅,这种努力只能是杯水车薪。于是,我们产生了动手撰写一部有关家乡方言熟语文化的小书的念头。说干就干!我们在平时的交际中,把接触到的熟语随手记录下来,并以普通话和其他方言熟语研究成果为线索开展调查。最后搜集到1000多条熟语,对其分类、整理、筛选、注音、释义、举例并展开研究,最终形成了摆在读者面前的这本小书。

本书以湖南邵阳方言熟语的语言特征及其所反映的地域文化为研究对象,通过田野调查,从语言学方面对邵阳方言熟语进行研究,并精选1000余条熟语进行注释和举例说明。主要内容包括五章。第一章至第四章是对方言熟语的研究,在对邵阳方言的声韵调系统和汉语熟语研究的现状等进行介绍之后,对该方言中的谚语、歇后语、俗成语、惯用语等熟语进行比较全面的研究,分析它们在句法结构、语义表现和修辞手法等方面的特点,及其所蕴藏的地域文化,包括农耕文化、自然现象、衣食文化、民俗文化、家庭文化、信仰文化、社交文化等。第五章是对方言熟语的汇释,精选该方言1000余条使用频率高、具有邵阳方言特色的熟语,逐条进行国际音标的注音、释义,并就其用法进行举例说明。

希望本书能够弥补前人研究的不足,在为我们完成的国家"语保工程"专项任务"湖南汉语方言调查·邵阳""湖南汉语方言调查·双清"课题提供补充的同时,为外界了解邵阳文化打开一扇窗口,也为邵阳方言语法的研究提供更加丰富的第一手语法语料。

著　者
2023年6月

本书为国家社科基金重大招标项目"湖南及周边省区汉语虚词时空立体研究及数据库建设"（21&ZD291）成果

本书为国家社科基金一般项目"湘西南地区湘、赣方言语法的深度描写与接触、比较研究"（21BYY010）成果

湖南邵阳方言

常用熟语研究与汇释

蒋遐　蒋协众■著

郑州大学出版社

图书在版编目(CIP)数据

湖南邵阳方言常用熟语研究与汇释／蒋遐，蒋协众著 . — 郑州：郑州大学出版社，2022. 9

ISBN 978-7-5645-9213-4

Ⅰ.①湖…　Ⅱ.①蒋…②蒋…　Ⅲ.①湘语 - 熟语 - 研究 - 邵阳

Ⅳ.①H174

中国版本图书馆 CIP 数据核字(2022)第 208307 号

湖南邵阳方言常用熟语研究与汇释
HU'NAN SHAOYANG FANGYAN CHANGYONG SHUYU YANJIU YU HUISHI

策划编辑	孙理达	封面设计	苏永生
责任编辑	孙理达	版式设计	苏永生
责任校对	樊建伟	责任监制	李瑞卿

出版发行	郑州大学出版社	地　址	郑州市大学路 40 号(450052)
出 版 人	孙保营	网　址	http：//www. zzup. cn
经　销	全国新华书店	发行电话	0371-66966070
印　刷	郑州宁昌印务有限公司		
开　本	710 mm×1 010 mm　1／16		
印　张	12.25	字　数	230 千字
版　次	2022 年 9 月第 1 版	印　次	2022 年 9 月第 1 次印刷

书　号	ISBN 978-7-5645-9213-4	定　价	58.00 元

本书如有印装质量问题，请与本社联系调换。

目录

第一章

绪　论

　　绪论部分共包括五方面的内容。首先介绍了湖南省邵阳县的人文地理和历史沿革,接着对邵阳县方言的概况和邵阳县双河话的音系进行了说明,然后梳理了汉语普通话、汉语方言和湖南方言熟语研究情况,并概括了本书的研究内容与意义,最后对本书的语料来源与标音、符号体例及释义进行了说明。

第一节　邵阳县概况①

一、人文地理

　　邵阳县是湖南省邵阳市的一个下辖县,位于湘中偏西南,资水上游,地处东经110°59′—110°40′,北纬26°40′—27°6′,东邻邵东市、祁东县,南连东安县、新宁县,西接武冈市、隆回县,北抵新邵县和邵阳市区。辖12个镇、8个乡、3个农林场。县境东西最长66.7千米,南北最宽64.3千米,总面积2001.01平方千米。县治塘渡口镇。2021年末户籍人口105.07万人,常住人口73.11万人。全县共有26个民族,汉族占99.6%,其余6000余人为散居的少数民族,主要为回族、壮族、侗族、瑶族等。

---

　　① 数据来自:邵阳县志编纂委员会.邵阳县志[M].长沙:湖南人民出版社,2008;邵阳县人民政府网 https://www.syx.gov.cn/syx/sygkn/sygk.shtml.

邵阳县地处衡邵丘陵盆地西南边缘向山地过渡地带,地势南高北低,地貌类型以丘陵为主,山地、平原、岗地兼有。南部河伯岭山脉蜿蜒与东部四明山脉相接,形成东南屏障,中北部黄荆岭石灰岩低山突起,喀斯特地貌发育,北部地势低缓,红土岗地发育。境内共有大小河流61条,主要有资水、夫夷水、赧水、檀江等,属湘、资两大水系。夫夷水、赧水汇合于境内双江口,呈"丫"形展布北上,檀江纵贯境东。河网密度为0.37千米/平方千米。其中资江水系流域面积占总面积的95.5%,湘江水系占4.5%。

邵阳县为中亚热带季风湿润气候区。气候温和,雨量充沛。年内最高气温37.6℃,最低气温-5.4℃,年平均气温16.9℃,年降水量1099.3毫米。

县内传统戏剧有布袋戏、祁剧、花鼓戏、木偶戏和五峰铺扎故事、白仓高跷等。蓝印花布、邵阳布袋戏入选国家级非物质文化遗产名录。

二、历史沿革

邵阳县历史悠久。春秋战国时期,邵阳县属楚国。秦朝时属长沙郡。西汉初年置昭陵县。西汉武帝元朔六年(前123年),昭陵县属零陵郡。汉元始五年(5年),境内封昭阳侯国,仍属零陵郡。三国时期,东吴宝鼎元年(266年)改昭阳侯国为昭阳县,与昭陵县同属昭陵郡。西晋武帝太康元年(280年),改昭陵县为邵陵县,改昭阳县为邵阳县,邵阳之名从此开始。南北朝陈并邵陵于邵阳。隋开皇十年(590年)废郡,并夫夷、都梁两县入邵阳,移邵阳县治于昭陵故址;隋末析邵阳置武攸。唐朝时,邵阳县地名历经"建州—南梁州—邵州—邵阳郡—邵州"等变化。宋朝分全国为十五路,邵州属荆湖南路。南宋理宗宝庆元年(1225年),升邵州为宝庆府,邵阳仍为附郭之县。元、明、清三朝循宋制。民国六至七年(1917—1918年),宝庆府改为宝庆县。民国十七年(1928年),宝庆县改为邵阳县。民国二十七年(1938年),全湖南划为九个行政区(湖南省行政督察区),邵阳为第六行政区。1949年7月析置邵阳市(县级市);1951年11月析县境东北置邵东县、新邵县,邵阳南部和新划入的武冈东部6乡为邵阳县,迁县治于塘渡口镇,属邵阳专署;1986年属邵阳市。

本书所记为以五峰铺镇和下花桥镇为调查点的邵阳县熟语。五峰铺镇(也称"五丰铺")是一座有600多年历史的古老小镇,是邵阳县下辖的一个乡镇,位于邵阳县东南部,外部分别与祁东、祁阳、冷水滩、东安接壤。现辖 4 个社区,39 个村委会,距邵阳县城约 25 千米,距邵阳市区约 52 千米,距永州市约 60 千米,土地总面积 140 平方千米,常住人口 12 万余人,镇上常住人口 3.5 万余人,乡村人口约 8.35 万人。下花桥镇也是邵阳县下辖的一个乡镇,位于邵阳县东部,距邵阳县城约 20 千米,距邵阳市区约 30 千米,省道 S224 穿镇而过,是邵阳市区前往五峰铺的必经之路。全镇面积 82 平方千米,人口 4.96 万人。

第二节　邵阳县方言概况及双河话音系

一、邵阳县方言概况

根据鲍厚星、陈晖(2005)对湘方言的分区,邵阳县方言属娄邵片的武邵小片。邵阳县山多河多,交通比较闭塞,当地方言复杂,素有“隔座坳,不同调;隔条江,不同腔”之称。《邵阳县县志·方言》(2008)记载,邵阳县境内的方言差异较大,可以分为老邵阳县区域和老武冈县区域。老邵阳县区域又分邵阳南乡话(包括九公桥、下花桥、郦家坪和五峰铺等乡镇)和西乡话(主要指梽木山地区)。老武冈县区域有黄亭市、白仓、县城塘渡口三个代表点,它们 1950 年之前都属武冈管辖,后划入邵阳县。此外,离塘渡口 5 千米处的黄塘话,与四周土话都不同,是个方言孤岛。

根据我们的调查,邵阳县境内的方言在语法和词汇上的差异不是很大,其差异主要表现在语音中,尤其是声母和声调上。下面以五峰铺方言和塘渡口城关方言为代表来进行比较(邵阳县五峰铺镇方言和下花桥镇方言属于老邵阳县区域的邵阳南乡话,县城塘渡口方言属于老武冈县区域)。

第一,声母上,五峰铺方言有成套的舌尖后音[tʂ tʂʰ ʂ dʐ ʐ]声母,塘渡口方言虽然也有这套舌尖后音声母,但读成舌尖后音的单字极少,且这些单字主要是受普通话影响产生的。

第二,声调上,两个方言点的差异主要体现在音高上。五峰铺方言上声为平调,调值为33,塘渡口方言上声为高降调,调值为51。另外,在阳去调的音高上,五峰铺方言比塘渡口方言要低,分别为213与324。

二、邵阳县双河话音系①

本书音系记录的是邵阳县五峰铺镇双河村的方言。双河村位于五峰铺镇以北,邵阳县城以东,邵阳市区以南,距五峰铺镇约10千米,距县城塘渡口约20千米,距邵阳市区约35千米,交通较为不便,只有一条乡道通向五峰铺镇和下花桥镇。村里没有移民,没有少数民族,是汉族的聚居区,本地只有一种口音,语言纯正,且保留了完整的浊音系统,属于老邵阳县区域的南乡话。

发音合作人蒋和平,男,1944年生,小学文化,是土生土长的五峰铺镇双河村人,他的父母和配偶都是当地人,家庭语言环境单纯,没有在外地常住,能说地道的当地方言。

根据我们的调查,邵阳县双河话的声母有33个(包括零声母在内),韵母有36个(包括自成音节的[ŋ̍]在内),单字声调有5个(轻声在外)。

1. 邵阳县双河话的声母

邵阳县双河话的声母有33个,包括零声母在内,见表1-1。

表1-1　邵阳县双河话声母

p 布包帮八	pʰ 怕跑胖泼	b 婆浮盘白	m 妈毛麦尾②	f 飞肺放福	v 饭房湖屋
t 低到东答	tʰ 梯太痛脱	d 大道同读			l 男篮梨辣
ts 早支作捉	tsʰ 此吹族测	dz 字巢从层		s 三诗生索	z 时是事示
tʂ 张章正粥	tʂʰ 超唱冲尺	dʐ 仇潮虫丈		ʂ 赊手声勺	ʐ 蛇热受射
tɕ 知鸡猪脚	tɕʰ 欺枪巧杰	dʑ 齐桥晴斜	ȵ 娘年女严	ɕ 书西想食	ʑ 移容熊现
k 哥狗工角	kʰ 苦开抗客	g 脆葵搅狂	ŋ 牙鸭矮咬	x 虾喝海黑	ɣ 河害汗恨
ø 衣月耳坏摇院望					

---

① 本方言音系的调查和整理得到湖南师范大学博士生导师陈晖教授的悉心指导,并在其所授的研究生课程"汉语方言与方言调查"上广泛深入地讨论过。谨致谢忱。

② 有文白异读的字,白读音下加"﹏",文读音下加"＿"。

说明：

（1）[v]发音时摩擦较轻，声带震动不是很明显，有时候自由变读为零声母。

（2）古泥来母在洪音前相混，在非鼻音韵尾前一般读成边音[l]，逢鼻音韵尾时，有时读[n]，有时读[l]，[n]和[l]自由变读，统一记为[l]；在细音前泥来母有别，泥母读鼻音[ȵ]，来母读边音[l]。

（3）舌尖后音[tʂ][tʂʰ][ʂ][dʐ][ʐ]发音时舌位略靠前，带舌叶色彩。

（4）日母字今有[ʂ]和[ʐ]两种读音，这两种读音可以自由变读。今读[ʂ]声母的日母字，逢阳调[ʂ]声母有浊感，跟来源于阴调的[ʂ]声母不同，记为[ʐ]。

（5）[ɣ]声母实际发音比舌根音稍靠后。

2. 邵阳县双河话的韵母

邵阳县双河话的韵母有 36 个，包括自成音节的[ŋ̍]在内，见表1-2。

表1-2　邵阳县双河话韵母

ɿ 子此丈式	i 低梯题梨	u 步土助服	y 除树雨出
ʅ 知池鸡皮			
a 怕大架摘	ia 姐谢丫押	ua 花夸话括	ya□ 丢揪用手握住
e 色去车勒	iɛ 写埜节耳		yɛ 绝月缺鹊
o 坡河坐盒	io 学弱确药		
ai 排盖解二		uai 衰洒歪外	
ei 北非陪白		uei 国雷灰罪	yi 靴血雪说
aɔ 抱敲草熬	iaɔ 条摇笑雀		
əu 收偷斗厚	iəu 牛秋旧六		
an 盼减淡安	ian 天面严燕		yan 穿浅全怨
en 笨灯争问	in 心新病影	uen 困温昏翁	yn 军群荣倾
aŋ 帮糖半进	iaŋ 亮羊象江	uaŋ 双乱团往	
oŋ 朋抨东送	ioŋ 容浓兄熊		
ŋ̍ 唔不			

说明：

（1）[ʐ]的实际发音舌位略靠前，只能与[tɕ][tɕʰ][dʐ][ɕ][ʑ]以及唇音声母[p][pʰ][b][m]相拼，略带舌面色彩。韵母[ʐ]和[i]的分布互补，可以归纳为一个音位，但为了突出方言特色，本书将其分开，设两个音位。

（2）[ai][uai][yi][ei]中的韵尾[-i]实际音值不到[i]，处于[i]和[e]之间。

（3）[y]实际发音舌位略靠后。

（4）单韵母[e]和[en][uen]中的韵腹[e]实际音值处于[i]和[e]之间。

（5）[iɛ][yɛ][ei]中的韵腹实际音值处于[ɛ]和[e]之间。

（6）在[e][iɛ][yɛ]三个韵母中，[e][ɛ]的分布不构成对立，但考虑其音感差异较大，将其分开处理。

（7）[əu]中的韵腹[ə]实际音值略高略后，但没有到[ɤ]的位置；韵尾[-u]实际音值比标准元音[u]略展。

（8）/a/在单韵母和作韵腹无韵尾时实际音值为[A]，在韵尾[-i]和[-n]前为[a]，在韵尾[-ɔ]前为[ɑ]，在韵尾[-ŋ]和[uā]中，[a]的实际音值比[A]靠后，比[ɑ]靠前，介于[A]与[ɑ]之间，因其分布不构成对立，归纳为一个音位，记为[a]。

（9）韵母[uaŋ]有时读音有鼻尾，实际读音既有鼻化，又有鼻尾。

（10）韵母[an]在实际读音中，鼻尾[-n]有时会丢掉，这时韵母会带有鼻化。

3. 邵阳县双河话的声调

邵阳县双河话的声调有5个，轻声在外，见表1-3。

表1-3 邵阳县双河话声调

调 类	调 值	例 字
阴平	44	高天婚桌八
阳平	112	穷爬桃人池
上声	33	古口党女纸
阴去	35	盖送岸月毒
阳去	213	菜共饭读杰

说明:

(1)阴平调值为44,实际调值比4度略高,比5度略低。

(2)阴去调值为35,实际调值起点比3度略高,终点比5度略低。

(3)阳去调值为213,实际调值终点比3度略高,比4度略低。当韵尾为元音韵尾时,曲折调不明显;当韵尾为鼻韵尾时,曲折调比较明显。

三、邵阳(双河)方言两字组连读变调表

邵阳(双河)方言共5个单字调,两字相连时有时读变调,变调规律如表1-4所示。

表1-4　邵阳(双河)方言变调规律

后字 前字	阴平(44)	阳平(112)	上声(33)	阴去(35)	阳去(213)
阴平(44)	44+44:伤心 44+31:飞机	44+112:花瓶 44+31:今年	44+33:抓紧 44+31:工厂	44+35:开店 44+42:锅盖	44+213:生病 44+31:猪肉 44+42:安静
阳平(112)	112+44:年轻 112+31:床单	112+112:农忙 112+31:前门	112+33:骑马 112+31:红枣	112+35:迟到 21+24:能干	112+213:流汗 21+24:芹菜
上声(33)	33+44:打开 33+31:喜欢	33+112:倒霉 33+31:好人	33+33:举手 33+31:水果	33+35:讲价 33+42:广告	33+213:炒菜 33+31:喜事 33+42:早稻
阴去(35)	35+44:中风 21+42:半天	35+112:拜年 21+42:桂圆	35+33:中暑 21+42:政府	24+35:降价 21+24:兴趣	213+213:看病 21+42:笑话
阳去(213)	213+44:办公 21+24:汗巾	213+112:害人 21+42:大人	213+33:电表 21+24:队长	213+35:地震 21+24:饭店	213+213:备课 21+24:态度

注:轻声音节后字读轻声,如AA式重叠词、构词后缀、表示方位的词或语素等,一律标轻声,用"0"标示。

变调规则可以概括为以下几条:

(1)阴平、上声跟非阴去组合,前字不变调,后字可能变成31调;阴平、上声跟去声组合,前字不变调,后字可能变成31调或42调。

(2)阳平跟非去声组合,前字不变调,后字可能变成31调;阳平跟去声

组合,可能发生前字变 21,后字变 24 的变调。

(3)阴去跟阴去组合,可能发生前字变 21,后字变 24 的变调;阴去跟非阴去组合,可能发生前字变 21,后字变 42 的变调。

(4)阳去作为前字与任何一个声调组合,可能发生前字变 21,后字变 24 的变调。

第三节　汉语熟语研究概况

一、汉语普通话熟语研究

汉语熟语的研究一直是汉语词汇研究的一个重要关注点。前辈学者如云生(1959)、唐松波(1960)、胡裕树(1962)、马国凡、高歌东(1979;1982)、武占坤、马国凡(1982)、高东歌(1986)、王勤(2006)、孙维张(1989)、周荐(1994)、温端政(1989)、姚锡远(2013)等,他们都在其著述中就汉语熟语进行整体分析或就某个或某些方面进行研究。对熟语进行整体描写分析和总结归纳的,如孙维张的《汉语熟语学》(1989)、王勤的《汉语熟语论》(2006)、武占坤的《汉语熟语通论》(2007)、姚锡远的《熟语学纲要》(2013)等。对汉语熟语的某个或某些方面进行研究的,成果主要集中在 20 世纪 80 年代前后,如马国凡、高歌东的《歇后语》(1979)、《惯用语》(1982),武占坤、马国凡的《谚语》(1982),王勤的《谚语歇后语概论》(1980)、《论惯用语》(1982),温端政的《谚语》(1985)、《歇后语》(1985),姚锡远的《"熟语"的种属地位及其定义域》(1998)等。上海辞书出版社出版了由温端政领衔主编的"语海"系列,包括《谚语辞海》(2017)、《歇后语辞海》(2018)、《惯用语辞海》(2018)等,该系列著作收集了大量中国的谚语、歇后语和惯用语,并对其进行深入浅出的解释,是熟语词典中的"巨无霸"。20 世纪以来,随着语言学理论的更新与深入发展,一些著作或硕博论文从新的角度对汉语熟语进行了研究,取得了丰硕的成果。如杨建国的《基于动态流通语料库的汉语熟语单位研究》(2009),基于汉语词典学界和中文信息处理界重"词"轻"语"的现象,对熟语研究进行了反思,提出"熟语单位"(IdiomUnit,IU)的概念。沈玮的《论汉语俗语的文学图像》(2009)从文艺民俗学视角出发,以文艺作品中的谚语、歇后语、惯用语为研究对象,研究汉语俗语的文学图像与文艺及文化的相互关系。张能甫的《现代汉语熟语历史层次研究》(2020)则从历史源头的角度,对现代汉语共时系统中的所有熟语进行深入的断代的历时研究,这在以前的熟语研究中是没有的。此外,一些研究词汇的著述中,对汉语熟语也有一定的研究,如王德春(1983)、刘叔新(2005)等。普通话熟语的研究从深度和广度上都达到了一定的水平,为我们的研究奠定了坚实的基础。

二、汉语方言熟语研究

21 世纪之前,相对于普通话来说,有关方言熟语的研究成果比较少,主要集中于广州、上海、兰州、福州、东北等方言,且以期刊论文为主。如陈慧英(1980)举例说明了广州方言熟语的表意手法和构成方式,同时也介绍了广州方言的惯用语和谚语。张文轩(1984、1986)分别研究了兰州方言的谚语和成语。许宝华、汤珍珠、钱乃荣(1985)分三期对上海市区方言的熟语先分条目例举,然后再加注释,必要时举例说明。唐若石(1996、1997)通过三篇论文对福州方言的熟语进行研究。方炳桂、方向红(1999)通过专著对福州方言的熟语进行了全面研究。聂志平(1997)收集了东北方言的熟语并进行比较详细的研究。这一时期,由温端政主编的《中国俗语大词典》(1989)以及中国民间文学集成全国编辑委员会主编的《中国谚语集成》陆续编定出版,这些著作在国家文化事业建设过程中具有深远的意义。

21 世纪以来,对于方言熟语的研究逐渐增多,有对熟语进行全面研究的,主要体现在一些词典与专著中,如张光明(2002)、杨月蓉(2004)、高然(2010)、陆侠(2017)等。有从某个方面或特点来分析研究的,主要体现在一些期刊论文和硕士论文中。期刊论文如祝敏青(2005)从韵律的讲究和修辞格的运用等方面研究了福州方言熟语的修辞特点;谷晓恒(2006)、黄映琼(2014)、焦伟娜(2015)等分析了方言熟语与地域文化之间的关系;张钰莹(2020)、李世琳(2021)分别从认知的角度研究了仙居和客家方言中的熟语。硕士论文如徐纳(2014)分析了南昌方言谚语的修辞技巧、歇后语的结构与修辞、惯用语的理据意义以及成语的结构;张友丽(2019)从宜昌方言熟语的类型及特点、熟语的语法及语义分析、熟语的文化观照这三个方面对宜昌方言熟语进行描写解释和分析归纳;王瑞兰的《偏关方言熟语研究》(2020)以偏关方言中的四字格固定短语、惯用语、歇后语和谚语为研究对象,从结构、语义和修辞等方面对偏关方言中的熟语进行了研究,归纳出偏关方言熟语的语言特点和地方文化。

三、湖南方言熟语研究

与湖南方言语音、语法等研究相比,湖南方言熟语研究成果要少得多。其研究主要体现在两个方面,一是湖南方言熟语的本体研究,二是湖南方言熟语的文化研究。

(一)湖南方言熟语的本体研究

这类成果主要对湖南方言熟语的语音、语义、语法结构等进行分析。

首先是著作类成果。《中国谚语集成·湖南卷》收集了湖南两万多条谚语,并按内容分为十大类,是一部湖南历史文化的百科全书。袁庆述、袁楚的《长沙方言常用熟语通释》(2008)收录了长沙方言中常用的熟语 4000 余条,该书用国际音标标出了长沙方言熟语的读音,解释了意义,并举例说明。桂枝的《祁阳方言熟语》(2018)对祁阳、祁东和周边地区的 1520 条熟语按意义和用法分为四类,即人情世态类、经验哲理类、讽刺教谕类、生活类及其他,对这些熟语的意义进行解释并举例说明,传达了祁阳方言的声韵美、民俗美、丰繁美、形象美、修辞美和幽默含蓄美。邓红华的《俗语的多维度研究——以湖南郴州为例》(2020)对郴州俗语的来源、语音、语义、语法、修辞、文化、使用以及现代价值等方面展开了比较全面的研究。

据《邵阳县县志·方言》(2008:587)记载,对邵阳县方言最早的研究,要推长阳铺沙井头人陆蔚奇(1874—1941)。民国初年,陆蔚奇在老邵阳县城开设学堂,并编著了《君莫笑读本》。该读本收集了很多当地方言词语、地方俗语和歇后语条目。《邵阳县县志》的第二十五编"方言"一编,收录了邵阳县方言中的少量谚语和歇后语。黎良军的《湘语邵阳话音义疏证》(2009)对邵阳方言词汇的语义进行研究,其中涉及邵阳方言中的少量谚语、惯用语、俗成语等熟语的解释。

其次是论文类成果。邓红华(2006、2007)调查了郴州俗语的使用情况,并对郴州方言俗语的来源进行了探究。吴春波、刘云(2011)以湘乡方言俗语的句法结构为切入点,在认知语言学理论的支撑下分析探讨其语义认知规律,总结其语义认知模式和理解模式,以及在其语义形成、发展和固化的过程中,隐喻和转喻的认知机制所起的重要作用。唐艳(2009)、李丽颖、曾芳(2011)分别分析了衡阳方言和湘乡方言谚语的句法结构,发现既有单句型,又有复句型,单句型谚语有主谓句和非主谓句等形式,复句型谚语有一般复句、多重复句和紧缩句等形式。

（二）湖南方言熟语的文化研究

有关湖南方言熟语的文化研究成果,主要体现在一些期刊论文中。邓红华(2007)从农耕文化特征、山水文化特征、移民文化特征、礼仪文化特征等四个方面分析了郴州俗语的文化特征。唐艳(2009)、李亚娜(2014)都探究了衡阳方言谚语在农业生产文化方面的特征。言岚(2009、2010)认为醴陵方言谚语深刻体现了湘东的农耕文化精神,反映了儒家文化思想对湘东地域文化的渗透,是湖湘文化精神的真实写照,是湘东地域文化的产物。夏伊(2015)以武冈城区方言俗语为研究对象,运用历时和共时相结合的手法,从俗语结构、俗语反映的民俗、俗语的变迁等方面对其进行多角度的分析,并进一步探讨了方言与民俗的关系。谢玉(2018)通过对邵阳方言俗语的文化探析,明晰了特定地域的自然气象、农业生产劳动、民俗文化、儒家文化及民族精神等与方言俗语有内在联系。龙扬琴、尹喜清(2019)考察了保留民国时期邵阳独特的地域文化的《君莫笑读本》中的方言谚语,阐释了其谚语所记录的邵阳的风土人情,邵阳人的人生哲学、价值观念及其丰富的文化内涵。

综上所述,学界对熟语的研究成果主要集中在普通话,方言熟语研究成果相对来说比较少,现有的研究大部分着重于某个方言点熟语的某一种熟语类型的研究,体现在本体研究以及熟语所体现的地域文化方面。

综观邵阳方言熟语已有研究成果,可以发现,目前的研究成果很少,只有少数专著中例举性地收集了一些熟语,主要是谚语和歇后语,基本上是简单地列出条目,也很少对邵阳方言的谚语、惯用语、歇后语、成语等熟语进行系统的、全面的研究。

通过对文献资料的检索,我们发现,近年来对方言熟语的研究以期刊论文居多,除学位论文之外大部分都发表于一些地级学院院报上,核心期刊论文屈指可数。由此可以看出,方言熟语的研究仍处于语言学研究的边缘地带,尚有很大空间。在方言普遍遭到冲击的今天,学界对方言熟语的整理、研究和保护也显得尤为重要和紧迫。

第四节　研究内容与意义

一、熟语的界定与范围

中国传统语言学没有"熟语"这一术语,一般认为"熟语"是从俄语中翻译过来的。对于"熟语"的定义,学界大致持有两种看法,一种认为它是"种"概念,一种认为它是"属"概念。关于熟语的概念界定,学界在以下几个方面达成了一致:①来源上,表现为人们长期在口头或书面上习用;②结构形式上,表现为固定短语或句子;③表达特征上,表现为修辞色彩浓厚。姚锡远(1998)认为:"熟语"是语言中具有习用性、定型性的短语或句子,这些短语或句子通常语义上具有隐含性,表达上具有描述性,语彩上具有文学性。本书在收集邵阳方言熟语时,主要依据姚先生对熟语的界定进行收集。对于熟语的范围,符淮青(2004:197)将熟语分为成语、谚语、惯用语、歇后语四种。本书采用该分类法,将邵阳方言熟语分为谚语、惯用语、歇后语、俗成语等四种。从收集的语料来看,邵阳方言熟语以谚语数量为最多,所以,本书在举例阐释时以谚语为主,必要时涉及一些惯用语和歇后语以及俗成语。

谚语由人民群众口头创作并经过千百年流传下来。《中国谚语集成》(1995:3)指出:"谚语是民间集体创作、广为口传、言简意赅并较为定型的艺术语句,是民众丰富智慧和普遍经验的规律性总结。"由此可以看出,谚语具有口语性强、哲理性强、经验性强、言简意赅等显著特点,且重在言事言理。我们根据该定义和标准来收集邵阳方言的谚语。

王勤(2006:310-319)根据谚语的内容,将谚语划分为两个大类五个小类并进行了界定。① 我们根据王勤先生的分类,并稍作修改,将邵阳方言谚语分为农谚、气象谚、风土谚、讽诫谚和日常生活谚等五类。农谚,指在农业生产过程中总结经验或摸索规律而形成的谚语,包括农、林、牧、副、渔等方面。气象谚,是劳动人民观测天气变化的经验总结,是反映一定的天气变化规律的谚语。风土谚,指那些反映和总结地方风土人情、景物、特产等特点的谚语。讽诫谚包括赞颂正义、表彰好人好事、教导人们如何待人接物、批判坏人坏事等的谚语。生活谚,指关涉人们日常生活方方面面的谚语。

慣用语作为熟语的一种,具有比较显著的特点。王勤(2006:390)将"慣用语"定义为:"具有超字面意义的语义功能,三言口语化习用短小的固定词组。"根据这一定义,我们将"慣用语"界定为具有转义(比喻义)、结构形式固定,同时具有明显通俗口语色彩的以三音节为主的固定词组。

对于歇后语,王勤(1980:145)认为,它由两部分构成,前部分用事物构成一个形象的设喻,后部分用评判、推理等对前部分加以解释、说明。我们根据这一标准收集邵阳方言的歇后语。

王勤(2006:203)指出,成语是指风格典雅、短小精悍、含义精辟、习用已久的四字固定词组。从来源上说,成语主要来自书面语,也有一些成语来自口语。温端政、周荐(2000:245)认为:"来自口语系统的成语,统称为'俗成语',以区别于来自书面系统的成语。"本书收集到的主要是一些俗成语,数量不多。

二、研究内容

本书以湖南邵阳方言熟语的语言特征及其所反映的地域文化为研究对象。主要内容包括五章。前四章是对方言熟语的研究,在对邵阳方言的声韵调系统和汉语熟语研究的现状等进行介绍之后,对该方言中的谚语、歇后语、俗成语、慣用语等熟语进行研究,分析它们在语音形式、语法结构、表意功能和修辞方式上的特点,以及所蕴藏的地域文化特征。第五章是对方言熟语的汇释,精选该方言1000条左右的常用熟语,逐条进行国际音标的注音、释义,并就其用法进行举例说明。

---

① 具体分类请参见:王勤.汉语熟语论[M].济南:山东教育出版社,2006:310.

三、研究意义

第一,目前学术界对方言熟语的研究不太重视,湖南方言熟语目前只有《长沙方言常用熟语通释》《祁阳方言熟语》和《俗语的多维度研究——以湖南郴州为例》等几种,本书以邵阳方言熟语为研究对象,在选题上与上述研究形成互补。

第二,方言熟语是地域文化的重要载体。湘方言素有新老派之分,邵阳方言是老湘语的代表点。本书对邵阳方言熟语的研究,为外界了解湖湘文化打开了一扇窗口。

第三,方言是一种不可再生的语言文化资源。近年来,国家在大力推广普通话的同时,开展声势浩大的方言资源保护工程。本书的研究是对国家"语保工程"的支持和补充。

第五节　语料来源及相关说明

一、语料来源及调查点

邵阳县境内的方言有老邵阳县区域和老武冈县区域之分,老邵阳县区域包括九公桥、下花桥、郦家坪和五峰铺等乡镇。本书所调查的邵阳县方言,主要以老邵阳县区域的五峰铺镇双河村、马草村和下花桥镇徐家桥村、正兴村等为代表点。五峰铺镇距邵阳县城约 25 千米,距邵阳市区约 52 千米。下花桥镇距邵阳县城约 20 千米,距邵阳市区约 30 千米,这两个镇的方言都属于邵阳南乡方言,内部差异很小,但与老武冈县区域的塘渡口、白仓、黄亭市等方言点在语音上有一定差异,与邵阳市其他区县的湘方言点在语音上也有较大差异。整个邵阳地区各方言在词汇、语法上也存在一定差异,但差异不如语音那么明显。我们在行文时,以"邵阳话"或"邵阳方言"来代表我们所调查的邵阳县五峰铺镇、下花桥镇两个方言点的方言。

本书的语料有三个来源:

1. 田野调查

写作之前，笔者在阅读大量参考文献的基础上，从中梳理出核心的观点并形成自己的思路，随后根据每一类熟语的下位分类有针对性地找发音人进行田野调查，从而获取邵阳方言熟语的第一手资料。熟语语料的主要发音合作人为徐爱冬女士，女，1955年生，小学文化，是下花桥镇徐家桥村人，她的父母和配偶都是当地人，家庭语言环境单纯，没有在外地常住，能说地道的当地方言。

2. 前人已有研究成果

通过查阅方言志、方言词典等来收集语料。通过邵阳市民间文学集成编委会编著的《中国民间谚语集成湖南卷·邵阳市分卷》收集记录了小部分谚语，通过《邵阳县方言志》收集了少量谚语和歇后语。通过《湘语邵阳话音义疏证》收集了少量熟语词条。有些语料来自当今同行学者的科研成果，行文过程中及"参考文献"部分都有注明，此处不一一列出。

3. 作者自省

书中一部分语料来自于作者的自省。本书作者是土生土长的邵阳县人，祖祖辈辈都世居当地，邵阳话是母语，能说非常地道的邵阳方言。因此可以通过自省来记录邵阳方言熟语，并进行例证，从而补充语料。

除此之外，还有一些熟语词条来源于作者本人与长辈、邻居们的日常谈话，从自然语料中摘录而来。

二、标音说明

第一，本书采用国际音标标注熟语词条，限于篇幅，例句暂不标音。标音时，调值一律用数字标于音节右侧。

第二，音节与音节一律连写，不空格。有连读变调的标变调。轻声音节存在音高差异，本书统一在右侧标"0"。如"屋里"[Øu44li0]。

第三，本书在标音时，采用作者自己调查所得的邵阳县五峰铺镇双河话音系。

三、符号体例与释义说明

1. 本书常用符号

X$^=$：表示该字是用同音字记录的。

□:表示写不出本字又无同音字代替的字。

(X):表示其中的成分可以省略。

X|X:表示例词或例句间的间隔。

2.释义说明

用小号字表示方言词语、例句的普通话释义。释义原则上采取直译法,普通话中无对等意义的,采取意译法。释义时,本书遵循"难译易不译"的原则,对那些很容易看出意义的或与普通话相同的用例,不再释义。

在引用他人著作时,一律按原文摘录。

除上述常用符号和例字以外,其余一律随文做出解释。

第二章

湖南邵阳方言熟语的句法语义

本书所研究的邵阳方言熟语主要包括谚语、惯用语、歇后语和俗成语四大类。歇后语由前后两个语节构成,前一语节与后一语节之间形式上用一个破折号连接,通常把前一语节称为"引子",后一语节称为"注释",句法结构相对来说比较简单,本书不做讨论。谚语和惯用语的句法结构呈现出纷繁复杂的特点,其中谚语的句子结构多种多样,既有单句型谚语,又有复句型谚语。惯用语以三字为主,多为单体的短语结构类型。从语义上来说,邵阳方言熟语具有表层和深层两层含义。

第一节　湖南邵阳方言熟语的句法结构

一、谚语的结构类型

邵阳方言谚语的结构类型比较复杂,有单句型、复句型两大类型。

(一)单句型谚语

单句包括主谓句和非主谓句两大类。总的来说,邵阳方言单句型谚语数量较少。

1. 主谓句型

根据主谓句中谓语的性质,又分为动词性谓语句、形容词性谓语句和名词性谓语句等。

动词性谓语句由动词性成分充当谓语。邵阳方言该结构类型的谚语比较多。例如：

(1)扁担唔离烂皮箩。│一年之计在于春。│大话有夸早哩。│将四爷嫁把合四爷。│两只肩膊抬只口。│条条蛇咬人。│蛇服哩告花子要。

名词性谓语句由名词性成分充当谓语。例如：

(2)秧好半年粮。│一场春雨一场暖。│一只师公一道符。

主谓谓语句由主谓短语充当谓语。例如：

(3)九话十唔真。│矮里婆崽多。

形容词性谓语句由形容词性成分充当谓语。这一类谚语很少。例如：

(4)强扭个瓜唔甜。

2.非主谓句型

非主谓句型谚语以动词性非主谓句谚语为主,还有极少的名词性非主谓句。例如：

(5)吃饭还巴起粒谷。│心急吃唔得热糍粑。│穷得打寡屁。

(6)放咖锄头摸扫把。│捉只虱婆放脑壳高头抓。

(7)撳到鸭婆吃瘪谷。

(8)打唔死个程咬金。

例(5)是一般的动词性非主谓句。例(6)是连谓非主谓句,所有的动词都有先后次序,先"放"再"摸",先"捉"再"放"再"抓"。例(7)是兼语非主谓句,是某人"撳"鸭婆,鸭婆"吃"谷子。例(8)是名词性非主谓句。

(二)复句型谚语

复句是由两个或两个以上意义相关、结构上互不作句法成分、句末有句调的句子。邵阳方言复句型谚语类型较多,从结构上来看,包括一重复句、多重复句和紧缩复句三种。

1.一重复句型

根据复句的意义类型,邵阳方言谚语主要有并列、顺承、解说、选择、递进、条件、假设、因果、转折、目的等多种类型。

1)并列复句型谚语。该类结构的谚语前后两个分句地位平等,意义相关或相反。邵阳方言中该类谚语比较多。例如：

(9)作坏阳春一年,讨坏婆娘一世。│牙子唔钎唔松,耳朵唔挖唔聋。│四月八,冻死鸭;五月端午,冻死牛牯;六月六,絮被沤;七月半,看牛伢唧凭田圹;八月中秋,灶面前蹲起;九月重阳,冻死牛羊。

(10)朝霞不出门,晚霞行千里。丨冬耕要深,春耕要平。丨夜夜做贼唔富,天天待客唔穷。

据考察,并列复句型谚语一般不使用关联词语,而是采用意合法构成。前后两个分句的并列大多通过相关的词语来体现,如例(9)的"一年"与"一世","牙齿"与"耳朵";也可以通过相反的词语来体现,如例(10)的"朝"与"晚","深"与"平","富"与"穷"。

2)顺承复句型谚语。顺承复句前后两个分句按时间、空间或逻辑顺序排列。邵阳方言这一类谚语也比较多。例如:

(11)割完麦子插完田,穿上白衣看龙船。丨惊蛰一过,蚂蚁唱歌。丨七菇八蒜,九油十麦。(时间顺序)

(12)石板出汗,有水煮饭。丨打哩丫环,吓坏小姐。(逻辑顺序)

3)解说复句型谚语。两个分句之间有解释和总分等关系。邵阳方言该类谚语一般是后一分句对前一分句进行解释说明,一般依靠语序表示,不用关联词语。例如:

(13)六月落雨隔堵墙,涩女唔涩娘。丨穷吃饿吃,升半米炆粥吃。丨喂牛有得巧,栏干水草饱。丨人情是把锯,你有来我有去。

例(13)中后一分句的"涩女唔涩娘"是对前一分句"隔堵墙"的解释,"升半米炆粥吃"是对"穷吃饿吃"的解释。其他同理分析。

4)选择复句型谚语。选择复句分别说出两种或几种可能的情况,让人从中进行选择,可以是选择未定,也可以是选择已定。邵阳方言谚语以后一种情况为主,其关联词语大多是"能慨……唔能慨(不可)……""宁……有……""要么……要么……",或者在后一分句中单用一个"不如"。例如:

(14)能慨做一世个崽,唔能慨做一天个爷。丨能慨当面出丑,不可忍屁成疾。丨宁愿把蛇吃,唔宁愿把爷吃。丨宁与千人好,有与一人仇。丨娘有爷有,唔当自有。丨眼过千遍,不如手过一遍。

(15)要么入围子,要么入雷子。

5)递进复句型谚语。后一分句的意思比前一分句更进一层。例如:

(16)莫道君行早,更有早行人。丨大事化小,小事化了。丨小时偷针,大时偷金。丨一针唔补,炮针难缝。丨远亲唔如近邻,近邻唔如对门。

6)条件复句型谚语。前一分句提出条件,后一分句表示在满足条件下所产生的结果。主要采取意合法,很少用关联词语。例如:

(17)禾过三到脚,米都唔缺角。|冬天挑塘,热天歇凉。|餐前一口汤,饭菜格外香。

(18)只要功夫深,铁杆都能磨成绣花针。

例(17)的谚语中都没有关联词语,但是通过谚语的意思我们可以判断其类型。在将禾苗薅三次的条件下,长出的谷子就会粒粒饱满。冬天把水塘里的淤泥挑出来以储备肥料,天热的时候就可以有空乘凉了。例(18)中用关联词语"只要……就"关联前后分句。

7)假设复句型谚语。前一分句提出假设情况,后一分句表示在假设成立下所产生的结果,所用关联词语一般为"若""要想""如果"等,如例(19)。也可以不用关联词语,如例(20)。

(19)若要田耕好,必须牛喂饱。|若要伙计长,夜夜算伙账。|一镥二鏦三打铁,再唔赚钱去打劫。|要想婆娘到,脚板行起泡。

(20)家有二心,有钱买针。|鸭婆捉得鱼到,狗都唔吃粪。|问路唔讲礼,多走二十里。|雷公老子先唱歌,有雨也唔多。

8)因果复句型谚语。前一分句表示原因,后一分句表示结果。该类谚语基本上不用关联词语。例如:

(21)吃咖我个有菜饭,耽咖你个有钱工。

(22)端别个个碗,属别个管。

(23)禾鸡有笑老鸦黑,自家黑得看唔得。

(24)扯起两只禾鸡眼,冷咖一碗萝卜丝。

例(21)意思是"因为在我家吃了一顿没有什么好菜的饭,结果耽误了你赚钱的时间"。例(22)意思是"因为吃了别人的饭,所以要听别人的安排,没有自由"。其他同理。

9)转折复句型谚语。前后两个分句的意思相反或相对,往往是前一分句陈述某种事实,后一分句话锋一转,阐述与之相对的意思。例如:

(25)城隍好做,土地难当。|当咖多年个老娘,剪赵〞咖脐带。|看到屋,行得哭。|骑牛有撞起,骑马撞起。|半夜起来上廉州,清早起来还在屋当头。|困难九十九,难唔到两只手。|谅死虾子有血出,虾子死咖遍身红。

10) 目的复句型谚语。前一分句表示行为,后一分句表示目的。例如:

(26)放长线,钓大鱼。|嫁汉嫁汉,穿衣吃饭。|溜溜滑滑,为之两块霸⁼霸^{=肉}。

"放长线"的目的是"钓大鱼","嫁汉"的目的是"穿衣吃饭","溜溜滑滑"的目的是"两块霸⁼霸⁼"。

2. 多重复句型

有些复句的结构层次不止一层,这样的复句就是多重复句。邵阳方言多重复句型谚语比较多。基本都是二重复句。例如:

(27)嫁只好汉,吃碗好饭;讨只好妻,穿件好衣。

(28)吃唔穷,穿唔穷,冇得划算一世穷。

(29)六月冇饭吃,天天好尝新;十二月冇被盖,天天好讨亲。

(30)爷有能,崽抓周;崽有能,爷大寿。

(31)云走东,冇雨便有风;云走南,落雨打烂坛;云走西,落雨背蓑衣;云走北,有雨也冇得。

例(27)中"嫁只好汉,吃碗好饭"与"讨只好妻,穿件好衣"之间是第一层,为并列关系,"嫁只好汉"与"吃碗好饭"之间是第二层,为假设关系。例(28)第一层为转折关系,第二层为并列关系。例(29)第一层为并列关系,第二层为因果关系。例(30)第一层为并列关系,第二层为条件关系。例(31)第一层为多项并列关系,第二层为假设关系。

3. 紧缩复句型

紧缩句由复句紧缩而成,分句之间没有语音停顿,其形式短小精练,但表达的意义复杂、准确、深刻,邵阳方言中有大量的这种谚语。可以在谚语中加进关联词语。例如:

(32)又做师公又做鬼。|葱怕雨淋蒜怕晒。|宜粗唔宜细。

(33)捉只狗虱也要费滴口水。|吃只虱婆留只脚。|断粮唔断种。

(34)客走主人安。|麻雀子欢喜打烂蛋。|唔当家唔晓得柴米油盐贵。

(35)牛屎大哩唔肥田。|神仙唔做做告花子。

例(32)前后两个成分构成了并列关系。"做师公"和"做鬼"之间有关联词语"又"连接;"葱怕雨淋"和"蒜怕晒"以及"宜粗"和"唔宜细"都是并列关系。例(33)各例前后两部分是让步关系。如"捉只狗虱也要费滴口水"的意思是即使是很不起眼的小事,也要付出一定的代价。"吃只虱婆留只脚"的意思是即使吃不值一提的东西,也会留一些给别人。"断粮唔断种"的意思是即使没有粮食吃了,也要把种子留下来。例(34)各例前后两部分是因果关系,如"客走主人安"的意思是因为客人走了,所以主人可以休息了。例(35)各例前后部分是转折关系,如"牛屎大哩唔肥田"的意思是虽然牛屎很大,但是并不肥田。

此外,邵阳方言紧缩复句型谚语还有假设关系(如"无事不登三宝殿")、顺承关系(如"人无灾便是福")等,但是数量比较少,此不赘述。

二、惯用语、俗成语的结构类型

根据语料,我们发现邵阳方言中的惯用语主要以短语结构体形式出现,其中四字惯用语比较少,大多为三字惯用语。俗成语均为四言格式。

根据研究,邵阳方言惯用语和俗成语主要有述宾式、偏正式、主谓式、述补式、并列式等结构类型。

1. 述宾式

由述语和宾语两部分组成,述语大部分是动词,有少数是形容词用作动词,表示动作行为,宾语是动作支配的对象。以三字为主,还有少数四字和五字惯用语。例如:

(36)三字:上八十|耍摆子|许白手|无平反|讲江西|齐比子

(37)四字:接热糍粑|烧茅厕桶|吃晚虾子|打烂山锣|有奈其何

(38)五字:扳栗树门槛

以上惯用语都是由动词构成,但是,"齐比子"这个惯用语,述语"齐"为形容词活用为动词。

2. 偏正式

偏正式有定中式和状中式两种主要类型。邵阳方言的惯用语主要是定中式。前一部分修饰后一部分。有三字和四字两类。例如:

(39)三字:圈手板|落脚货|猪血李|白口腔|一箩蛇

(40)四字:孟公菩萨|鏾鸡脑壳|匏匏脑壳|花脚猫牛|胞衣地头

3. 主谓式

前后两部分是被陈述与陈述的关系。前面被陈述的部分是主语,后面

陈述部分是谓语。本书收集的惯用语和俗成语,主谓式数量较少。例如:

(41)裤包脑|皮子痒|空口打哇哇|棉花换纱|家贼难防

4.述补式

前一部分表示陈述,后一部分补充说明述语。该类惯用语极少,本书只搜集到一个,如"吃得咸"。俗成语没有这种类型。

5.并列式

前后两个成分相同、相对或相关的关系。该类型主要是俗成语。例如:

(42)九冬十月|毛手毛脚|十粒五双

除此之外,邵阳方言惯用语还有专门由数字构成的,如"三一三十一""二百五"等。

综上所述,邵阳方言熟语的结构类型丰富,可以是短语,可以是单句,也可以是复句。短语基本上以惯用语为主,短语结构主要体现为动宾式。单句可以是主谓句,也可以是非主谓句,而且以非主谓式中的动词性非谓语句为主。复句类型则更加丰富,尤其以一重复句为多,多重复句则基本上是二重复句。

第二节　湖南邵阳方言熟语的语义分析

对于邵阳方言熟语的语义,我们从两个层面来分析:一是理性意义和色彩意义;二是浅层意义和深层意义。

一、邵阳方言熟语的理性意义和色彩意义

(一)理性意义

理性意义指词句意义中表达概念内容的那部分意义。一些熟语的意思只是各组成部分意义的简单组合。例如:

(1)嘴多有命,屁多有病。

(2)冬吃萝卜夏吃姜,唔劳医生开处方。

(3)过咖冬至长根线。

（4）湖南宝庆府,红薯遍地有。

（5）清明断雪,谷雨断霜。

例（1）的意思是"一个人太多嘴,会给自己带来致命的伤害;屁多有利于身体健康,不容易生病"。例（2）的意思是"冬天多吃萝卜,夏天多吃生姜,人不会生病,也就不用医生开处方了"。例（3）的意思是冬至之后白天变长。例（4）的意思是邵阳盛产红薯。例（5）的意思是清明节之后不会有下雪天,谷雨节气之后不会有打霜天。

（二）色彩意义

色彩意义是指附着在词句的理性意义之上的、表达人或语境所赋予的特定感受的意义,包括感情色彩、形象色彩和语体色彩等意义。每一条熟语都有理性意义,但不一定都有色彩意义。

1. 感情色彩意义

感情色彩主要表示说话人对有关事物和现象的褒贬情感和态度。包括褒义、贬义和中性义。中性义的熟语数量比较多,这里不再举例说明。

1）褒义。褒义熟语包含说话人对有关人或事物的赞扬、喜爱、尊敬等感情。邵阳方言中这类熟语主要体现在谚语中,歇后语和惯用语中也有少量。例如:

（6）喂好一栏猪,吃穿都有余。|油菜听到锄头响,一边锄来一边长。|世上有难事,就怕有心人。|有哩青山唔愁柴,有哩婆娘唔愁鞋。

（7）矮子上楼梯——步步高升|老竹子生嫩笋——节节高

（8）衣架子

例（6）都是褒义谚语;例（7）都是褒义歇后语;例（8）是褒义惯用语,常用来形容一个人身材好,穿什么衣服都很合适。

2）贬义。贬义熟语表示说话人对有关事物、现象的贬斥、憎恶、轻蔑等感情色彩。邵阳方言熟语中含贬义色彩的谚语如例（9）,歇后语如例（10）,惯用语如例（11）,俗成语如例（12）。尤其是惯用语,基本都是贬义的。例如:

（9）虱多唔痒,账多唔愁。|外甥外甥,吃升掉升。|在生唔孝,死哩拜孝。

（10）城门口个稀饭——调羹舀唔上|碟子吃饭——眼浅|茅厕里个石

头——又臭又硬

（11）炼牙犟｜搇横耙｜踢痛脚｜捏白话

（12）髅起打拐｜少娘失教｜假里胡冲

2.形象色彩意义

形象色彩指熟语显示出来的一种具体生动的直觉形象感。邵阳方言中有较多具有形象色彩的熟语，可以细分为形态、动态、视觉等。形态熟语如例（12），动态熟语如例（13），视觉熟语如例（14）。

（12）高山绕白云，有雨三天阴。｜过咖冬至长根线。｜雷声绕圈转，有雨唔久远。｜稀禾大米，卵尻子大粒。｜扁担亲｜镦鸡脑壳｜碓篙做帽子戴——顶当唔起｜干巴拉翘

（13）春吹东风雨咚咚，夏吹东风雨渁渁，秋吹东风毛毛雨，冬吹东风雪崩崩。｜月光带毛，洪水咆咆。｜油菜听到锄头响，一边锄来一边长。｜念菠萝｜麻雀子嫁女——叽叽喳喳｜算盘子——扒下动下

（14）六月三天阴，遍地是黄金。｜猪血李｜天上鲤鱼斑，明日晒谷有要翻。｜有雨山戴帽，有雨山捆腰。｜四角四印

3.语体色彩意义

语体色彩指经常用于特定语体或特定场合而形成的某种风格色彩。包括口语色彩和书面语色彩。邵阳方言熟语基本上都是人们口头上流传下来的，具有较浓的口语色彩，如例（15）；但是，有些谚语具有较浓的书面语色彩，如例（16）。

（15）捡到捡到，胜于买到。｜屋檐水滴现当。｜要你读书，你捉到蟆蝈学镦猪｜弯竹子发直笋。｜烧茅厕桶_{形容酒后脸红的样子}｜嘴巴子两块皮——边讲边移｜懒倚冇气

（16）冰冻三尺非一日之寒，滴水石穿非一日之功。｜读万卷书，行万里路。｜良言一句三冬暖，恶语伤人六月寒。｜言教不如身教，身教重于言教。

二、邵阳方言熟语的浅层意义与深层意义

邵阳方言熟语语义除了浅层意义之外，还具有深层意义。浅层意义是熟语所使用的字词本身所直接表达出来的意义，深层意义是熟语在实际使用过程中所表达的真正含义，一般是熟语的比喻义或引申义。

（一）浅层意义和深层意义相同

这一类熟语实际上只有浅层意义，即字面意义。较多自然生产类熟语属于这种情况。例如：

（17）白露秋风夜，一夜冷一夜。

（18）土松红薯大，肥多萝卜粗。

（19）吃唔穷，穿唔穷，冇得划算一世穷。

（20）胞衣地头

以上几个例子都是字面意义与实际的深层意义相同。例（17）意思是指过了白露节气后，秋风萧瑟，一夜比一夜冷。例（18）意思是种红薯土要松，这样种出来的红薯才能个头大；种萝卜肥料要多，这样长出的萝卜才能粗壮。例（19）意思是吃穿用度对一个人的经济状况不会有太大的影响，关键就看他会不会规划，如果一个人没有规划，那一辈子都可能受穷。例（20）指一个人的出生地。

（二）浅层意义和深层意义不同

这类熟语既有浅层意义，又有深层意义，且以深层意义为主。例如：

（21）草鞋冇样，边打边相。

（22）拿块肥肉放到饭里头培=到吃。

（23）记师父

（24）扒火棍吹火——一窍唔通

例（21）字面意义是编草鞋没有固定的鞋样，往往是一边编织一边看做得像不像，随时修改。深层意义是比喻有些事情没有规定的样板，需要一边做一边看，根据实际情况随时调整方案。例（22）字面意义是把肥肉放在饭里面藏着吃，不让别人知道。深层意义比喻做事很低调，把本来值得大张旗鼓地宣传的好事，悄悄地进行。例（23）字面意义是要记住师父，深层意义指犯错误后要吸取教训，长记性。例（24）字面意义指拨火棍是实心的，没有孔，不通气，所以不能用来吹火。深层意义是比喻什么都不知道。

第三章

湖南邵阳方言熟语的修辞手法

修辞就是利用一定的修辞手段对语言进行综合的修饰和调整。修辞有三个基本要求:应该适合特定的语境,选择恰当的表达形式,取得相对最佳的表达效果。(宗守云,2005:2)修辞手法则是达到修辞效果所使用的手段和方法。

熟语具有形式固定、言简意赅、生动形象等特点,这与熟语使用了大量修辞手法是密切相关的。我们主要从邵阳熟语的语音修辞手法和所使用的修辞格两方面进行阐述。

第一节　湖南邵阳方言熟语的语音修辞

汉语是有声调的语言,音节以元音为主,而元音是乐音,使得汉语语音具有音节匀称、抑扬顿挫、韵律和谐、节奏分明等特点,从而达到了以声传情、易于诵读、便于记忆等修辞效果。下面从音节匀称、音韵和谐以及节奏鲜明等方面来分析邵阳方言熟语在语音上所表现出来的修辞效果。

一、音节匀称

邓红华(2020:51)统计了郴州方言俗语的音节数量,以 7-14 音节为最多。邵阳方言熟语的音节与郴州方言基本相同,7-17 音节熟语比较多,基本上为谚语和歇后语。惯用语以三音节为多,如"图任务|无平仄|讲皮襻"等,俗成语都为四音节,如"七老八十|雷公火显|毕干胡净"等。

（一）前后音节数目相同

邵阳方言谚语绝大部分前后音节数目相同，且以一重复句为多，音节匀称，整齐划一。例如：

（1）密种薯，稀种瓜。（前后各3音节）

（2）锣鼓听声，听话听音。（前后各4音节）

（3）好狗唔挡路，恶狗挡大路。（前后各5音节）

（4）看自家一朵花，看别个豆腐渣。（前后各6音节）

（5）怕哩老虫唔喂猪，怕哩崖鹰唔喂鸡。（前后各7音节）

（6）养崽像娘，背时眼黄；养女像爷，有吃有提。（前后各8音节）

（7）要想婆娘到，脚板行起泡；要想婆娘来，走烂一双鞋。（前后各10音节）

（二）音节少的在前，多的在后

邵阳方言有些熟语前后并列的音节并不相同，这时，大多是音节少的在前，音节多的在后。据考察，邵阳方言该类熟语呈现出明显的特点，基本上以"3+3+7"或"4+7"音节形式出现。例如：

（8）春争日，夏争时，百事宜早唔宜迟。｜咍正月，挨二月，赚钱全靠十二月。｜少有欺，老有嫌，中年半节有几年。｜儿女亲，辈辈亲，打断骨头连起筋。｜省把米，省滴油，三年换头大水牛。

（9）乌云接日，唔落今日落明日。｜金窠银窠，唔如自家只狗窠。

除此之外，还有少量谚语音节排列出现前多后少的情况，如"种菜唔要问，勤浇水，多上粪""朝天辣子通身红，唔怕辣口，只怕辣手"。

二、音韵和谐

音律美与押韵密不可分。《说文解字》对"韵"的解释：韵，和也。押韵，指的是相同或相近的韵母有规律地重复出现。押韵一般押尾韵，除此之外，还可以押首韵和押中韵。

邵阳方言谚语比较注重音韵和谐，注重押韵，且以押尾韵居多。谚语前后分句的末尾经常使用韵腹相同或韵腹韵尾都相同的音节，以达到音韵优美、和谐统一的效果。下面根据十三辙韵辙表分别举例说明：

发花辙：庄稼一朵花，全靠肥当家。（韵腹都为a）

坡梭辙:人多好割烂禾,人少好吃鸡婆。(韵腹都为 o)

乜斜辙:乌龟有讲鳖,同在水里歇。(韵腹、韵尾都为 iɛ)

姑苏辙:有理骂得三代祖,无理骂唔得孙媳妇。(韵腹都为 u)

一七辙:作田唔养猪,好比秀才唔读书。(韵腹都为 y)

怀来辙:有哩青山唔愁柴,有哩婆娘唔愁鞋。(韵腹、韵尾都为 ai)

灰堆辙:作田看水,买猪看嘴。(韵腹、韵尾都为 uei)

遥条辙:在生唔孝[çiaɔ],死哩拜孝[cax]。(韵腹都为 aɔ)

油求辙:种子隔年留,崽女前世修。(韵腹、韵尾都为 iəu)

言前辙:针无两头尖,蔗无两头甜。(韵腹、韵尾都为 ian)

人辰辙:外甥外甥,吃升掉升。(韵腹、韵尾都为 en)

江阳辙:夜吃萝卜早吃姜,一世唔要开药方。(韵腹、韵尾都为 aŋ)

中东辙:唔怕生坏命,只怕得坏病。(韵腹、韵尾都为 in)

邵阳方言熟语押韵还有一个比较明显的特点:押同字韵。熟语前后两个分句的最后一个字相同,这类熟语数量较多。例如:

(10)塘里蟆蜗塘里好,井里蟆蜗井里好。

(11)吃唔穷,穿唔穷,有得划算一世穷。

(12)新三年,旧三年,缝缝补补又三年。

(13)人要忠心,火要空心。

(14)骑马有撞起,骑牛撞起。

同字押韵还体现在熟语分句开头的位置,也可以说押首韵。例:

(15)学好三年,学坏三天。

(16)靠山吃山,靠水吃水。

(17)燕子高飞晴天兆,燕子低飞雨天到。

(18)三天唔读口生,三天唔写手生。

(19)看自家一朵花,看别个豆腐渣。

三、节奏鲜明

陈汝东(2004:73)认为语音可以调节话语的节奏,话语节奏感很强这种修辞效果的取得,自然有语法结构的原因,但每句话音节的数量、停顿方式起了更重要的作用。熟语特别注重节奏的安排,武占坤、马国凡(1983:86)

曾指出,俗语虽然主要以口头形式存在,但它远比一般口语更为注意节拍停顿的安排。邵阳方言熟语也是如此。

邵阳方言熟语有短语、单句和复句之分,复句有前后两个分句,每个分句与单句的节奏一致。

(一)三字型熟语的节奏①

"1+2"式。邵阳方言动宾式惯用语节奏大多为"1+2"式,如"赶/娘屋、齐/比子、冇/发彩、接/贴子"。复句"前3+后3"谚语,有一部分是该形式,如"吃/家饭,屙/野屎""带/孙子,挖/金子"。

"2+1"式。偏正式和主谓式惯用语节奏大多为"2+1"式,如"皮子/痒、油脸/货、猪血/李、落脚/货"。复句中三字分句大部分采用该式,如"男烧/晴,女烧/落""当面/鼓,对面/锣"。

(二)四字型熟语的节奏

邵阳方言四字型熟语都是"2+2"式。例如:

俗成语:气冲/牛斗、飞打/飞杀、假里/胡冲、七老/八十

惯用语:孟公/菩萨、镢鸡/脑壳

谚语:冷唔/蒙头,热唔/露肚;谷雨/前后,种瓜/点豆;娇崽/唔孝,娇狗/上灶。

(三)五字型熟语的节奏

五字型熟语主要表现为谚语,其节奏有以下几种形式:

"2+1+2"式。例如:

打屁/唔/黏腿。|断粮/唔/断种。|一礼/还/一拜,青菜/换/芥菜。

"2+3"式。例如:

酒醉/后来人。|秧好/半年粮。|乱麻/必有头,事出/必有因。|前人/日子短,后人/日子长。

前"2+2+1",后"2+1+2"式。例如:

要使/小鸡/肥,一天/喂/炮回;要使/小鸡/好,一次/冇/喂饱。

---

① 这里的"三字型"包括三字短语、三字单句以及复句的前后两个分句都是三字的情况。下文同。

(四)六字型熟语的节奏

这类熟语大部分为"2+2+2"式。例如：

喂猪/胜过/喂狗，栽花/唔如/栽柳。|唔到/冬至/唔冷,唔到/夏至/唔热。|人多/好割/烂禾,人少/好吃/鸡婆。

还有一些为"3+3"式。例如：

看自家/一朵花,看别个/豆腐渣。|麻粒婆/爱擦粉,癞子婆/爱戴花。|卖瓜个/讲瓜甜,卖醋个/讲醋酸。

也有个别"1+2+3"式。例如：

官/唔打/送礼个,狗/唔咬/拉屎个。

(五)七字型熟语的节奏

这类熟语大部分为"2+2+3"式。例如：

死猪/唔怕/开水爛。|扁担/唔离/烂皮箩。|一场/春雨/一场暖。|送起/人情/千年在,送起/摁ⁿ嗔/万万年。

还有少量"3+2+2"式(如"三句话/唔离/本行")和"4+3"式(如"干唔死个/过水垊,饿唔死个/火头军")。

(六)八字型熟语的节奏

"2+3+3"式。例如：

少哩/红萝卜/唔出菜。|瘦狗/离唔得/臭茅厕。

"3+2+3"式。例如：

生得亲/不如/住得近。|将四爷/嫁把/合四爷。|多年个/雨水/流成河,多年个/媳妇/熬成婆。

"2+2+4"式。例如：

家家/有本/难念个经。

(七)九字型熟语的节奏

单句或复句前后分句都是九字的熟语在邵阳方言中比较少。主要有："3+3+3"式,如"好记心/当唔得/烂笔头";"2+3+3"式,如"跸到/油桶里/唔巴油";"2+2+2+3"式,如"雷公/老子/唔打/吃饭人";"2+3+2+2"式,如"一刀/剃唔完/一只/脑壳,一口/吃唔成/一只胖子"等。

第二节　湖南邵阳方言熟语的辞格运用

修辞格,指的是在言语行为中,为了提高表达效果而对语言规则进行有效偏离所形成的特定格式。邵阳方言熟语通俗易懂,形象生动,富有表现力,这与熟语中各种修辞格的使用是分不开的。经常运用的修辞格主要有比喻、类比、对偶、比拟、夸张、双关、顶真、回环、排比等。

一、比喻

比喻,是用与本体本质不同但有相似性的喻体来描写或说明本体的辞格。比喻在邵阳方言熟语中占有很大比重,且种类繁多。

有本体与喻体都出现的。例如:

(20)姊妹如肝胆,兄弟似手足。|兴家犹如手绣花,败家胜过水推沙。

(21)人是铁,饭是钢,一餐唔吃饿得慌。|勤是井泉水,俭是聚宝盆。

例(20)是明喻,有"如、似、犹如"等比喻词,把姐妹比喻成人的肝胆,把兄弟比作人的手足;把兴家比作手绣花,把败家比作水推沙,用来说明兴家难败家易。例(21)是暗喻,有"是"这个比喻词,把人和饭比作铁和钢,把"勤""俭"比作"井泉水"和"聚宝盆"。

也有只出现喻体的。例如:

(22)六月三天阴,遍地是黄金。|无事不登三宝殿。

(23)秧田里出禾线。|壁高头挂团鱼——四脚无靠

(24)扒烂船|扳栗树门槛|喊皇天

例(22)用"黄金"比喻丰收,用"登三宝殿"比喻有事请求。例(23)用"秧田里出禾线"比喻"女孩子未婚先孕",用"壁高头挂团鱼"比喻无依无靠。例(24)用"扒烂船"比喻有了缺点、错误或受到挫折以后,任其自流,不加改正;用"扳栗树门槛"比喻为人刁钻;用"喊皇天"比喻无可奈何。

二、类比

类比是以同类事物或相近性质为基础进行比较,以求了解新事物的修辞

方式。邵阳方言熟语中大量使用该类修辞手法,以达到警示和讲道理的效果。

(25)犁田冇省工,养崽冇省饭。|镜子唔擦唔明,脑子唔用唔灵。|鱼多水腥,崽多母苦。|作春要只大水牯,掌家要只多嘴婆。

(26)久病无孝子,久雨烂路子。|人老骨头硬,树大根子深。|嫁女要郎好,种田要秧好。|人怕肺痨病,禾怕钻心虫。

例(25)属于类比的事物在前,被类比的事物在后的用例,即先陈述人们在实际生活中的事实,再阐释道理,如用犁田与养崽进行类比,用镜子的擦拭与脑袋的灵光进行类比,等等。例(26)属于类比的事物在后,被类比的事物在前的用例,即先阐释道理,再陈述人们熟悉的事实。如先说"久病无孝子",然后再说"久雨烂路子",前后形成对照或比较,让人们明白道理。

三、对偶

对偶是指将字数相等、结构相同或相似、意义相关的两个句子(或短语)并举从而表达一种相关或相反意思的修辞方式。邵阳方言熟语音节匀称,复句型熟语前后分句音节数相等,音韵和谐,这为对偶修辞格的使用提供了天然条件。例如:

(27)井水挑唔干,力气用唔完。|水大漫唔过船,手大遮唔住天。|牛无力,拖横耙;人无理,说横话。

(28)男烧晴,女烧落。|朝霞唔出门,晚霞行千里。|好事唔出门,丑事传千里。|火烤胸前暖,风吹背后凉。

(29)割完麦子插完田,穿上白衣看龙船。|日里唔做亏心事,半夜唔怕鬼敲门。|冬天挑塘,热天歇凉。

例(27)前后两个分句的意义相同或相关,或者互相补充,属于正对。例(28)前后两个分句的意义相对或相反,属于反对。例(29)前后两个分句之间有顺承、假设、条件等关系,属于串对。

四、比拟

比拟有拟人与拟物两类。邵阳方言熟语一般使用拟人修辞格。拟人是将事或物当作人来写。例如:

(30)油菜听到锄头响,一边锄来一边长。|九月九,雷收口。|有雨山戴

帽,无雨山捆腰。|老虎也有打盹个时候。|雷公老子唔打吃饭人。

(31)麻雀子嫁女——叽叽喳喳|蚂蚁子打哈欠——好大个口气

五、夸张

夸张是故意对人或事物进行言过其实的夸大或者缩小的描述的修辞方式。邵阳方言熟语使用了大量的夸张手法,使人们对某人或事有更深刻的印象。例如:

(32)秤砣虽小压千斤。|人心齐,泰山移。|苋菜走咖风,臭咖一条冲。|一只田螺打出二十四碗汤。|小气得屙棉花屎。

(33)棺材里伸出手——死要钱|碓篼做帽子戴——顶当唔起

例(32)中,"小气得屙棉花屎"为缩小夸张谚语,其他都是扩大夸张谚语。例(33)中两个例子都是扩大夸张的歇后语。

六、双关

指在特定的语境中,有意识地利用语言要素,使同一语句具有"语内"和"语外"两层意义。可以是谐音双关,例如:

(34)困起屙尿——侧(测)出来个|茅厕里捡块布——揩(开)唔得口

(35)三十夜个砧板——唔得空|手心手背都是肉。

例(34)是谐音双关,"侧"与"测"谐音,"揩"与"开"谐音。例(35)为语义双关,一层意思是砧板没有空,另一层意思是人没有空。"手心手背都是肉"语外意思则是两件事同样重要,难以割舍。

七、顶真

用前一个句子的结尾部分作后一个句子的开头,使相邻的两个句子头尾蝉联,构成"甲→乙,乙→丙,丙→丁,……"这种上递下接的一种修辞方式。邵阳方言有较多谚语使用顶真修辞格,且大多是词或短语的顶真。例如:

(36)大雾唔过三,过三地唔干。|大事化小,小事化了。|屙尿有肭人,肭人屙唔成。|讲话有强,强起骂娘。|湿柴燃猛火,猛火要柴多。

八、回环

前一个句子或句子的一部分次序颠倒,形成第二个句子,使前后两个句子内容循环往复,紧密相关,形成"甲→乙,乙→甲"这种格式的修辞手法。

(37)怪人唔知理,知理唔怪人。|赚钱唔费力,费力唔赚钱。|开水唔响,响水唔开。|便宜唔是货,是货唔便宜。|言教不如身教,身教重于言教。

除最后一例为宽式回环外,其他各例均为严式回环,前后两个分句的次序完全颠倒,反映出事物之间不可分割的联系。

九、排比

指用三个以上字数大体相等、结构相似、语气一致的短语或句子排列起来的修辞方式。使用排比,可以增强语势和内容,从而提高表达效果。受句子结构的限制,邵阳方言谚语中使用排比修辞方式的句子不是很多,主要以气候类谚语为主。例如:

(38)云走东,冇雨便有风;云走南,落雨打烂坛;云走西,落雨背蓑衣;云走北,有雨也有得。

(39)春吹东风雨咚咚,夏吹东风雨淙淙,秋吹东风毛毛雨,冬吹东风雪崩崩春天。

(40)起雾阴雨绵,夏天起雾晴连天,秋天起雾太阳现,冬天起雾雪满天。

(41)食多伤胃,酒多伤身,忧多伤神。

总之,邵阳方言熟语使用了大量的修辞手段。通过语音修辞,使得熟语内部音节匀称、音韵和谐以及节奏分明,读起来朗朗上口,便于记忆,易于传诵。而修辞格的大量使用,又使得熟语言简意赅、朴实易懂、形象生动、诙谐幽默,增强了语言表现力,达到了特定的表达效果。

第四章

湖南邵阳方言熟语的文化内涵

　　文化是人类社会历史实践过程中所创造的物质财富和精神财富的总和。语言是一套符号系统,同时也是一种社会现象,具有社会文化属性,是一种特殊的社会文化。方言是民族共同语的地域分支,它本身是地域文化的体现,同时又是地域文化的载体,"它凝聚着特定地域的历时文化内涵,透过方言现象可以了解特定地域的种种文化现象"(罗昕如,2001:2)。

　　熟语是词汇系统中的固定短语或句子,是各民族人民在长期的语言活动中反复加工锤炼而成的。对于熟语与文化的关系,前辈学者有了较多的论断。姚锡远(1994)认为每一条熟语都是民族文化的化身。王勤(2006:113)指出语言的文化性集中储存在语言的词语中,其中的语(主要是熟语)又是蕴藏和反映文化信息的主要部分。武占坤(2007:147)阐述了社会文化与熟语的关系,他指出:文化底蕴是熟语的社会基础,熟语是以社会文化为背景或理据而形成的,社会文化是熟语产生的温床或土壤,熟语则是社会文化土壤上生长的语言形态的植被。从前辈们的论述可以看出,熟语与文化密不可分,熟语文化是文化研究中的一项重要内容。

　　邵阳方言隶属于湘方言娄邵片,它是在湖南地域文化和邵阳地区文化下形成的。邵阳方言熟语由邵阳劳动人民创造并在民间广泛使用,生动地反映了当地的物质文化和精神文化,具有极其浓厚的乡土气息及深厚的文化内涵。

　　下面,我们将从邵阳方言熟语反映的物质文化(农耕文化、自然现象、衣食文化)和精神文化(民俗文化、家庭文化、信仰文化、社交文化等)两方面来讨论。

第一节　湖南邵阳方言熟语与物质文化

一、湖南邵阳方言熟语反映的农耕文化

湖南作为古三苗主要的活动区域,很早就进入了农业社会,自古就有着"湖广熟,天下足"的美誉。邵阳县位于湖南西南部,农业资源丰富,以丘陵地带为主,县内水系发达,气候温和,雨量充沛,非常有利于农业生产活动。这些农业生产活动流传于邵阳方言熟语中,尤其反映在有关水稻文化的熟语中,内容涉及农业耕种、治理保护、收割储存、农事季节、农业生产经验等各方面。

邵阳人特别重视种子和苗子。例如:

(1)宁肯饿肚子,唔可吃种子。

(2)断粮唔断种。

(3)作田作到老,全靠种子好。

(4)好种出好苗,好葫芦开好瓢。

(5)秧好半年粮。

(6)嫁女要郎好,种田要秧好。

(7)一年之计,莫如种谷。

这些谚语都十分生动形象地反映了种苗在邵阳人民心中的重要地位。

有了种苗,就要耕种。对于犁田、耙田,人们有自己的深刻体会。例如:

(8)冬耕要深,春耕要平。

(9)犁三遍,耙三遍,唔怕老天晒半年。

(10)犁田有省工,养崽有省饭。

(11)犁多草死,耙多泥烂。

(12)作田有得巧,多犁多耙多锄草。

对于田地的治理保护,人们也有较多的关注,如例(13)—(16)。同时,人们也比较重视肥料的使用,如例(17)—(20)。

(13)禾过三到脚,米都唔缺角。

(14)种田唔锄草,到头啃野草。

(15)种田唔杀虫,收时两手空。

(16)只种唔管,打烂饭碗。

(17)奶足崽胖,田肥禾壮。

(18)有收有收在于水,多收少收在于肥。

(19)种菜唔要问,勤浇水,多上粪。

(20)要得田里肥,清明刨草皮。

秋天是抢收的季节,错过最合适的收获时间,就会造成农作物的减产或损失,因此有"抢秋抢秋,唔收就丢""九成熟,炮成收;炮成熟,一成丢"的说法。

各种农事的安排与节气有密切的联系,我国的二十四节气的一个重要用途就是用来指导农事生产。邵阳方言熟语中,也有很多反映农事与节气的生产活动的谚语。例如:

(21)三月清明早浸谷,二月清明迟浸谷。

(22)二月清明唔在前,三月清明唔落后。

(23)先年立春早下种,当年立春迟下种。

(24)处暑荞麦白露菜。

(25)谷雨前后,种瓜点豆。

在长期的农业生产中,邵阳人逐渐总结出一些农业生产经验,这些经验世代相传,指导着农民的生产活动。例如:

(26)深栽茄子浅栽葱。

(27)七葛八蒜,九油十麦。

(28)青菜菀子痒,唔剥就唔长。

(29)早插薯多,晚插藤多。

(30)红薯要密种,瓜类要稀种。

红薯是邵阳地区的主要农作物之一,农村中家家户户都种植红薯,"湖南宝庆府,红薯遍地有","早上三打三吹(吃烤红薯、吹柴灰),中午圐猪圐羊,晚上麻子摞糖(红薯丝拌饭)"等有关红薯的谚语体现了邵阳的地域文化特色。

此外,桐树是邵阳地区重要的经济作物,邵阳人民据此创作了一些具有邵阳特色的谚语。例如:

(31)桐子花落地,种谷子下泥。

(32)穷人有听富人哄,桐子打花要下种。

(33)千棕万桐,吃穿唔穷。

(34)桐子树打花球码*球,两口人打架有记仇。

邵阳人民以农耕为生,农村生活离不开家庭饲养的家畜、家禽,这些都是当地人们日常生活中的一部分,方言熟语也有很多关于动物的描述,这些熟语体现了以小农经济为主的农耕文化特点。

首先是有关家禽的熟语。邵阳人民饲养的家禽以鸡、鸭为主,人们借用鸡鸭,创造了大量熟语。例如:

(35)百日鸡,正好吃;百日鸭,正好杀。

(36)要使小鸡肥,一天喂炮回;要使小鸡好,一次有喂饱。

(37)怕哩老虫唔喂猪,怕哩崖鹰唔喂鸡。

(38)人多好割烂禾,人少好吃鸡婆。

(39)揿到鸭婆吃噎*谷。

其次是家畜。邵阳家畜以猪、牛、狗为主,围绕猪、牛创作的熟语也比较多。喂猪、养牛是农民的经济来源,也为农业生产带来了好处。如“喂好一栏猪,吃穿都有余”;“喂猪胜过喂狗,栽花不如栽柳”;“有哩一头牛,作田唔用愁”;“牛是农家宝,耕田少不了”。

对于养猪、养牛的技巧,也有相当多的熟语,如“看牛唔要早,只要常吃露水草”;“养猪有巧,栏干潲饱”;“买猪要会挑,体大脚要小”;“牛要四脚圆,猪要四脚粗”。

其他家养动物如猫、兔子以及一些野生动物,在邵阳方言歇后语有诸多体现。例如:

(40)牛栏里关猫牛——烂稀松

(41)猫牛攀倒蒸子——好哩狗

(42)兔子个尾巴——长唔了

(43)三百斤个野猪——是只嘴子

(44)麻雀子欢喜打烂蛋——乐极生悲

（45）老虫借羊——有借无还

（46）壁高头挂团鱼——四脚无靠

二、湖南邵阳方言熟语反映的自然气象

邵阳县为中亚热带季风湿润气候,一年四季分明。几千年来,邵阳人民长居于此,对这里的自然环境和气象很熟悉。对于靠天靠地吃饭的农民来说,"观天色"对农业生产和日常生活显得尤为重要。因此,在方言熟语中出现大量气象熟语,根据风、云、霞、雷、电、雾等来判断天气变化。例如:

（47）五月南风涨大水,六月南风火烧天。

（48）云走东,有雨便有风;云走南,落雨打烂坛;云走西,落雨背蓑衣;云走北,有雨也有得。

（49）早红夜雨,夜红有滴雨。

（50）雷公老子先唱歌,有雨也唔多。

（51）六月落雨隔堵墙,氹女唔氹娘。

（52）春天起雾阴雨绵,夏天起雾晴连天,秋天起雾太阳现,冬天起雾雪满天。

也可以根据物象变化来判断天气情况。例如:

（53）石板出汗,有水煮饭。

（54）月光带毛,大雨浮浮。月光带口ŋ35,车把唔得空。

（55）黄昏星,雨淋淋;半夜星,大天晴。

（56）天上鲤鱼斑,明日晒谷不用翻。

或者根据节气或节日来安排日常生活。例如:

（57）惊蛰到,脱了帽;惊蛰来,脱了鞋。

（58）小雪大雪,煮饭唔歇。

（59）四月八,冻死鸭;五月端午,冻死牛牯;六月六,絮被沤;七月半,看牛伢唧凭田圹;八月中秋,灶面前蹲起;九月重阳,冻死牛羊。

三、湖南邵阳方言熟语反映的衣食文化

物质生活是人类生活的最基本的要素。"衣食"是人类赖以生存的物质基础,它与人们的日常生活息息相关。由它形成的衣食文化,内涵十分丰

富,由此构成的熟语,具有生动活泼的生命力,从不同角度、不同方面反映人们的日常生活。

（一）服饰文化

邵阳人民特别注重衣着,如"三分个人才,七分个打扮""人靠衣装马靠鞍""钱是人个胆,衣是人个毛"等,都形象地描述了人的外表形象好不好,关键在于衣着打扮。同时,邵阳人民又特别朴素节约,如"新三年,旧三年,缝缝补补又三年""笑烂唔笑补"等反映了邵阳人勤俭节约的美好品德。而通过"穿蓑衣打火——惹火烧身""碓嬯做帽子戴——顶当唔起"来告诫人们要注意不要给自己引来不必要的麻烦。

（二）饮食文化

"吃"是人类赖以生存的第一要素。邵阳方言中有大量以饮食而衍生出的熟语。有些熟语反映了饮食在生存中的重要性,如"人是铁,饭是钢,一餐唔吃饿得慌""千补万补,还是两粒饭补"。邵阳人爱吃辣椒,无辣不欢,用辣椒制作了各种食物,如剁辣椒、酸辣椒、白辣椒、干辣椒等,有谚语"朝天辣子通身红,唔怕辣口,只怕辣手"。对于吃鱼,有"鲢鱼肚皮草鱼腰,雄鱼脑壳鲤鱼嘴",挑选鱼身上最好吃的部位吃。而"五峰铺个豆腐花桥个酒,盐井铺个斗篷家家有",则点明了五峰铺的豆腐好吃,上花桥的酒好喝,盐井铺盛产斗篷。"少哩红萝卜唔出菜",表示红萝卜是比较重要的菜。同时,吃一定要适度,要"少吃多滋味,多吃冇滴味",不能"穷吃恶,升半米炆粥吃"。邵阳人注重饮食养生,如"早吃(生姜)开胃,夜吃烂肺""食多伤胃,酒多伤身,忧多伤神""餐前一口汤,饭菜格外香""嘴多伤人,酒多伤身""冬吃萝卜夏吃姜,唔劳医生开处方""少时少吃糖,老来咬得钢筋断"等,这些熟语表明了邵阳人的科学吃喝。

第二节　湖南邵阳方言熟语与精神文化

本节讨论的精神文化主要包括民俗文化、家庭文化、信仰文化、社交文化等。

一、湖南邵阳方言熟语与民俗文化

民俗是一定社会文化区域内,人们出于生活和社会交际的需要而历代相传所沿袭下来的风气、礼节和行为习惯等的总和。邵阳方言熟语中保留了大量体现邵阳地区风俗习惯的民俗文化。

(一)节庆风俗文化

邵阳人民很重视中国传统文化,保留了大量有关节庆的熟语。春节是一年中最隆重的节日,邵阳方言中有关春节的熟语特别多。如"初一崽,初二郎,初三初四拜姑娘,初五六拜舅舅,初七八拜姨爷,初九十拜自家""溜溜滑滑,为之两块霸₌霸₌"是与拜年有关的习俗;"有钱冇钱,回家过年""告化子有只年过""过咖二十四,长工唔理事"等熟语表达出邵阳人民对春节的重视;"三十夜个砧板——唔得空""三十夜个火,元宵节个灯"则点明了除夕晚上家家户户都在准备春节期间的食物,除夕晚上的火不能熄灭,元宵节的灯不能熄灭。此外,"正月十五贴门神——迟咖半个月""吃咖元宵肉,各有各个路""七月半烧纸钱——哄鬼个""年怕中秋,月怕十五"等都是邵阳地区有关节庆的熟语。

(二)婚嫁风俗文化

在邵阳,无媒不成婚,"吃水要只引路个,成亲要只做媒个""媒人个口,富人个斗""天上无云唔落雨,地下无媒唔成亲"等强调了媒人在婚嫁中的地位。"男大当婚,女大当嫁""女大三,抱金砖""不求富家子,只爱如意郎""嫁汉嫁汉,穿衣吃饭""嫁鸡随鸡,嫁狗随狗,嫁只石头捧起走"都反映了邵阳人的婚嫁观。"要想婆娘到,脚板行起泡;要想婆娘来,走烂一双鞋"说明要想娶到心仪的妻子,男方还必须有所付出。

(三)丧葬风俗文化

邵阳地区流行土葬,用棺木安葬。"在生要间屋,死呷要副木""棺材里伸出手——死要钱""九子不葬父,一女打荆棺""砚晚先生葬坟——上也上得,下也下得"等都是与邵阳的丧葬文化有关的熟语。邵阳丧葬信奉道教,人死之后要由师公来做道场,因此有"又作师公又作鬼""一只师公一道符"等熟语。

（四）禁忌风俗文化

邵阳人禁忌较多，这在熟语中也有反映，如"初七唔出门，初八唔归家""三月三，九月九，无事唔到江边走""火搬三到熄，人搬三到穷"等。

二、湖南邵阳方言熟语与家庭文化

家庭是社会的重要组成部分。邵阳方言中的很多熟语，都明确而直接地体现了中华传统文化中讲究伦理道德、注重家庭关系的观念。"秤不离砣，公不离婆""亲不过父母，近不过夫妻""娘亲爷亲，两口人共丸心""一只罐子一只盖，自家个婆娘自家爱""一日夫妻百日恩，十日夫妻唔要命"等，反映了夫妻之间有着亲密无间与甜蜜的感情。"讨得婆娘强，当得半年粮""有哩婆娘唔愁鞋，有哩棍捡唔愁柴""作坏阳春一年，讨坏婆娘一世""讨坏一代亲，害坏十代人"等，反映了在邵阳人心目中，妻子在家庭中的重要性。"能慨要只告化婆娘，唔能慨要只当官个爷""唔怕五更离床，只怕三岁离娘"等反映了母亲在孩子心目中的地位是父亲不能替代的。夫妻之间的吵架是不可避免的，有"桐子树打花球码球，两口人打架冇记仇""天上落雨地上流，两口人刮孽冇记仇""夫妻冇得隔夜仇""两口人打架，床头打架床头和"等，反映了邵阳人对于夫妻矛盾的处理方式。

儿女们长大后，"树大分叉，崽大分家"。"唔当家，唔晓得柴米油盐贵；唔养崽，唔晓得父母恩""子多母苦，盐多菜苦"，只有自己当家才明白父母的苦口婆心，才有"伸脚怕抖哩娘，缩脚怕抖哩爷"的难处。人们都说，"爷有能，崽扎周；崽有能，爷大寿"，但是，有些儿女不让父母省心，不结婚生子，所谓"不孝有三，无后为大"。有些儿女不孝顺父母，给父母增添了许多烦恼，如"宁愿把蛇吃，唔愿把爷吃""女好还要女婿好，崽好还要媳妇好""崽大爷难做，弟大兄难为"。于是，父母有了"能慨做一世个崽，唔能慨做一天个爷"的想法。在很多邵阳人的心中，养女儿比儿子要强，如"养女吃补药，养崽吃农药""养崽像娘，背时眼黄；养女像爷，有吃有提"。

除了父母与子女，还有很多熟语体现了亲戚和邻里之间的关系。例如：

（1）兄弟同心土变金，兄弟离心扯烂筋。

（2）娘亲舅大，爷亲叔大。

（3）亲兄弟，明算账。

（4）婆婆个奶奶——大齐吃得。

（5）公公进咖媳妇房——进退两难。

（6）外甥外甥,吃升掉升。

（7）一代亲,二代表,三代四代就是简咖了。

（8）远亲唔如近邻,近邻唔如对门。

（9）打唔断个亲,骂唔断个邻。

（10）亲帮亲,邻帮邻。

三、湖南邵阳方言熟语与信仰文化

邵阳地区人民的信仰较多,有儒、道、佛等,这在熟语中也有所反映。

首先来看儒家文化。儒家文化的核心强调仁爱、诚信、正义、忠孝等。这一思想对汉族人民的思想影响很深,邵阳地区深受儒家文化的影响,语言中出现了大量体现儒家思想的熟语。如"君子动口,小人动手""量小非君子,无毒不丈夫""孔夫子唔嫌字丑""宁与千人好,冇与一人仇""钱财如粪土,仁义值千金"等都体现了君子重仁爱的价值观。"君子一言,驷马难追""宁可人负我,唔可我负人"是邵阳人诚信的写照。"人要忠心,火要空心""万恶淫为首,百行孝为先""不孝有三,无后为大"反映了邵阳人内心深处的忠孝观念。儒家思想将"礼"看作是社会道德的标准。邵阳人民一直以来重视"礼数",如"礼多人唔怪,油多菜唔坏""长短是根棍,轻重是只礼""渠敬我一尺,我敬渠一丈""问路唔讲礼,多走二十里"。

其次是道家文化。道教对我国民族精神的形成产生过广泛而深远的影响,其核心是"无为而治、中庸",讲求长生不老,画符驱鬼,知足守静等。道教是邵阳人民的信仰之一,与之有关的熟语大量存在。如"事不关己,高高挂起"是中庸思想的体现,"知足常乐""强者不可多得,弱者不可全无""城隍好做,土地难当""一刀剃唔完一只脑壳,一口吃唔成一只胖子""心急吃唔了热糍粑""姜太公钓鱼——愿者上钩"是邵阳人民知足守静的反映。有关鬼巫之术的熟语比比皆是,"师公""仙娘"是人鬼之间的媒介,具有驱逐鬼神的作用,如"又作师公又作鬼""一只师公一道符""穷看八字富烧香,背时倒灶问仙娘""为人不做亏心事,半夜唔怕鬼敲门""疑心生暗鬼,慧眼识英雄""鬼唔怕你瘦,贼唔怕你穷""近当怕鬼,远当怕水""夜路走多哩,总会碰到鬼""七月半烧纸钱——哄鬼个""吊死鬼擦胭脂——死要面子""狗咬吕洞宾——不识好人心"等熟语表现出道教文化对邵阳人民思想观念的深刻影响。

最后是佛教文化。佛教讲究"因果轮回",如"种子隔年留,崽女前世修""箇世笑哩残疾人,来世要你赧起行""千里姻缘一线牵""三十年河东,三十年河西""有吃三天素,就想上西天""有恩报恩,有仇报仇"。三宝殿是佛殿,"菩萨、和尚"是佛教专用术语,以其构成的熟语也比较多,如"一只菩萨一炷香,各执各个事,各显各个圣""无事不登三宝殿""行得正,坐得正,唔怕和和尚做头困""和尚化缘,木鱼挨打""铜锣配铛铛,癫子配和尚""做天和尚撞天钟""僧多粥少""临时抱佛教"等。

四、湖南邵阳方言熟语与社交文化

人在社会上,人与人之间的互相交往,传递信息,交流思想,形成了社交文化。邵阳人民在长期的劳作生活中总结了很多关于为人处世的经验,这些经验,通过方言熟语反映出来。"闲事冇管,多吃三碗""唔听老人言,吃亏在眼前""田鸡冇笑老鸦黑,两个都是麻麻色""屋檐水,滴现当""刀打豆腐——两面光"正是与人交往的经验教训。"吃咖我个冇菜饭,耽咖你个冇钱工""夜夜做贼唔富,天天待客唔穷""吃只虱婆留只脚"表达了邵阳人热情好客的品性。"人情是把锯,你有来我有去""送起人情千年在,送起摁嗼万万年""人在人情在,人死两分开"反映邵阳人重人情。"多个朋友多条路,多个冤家多堵墙""酒肉朋友,难得长久""朋友面前冇说假,老婆面前冇讲真""在家靠父母,出门靠朋友"反映了邵阳人的交友观念。"牛无力,拖横耙;人无理,说横话""认理唔认人,帮理唔帮亲""有理骂得三代祖,无理骂唔得孙媳妇"则反映了邵阳人以理服人的美德。

第五章

湖南邵阳方言常用熟语汇释

本章主要对湖南邵阳方言的常用熟语进行详细汇释,共分为两节。第一节主要对书中的常用词语进行解释,并对本书的体例进行简要说明。第二节主要是对熟语进行汇释,熟语的条目按照汉语拼音首字母排列,排序规则以 Word 自动排序为准。每个熟语先列出条目,接着用国际音标标出该熟语在邵阳方言中的读音,再说明该熟语的类型,然后解释其意义,最后举例说明。

第一节　常用词语的释义与体例说明

一、常用词语的用字与释义说明

1. 邵阳话中,近指代词、定语标记和句末语气词"个"来源于量词"個、箇"(现简化为"个")。在文章中,应该用本字"个",但为了在字形上有所区别,不至于出现"个个个这个个"这种局面,行文时用不同的字形记录以示区别。

个[ko0]:定语标记、句末语气词、名词化标记,相当于普通话的"的"。

个[ko35]:个体量词。

箇[ko33]:近指代词,相当于普通话的"这"。

2. 邵阳话中,人称代词复数标记、副词与形容词词尾、体标记以及句末语气词"里"来源于表方所的"里"。在行文时,考虑到俗字的写法和字形上的区别,我们也用不同的字形来记录。

里[li33]:方位词,与普通话的方位词"里"一致。

俚[li0]:人称代词复数标记,相当于普通话的"们"。

哩[li0]:副词与形容词词尾,相当于普通话的"的₁、的₂";体标记,相当于普通的"过""了₁";句末语气词,相当于普通话的"了₂"。

3. 咖[ka0]:完成体标记,相当于普通话的"了₁",文献中有"嘎、咖、介、夹"等记法,本书记为"咖"。

冇[maɔ35]:否定副词,大致相当于普通话的"没有、莫",文献中有"冇、冒"等记法,本书记为"冇"。

唔[ŋ35]:否定副词,相当于普通话的"不",文献中有"嗯、唔、恩"等记法,本书记为"唔"。

下[ɤa213]:方位词,与普通话的方位词"下"一致;范围副词,相当于普通话的"都",文献中有"下、哈、咸"等记法,本书记为"下"。

渠[tɕʅ33]:第三人称代词,相当于普通话的"他",文献中有"渠、其、己、佢"等记法,本书记为"渠"。

4. 其他常用词语的释义(词条按普通话音序排列)

拗倒[ŋaɔ35taɔ0]:非得。

别个[be213ko0]:别人,人家。

大齐[da213sʅ35]:大家。

倒[taɔ0]:进行体标记,相当于普通话的"着"。也可用作介词、副词等的后缀,如"趁倒"是介词"趁着"的意思。

点唧[tian33tɕʅ0]、滴唧[tia35tɕʅ0]:一点点。

箇咖[ko33ka0]:这么,这样。

好么[xaɔ44me0]:好像。

何咖[ɤo112ka0]:怎么。

狠[xen33]:厉害。

唻[lai0]:语气词,相当于普通话的"啊、呢"等。

劳￣生[laɔ112sen44]:同"劳￣[laɔ112]"。常用于否定,表示"一点儿""根本"。

蛮[man112]:很。

慢唧[man35tʂʅ0]:待会儿。

么个[mo33ko0]:什么;为什么。

炮[phaɔ213]:数字"十"。

唔是[ŋ̍35zʅ213]:要不然。

细个子[ɕi35ko35tsʅ0]:小孩子。

现案⁼[ʑian213ŋan35]:现在。

严⁼严⁼唧[ŋan112ŋan0tɕʅ0]:刚才。

疑起[nʅ112tɕhʅ33]:以为。

只[tsʅ44]:个体量词"个";副词"只"。

自家[dzʅ213ka35]:自己。

二、体例说明

本书收录了邵阳方言中的常用熟语 1000 余条。其条目与例释的体例为:

（1）本书所收绝大多数为极具邵阳方言特色的熟语条目,极少数条目也见于普通话,但在邵阳方言中使用频率极高,本书也适当收录。

（2）熟语的条目按照普通话读音的音序排列,排序规则以 Word 自动排序为准。

（3）每个熟语先列出条目,接着用国际音标标出该熟语在邵阳方言中的读音,再说明该熟语的类型,然后解释其意义,最后举例说明。

（4）用国际音标注音时,声调用五度制标调法标在音节右边,有变调的标变调,轻声标"0"。音系以邵阳县五峰铺镇双河村话为代表。

（5）熟语类型按谚语（农谚、气象谚、讽诫谚、生活谚、风土谚）、歇后语、惯用语、成语四大类八小类进行标注。

（6）熟语的释义主要解释其字面意思和引申义或比喻义,如有必要,视情况做一些简单说明。

（7）举例时,例句中出现的所释熟语,大部分用" ~"标记,但少数实例并不是完整使用该熟语,而是在该熟语中添加别的词语,则全部写出汉字（如"吃晚虾子"条）。

（8）熟语条目和例句用字,能用本字的尽量用本字记录,本字待考的用邵阳方言中的同音字记录,并在右上角用"﹦"标示,个别找不到方言同音字的,用"□"代替。

(9)在上文"常用词语的用字与释义说明"中,对例句中邵阳方言的部分高频词做出了释义。对于例句中出现的其他方言词,随文做出注释。注释时,先在该词语下加下划线,再用小号字进行释义。

第二节　常用熟语汇释

一、首字母为 A-G 的常用熟语汇释

A

矮老子[ŋai33laɔ33tsʅ0]惯用语。骂人话,理据不明,或指长得矮小丑陋的男性,现多用于戏谑,不分性别。例:你箇只~,箇几天死哪里去哩,劳﹦有看到你打眼_{现身}哩?

矮粒﹦婆崽多。[ŋai33li0bo0tsai33to44.]生活谚。个子矮的女人很容易生儿子。例:甲:箇只妹唧长得还可以,就是矮咖点唧。乙:矮滴唧有紧_{没关系}个哩,~,以后你唔愁有得孙子哩。

矮子上楼磴——步步高升。[ŋai33tsʅ0zɒŋ213ləu112then33——bu213bu0kaɔ44ʂen44.]歇后语。矮个子爬楼梯,一步比一步高。常用来比喻生活等一天比一天好,或地位、职位不断提高。例:你刚去有几年,就当咖副科长哩,以后~,明日当科长、处长。

爱得俏,冻得叫。[ŋai35te0tɕiaɔ35, toŋ35te0tɕiaɔ35.]讽诫谚。因为爱漂亮而穿得太少,所以冻得哇哇叫。例:箇咖冷个天,那滴韩国留学生还穿超短裙,袜子都有穿个,我看渠大齐嘴巴子都冻绿咖哩,真个是~啊。

爱叫个猫牛唔捉老鼠子。[ŋai35tɕiaɔ35ko0maɔ44ɲiəu0n̩35tso44laɔ33ɕy31tsʅ0.]生活谚。喜欢叫的猫不抓老鼠,比喻花言巧语的人不会干实事。例:渠天天在那里讲自己有好厉害,还经常到领导那里拍马屁。老话讲,~,我看渠是有得么个真本事个。

B

扒船要有方向,做人要有理想。〔ba112dʐyan112øiaɔ35øiəu33faŋ44çiaŋ42, tsəu35ʐ̩en112øiaɔ35øiɛu33li33çiaŋ42.〕讽诫谚。划船必须有预定的方向,做人必须有远大的理想。例:~。你还箇点点大唧,就整天唔是耍手机,就是<u>困眼闭</u>_{睡大觉},有得规划,有得理想,那何咖<u>要得</u>_{可以,行}?

扒火棍吹火——一窍唔通。〔ba112xo33kuen35tshuei44xo33——ŋ̩44 tçhiaɔ213ŋ̩35thoŋ44.〕歇后语。拨火棍是实心的,没有孔,不通气,所以不能用来吹火。常用来比喻对某方面外行,一点儿不懂。例:箇只英语哎,三毛硬是~,箇何咖<u>搞</u>_{怎么办}?

扒烂船〔ba112lan21dʐyan42〕惯用语。也说"当烂船扒",比喻有了缺点、错误或受到挫折以后,任其自流,不加改正,或反而有意朝更坏的方向发展。例:自从上次被别个冤枉咖之后,渠就~哩,你要<u>好式</u>_{好好}开导渠一下。

白口腔〔bei213khəu33tçhiaŋ44〕惯用语。指不看着字朗读,经常会出现错漏、写错别字等现象。例:要你读书你经常读~,你把我<u>只卯</u>^一<u>只</u>_{一个一个}字点倒读哉!

白露秋风夜,一夜冷一夜。〔bei21lu24tçhiəu44foŋ31øia35, ŋ̩44øia35 len33ŋ̩44øia35.〕气象谚。指过了白露节气后,秋风萧瑟,一夜比一夜冷。例:你要多穿滴衣衫唧。~哩,<u>唔觉得</u>_{不知不觉}就冻倒咖哩。

百日鸡,正好吃;百日鸭,正好杀。〔pei33ʐ̩31tç̩ŋ44, tʂen35xaɔ33tçhia 44;pei33ʐ̩31ŋa44, tʂen35xaɔ33sa44.〕生活谚。鸡养一百天的时候是最合适杀着吃的;鸭子养一百天,也是如此。例:你屋里个鸡鸭喂咖差唔多一百天哩吧,杀起吃得哩,~。

百战出勇士,苦练出精兵。〔pei33tsan35tçhy44øioŋ33s̩42,khu33lian35 tçhy44tçin44pin44.〕讽诫谚。参加过许多次战斗,才能锻炼成勇敢的战士,经过艰苦的训练,才能培养出精锐的部队。说明人们每件成功的事背后都要经过艰苦的训练。例:老话讲~唻,你大齐还等一个月就要去打比赛哩,你唔加油练球,何咖赢得别个倒? 明日又输把别个啊?

稗子扯光,稻谷满仓。〔bei213tsɿ0tsha33kuaŋ44,daɔ213ku33maŋ33tshuaŋ44.〕农谚。稗子会把稻田里的养分吸收掉。把稗子扯光,禾苗就会长得很好,从而获得丰收。例:你劳⁼唔晓得作田啊,田里个稗子长满,只讲有得? ~,你快去扯咖!

扳栗树门槛[pan44lia35ʐy213men112khan31]惯用语。用栗树木头做的门槛坚硬无比,难以扳动。比喻为人刁钻,故意与人作对。例:你在你屋门前~算么个狠厉害,讲狠你出去外头去讲嘛!

班娘屋[pan44n̠iaŋ112vu31]惯用语。指妇女在婆家受欺负或受委屈后回娘家搬救兵。例:箇只女人一有滴么个事就回去~,今年怕有炮打炮次哩。

办条⁼伙[ban213diaɔ112xo31]惯用语。"条⁼伙"指可以改善生活的食物。"办条⁼伙"本指通过做好吃的改善生活,现引申为收拾人。例:你把我老实滴唧告悉_{告诉}你,唔是我办咖你个条⁼伙!

半桶水只咖淌。[paŋ35thoŋ33suei31tsɻ44ka0thaŋ33.]讽诫谚。半桶水常常溢出来。比喻学艺不精的人或一知半解的人往往不低调,喜欢卖弄。例:三毛是~,随倒学么个只学咖点唧皮毛,渠还疑起自家狠得很哩,到处吹牛皮。

半夜起来上廉州,天光起来仍在屋当头。[paŋ35øia35tɕʰɻ33lai31ʐ̩aŋ 213lian112tʂəu44, thian44kuaŋ44tɕʰɻ33lai31xɕn35dzai213vu44taŋ35dəu0.]讽诫谚。廉州,现隶属于广西壮族自治区北海市合浦县,唐贞观八年置廉州。半夜就起床去廉州,可是到了早上,人还在屋侧边。比喻做事很慢,磨磨蹭蹭。例:大早就听到你讲要去街上去,现案⁼只讲要煮晌饭哩,你还在屋里有动,你怕是~,我真个是服咖你哩!

跴到油桶里唔巴油。[pan35taɔ0ziəu112thoŋ31liŋ̍0ɻ̍35pa44ziəu112.]讽诫谚。跌到油桶里面都不沾油。常用来形容一个人是个老油条,油盐不进。例:贵贵是只~个人,讲倒只妹唧,别个又唔喜欢渠,渠天天行到别个屋里吃饭,油咖副脸个。

帮人帮到底,送佛送到西。[paŋ44ʐ̩en112paŋ44taɔ35ti33, soŋ35fu44 soŋ35taɔ35ɕi44.]讽诫谚。比喻做好事要做到底,不能半途而废。例:你老家~,干脆再借几万块钱把我,把我箇只屋装起算哩。

胞衣地头[paɔ44øi0di213dəu0]惯用语。"胞衣"即胎盘,"胞衣地头"指一个人的出生或长期生活的地方。例:石壳里是渠个~,虽然有得时间回去,渠还是经常帮院子里个人帮忙,做咖蛮多事。

龅龅脑壳［paɔ35paɔ0laɔ33kho31］惯用语。本指人脑袋前突,现常用来指喜欢打小报告或好出风头的人。例:打死你箇只~,看你还去唔去老师面前告状哩!

本分本分,各有一份。［pen33ven213pen33ven213,ko44θiəu33ŋɻ44ven213.］讽诫谚。一个人即使再本分,但也要守住属于自己的那一份。例:你性格箇咖懦弱,我就怕你出去弄吃唔到。~咪,你再本分,自家那只名分要占倒哉!

毕干胡净［pɻ44kan44vu112dʑin213］成语。形容一点都不剩下,很可惜。例:土里个山田螺把昨日栽起那滴青菜干干吃咖,就只剩起滴苑苑哩,~。

闭眼吃毛虫。［pɻ35ŋan33tɕhia44maɔ112dʐoŋ31.］讽诫谚。闭着眼睛吃毛毛虫,意思是眼不见为净。例:鸭是蛮难爽_{收拾}个,刚换毛个鸭,毛等⁼等_{浅浅的毛}满咖,吃鸭肉只能是~,味道好就要得哩。

闭眼吃毛虫——眼唔见为净。［pɻ35ŋan33tɕhia44maɔ112dʐoŋ31——ŋan33ŋ35tɕian35θuei112dʑin213.］歇后语。闭着眼睛吃毛毛虫,看不见也就没关系了。本指在怀疑食品不干净时,用作自我安慰的话。比喻自己没亲眼看到,就没有烦恼。例:看到渠两姊妹把屋里搞得乱七八糟,就心里烦。有时候我干脆唔回去,~。

壁高头挂团鱼——四脚无靠。［pia44khaɔ44dəu0kua35duaŋ112ʐy31——sɻ35tɕiɔ44vu112khaɔ213.］歇后语。把甲鱼挂在墙上,四条腿都是悬空的,没有着落。比喻人处于困境中,没有依靠。例:甲:我现案⁼是~,有哪个愿意帮我。乙:那你讲起哩,你屋里妹妹昨日还打起钱把你,唔是帮你是么个?

扁担冇抓,两头失塌。［pian33tan31maɔ35tsua44,liaŋ33dəu31sɻ44tha44.］生活谚。扁担两头没有插栓或没做卡口,挑东西时容易两头滑落。比喻两头落空,一无所获。例:渠只婆娘讨起啊,真个是~。工家屋那只妹唧交咖定钱哩,渠又看上李家屋那只妹唧,王家屋妹唧唔退钱把渠,李家屋妹唧又冇看上渠,结果一个倒冇讲成。

扁担亲［pian33tan31tɕhin44］惯用语。指一家兄妹或姐弟与另一家兄妹或姐弟通婚。例:渠屋里是棉花换纱个~,以前箇样个情况多得很。

扁担唔离烂皮箩。〔pian33tan31ŋ35li112lan35bɻ112lo31.〕生活谚。扁担总是和皮箩一起出现。比喻某些人经常在一起,形影不离,多指不好的人或事物。例:渠两个啊,硬是～,经常在一起耍把戏_{玩;做不正当的事}。

变泥鳅冇怕泥巴捂。〔pian35ŋɻ112tɕhiaɔ213maɔ35pha213ŋɻ112pa0vu33.〕讽诫谚。既然身为泥鳅,就不要怕被泥巴捂着。比喻一个人既然选择了某条道路,就要接受现实,要不畏艰险,不受环境的影响,勇敢前行。例:当时箇咖劝那咖劝要你加油读书,你唔读,你讲你要做生意,箇下冇赚到钱,还要天天担心,箇是你自家讨倒个,～。

冰冻三尺非一日之寒,滴水石穿非一日之功。〔pin44toŋ35san44tʂha44fei44ŋɻ44zɻ213tsɻ44ɣan112, ti35suei33ʂɻ35tɕhyan44fei44ŋɻ44zɻ213tsɻ44koŋ44.〕讽诫谚。意思是水结成三尺厚的冰块,不是经过一天的寒冷能够形成的,水一滴一滴地滴到石头上,最后把石头滴穿,也不是只用了一天的工夫。比喻所有的成功都要经过长时间的努力和坚持。例:你看到别个点第一名你眼<u>念伤哩</u>_{羡慕得很}。老话讲～,你冇看到别个<u>夜哒夜</u>_{每晚}练琴,练到么个时候哎?

病从口入,祸从口出。〔bin213dzoŋ112khəu33ʑy213, ɣo213dzoŋ112khəu33tɕhy44.〕讽诫谚。很多疾病常常是因为饮食不注意而引起的,很多祸患常常是因为说话不注意而造成的。多用来提醒人们吃东西、说话要注意,不能乱吃、乱说。例:在外头唔比在屋里,你要管倒自家个嘴巴子,一个冇乱吃垃圾食品,二一个冇乱讲话,毕竟～。

病人唔忌嘴,郎中跑断腿。〔bin213ʐen112ŋ35dzɻ213tsuei33, laŋ112tʂoŋ31phaɔ33duaŋ213thuei33.〕生活谚。生病的人如果不忌口,医生就要跑断腿。意思是病人不听医生的话,不忌口,想怎么吃就怎么吃,那么病情就会更加严重。例:～,要你冇吃虾子你要吃,告诉你虾子性丑,吃唔得,你偏偏唔听,箇下你晓得病<u>翻</u>_{发作}咖哩啊!

补漏趁天晴,读书趁年轻。〔pu33ləu35tʂhen213thian44dʑin112, du213ɕy44tʂhen213ŋian112tɕhin44.〕讽诫谚。趁天晴的时候补屋漏,趁年轻的时候多读书。比喻要抓紧时间,在合适的时候做合适的事情。例:～。你现案[⌐]唔<u>发狠</u>_{努力}读书,到老哩打悔心_{后悔}都来唔及哩,就好像你<u>晚晚</u>_{小叔}样。

C

裁缝唔间布,婆娘冇得裤。[dzai112ven31ŋ35kan35pu35，bo112ŋian31maɔ35teɔkhu213.]讽诫谚。裁缝师傅如果不贪下一些布料,他的老婆都没有裤子穿。在当地人看来,利用职务之便为自己谋点私利也是人之常情。例:真个是 ~ 啊,渠简只几年当村长,拿自家屋门前个路修得好好。

草鞋冇样,边打边相。[tshaɔ33ɣai31maɔ35ɵiaŋ35，pian44ta44pian44ɕiaŋ35.]讽诫谚。编草鞋没有固定的鞋样,往往是一边编织一边看做得像不像,随时修改。比喻做事情没有规定的样板,需要边做边看,根据实际情况随时调整方案。例:你冇着急。~ 。当年我做生意,也冇哪个教我,都是我自己一天一天摸出来个。你还只做得一年,有么个急得?

茶壶里煮饺子——有货倒唔出。[dza112vu31li0tɕy33tɕiaɔ33tsʅ0——ɵiəu33xo35taɔ35ŋ35tɕhy44.]歇后语。茶壶的嘴比较小,放在茶壶里煮的饺子是倒不出来的。比喻一个人虽有水平,但是说不出来。例:渠屋只崽,读到博士哩,但是屋里有只么个事,要渠来讲句话,渠是 ~ 个。

豺有豺路,狸有狸路。[dzai112ɵiəu33dzai112lu35，li33ɵiəu33li33lu35.]讽诫谚。豺狼有豺狼的路子,狐狸有狐狸的路子。比喻不同的人有不同的门路或活法,不能强求。例:~ 。每个人个情况冇一样,只要对得起自家个良心,走么个路都要得。冇拗倒讲就在一棵树高头吊死。

唱戏个癫子,看戏个懵子。[tʂhaŋ213ɕʅ35ko0tian44tʅ0，khan213ɕʅ35ko0moŋ33tʅ0.]讽诫谚。唱戏的演员,一会儿演这个角色,一会儿演那个角色,像个疯子一样;看戏的观众,看得非常投入,被唱戏的演员带入了剧本,把假的当成真的,像个傻瓜一样。例:真个是 ~ 啊。你看渠啰,看到电视里头别个在哭,渠也跟倒哭得么个样。

朝天辣椒通身红,唔怕辣口,只怕辣手。[dzʅaɔ112thian44la35tɕiaɔ44thoŋ44ʂen44ɣoŋ112，ŋ35pha213la35khəu33，tsʅ44pha213la35ɡəu33.]风土谚。形容湖南人很能吃辣,辣椒再辣都敢吃,但是害怕切辣椒的时候辣手。例:~ 。我是邵阳人,一餐冇得辣椒吃饭唔落(吃不下饭)个,还只想辣滴唧才好吃,但是切辣椒个时候辣得手麻辣火烧,真个受唔了。

吵场合[tshaɔ33dzʅaŋ112xo31]惯用语。指在事件现场大吵大闹。例:我先开排_{警告}你,明日我屋嗯结婚,你就有来～咪,唔是我剥咖你个皮!

扯到根黄栀树桠桠,话得半天。[tʂha33taɔ0ken0vaŋ21tɕy24ʐy213khua33 khua0,gua112te0paŋ21thian42.]讽诫谚。一个人扯着一棵黄栀树树枝都能说上半天,说明他嘴巴特别多,特别啰唆。例:那只伢子,我真个服咖渠个。渠～。每次和渠见面,我都唔敢和倒渠多话,怕渠话倒唔放手。

扯起两只禾鸡眼,冷咖一碗萝卜丝。[tʂha33tɕhɿ33liaŋ33tʂa44ɣo112tɕʅ 31ŋan33,len33ka0ŋ44uaŋ33lo112bo0sʅ31.]讽诫谚。多指席间男女互抛媚眼,忘了吃饭,连萝卜丝都凉了。例:慢唧～咪。你两个等下再叙旧情去哩吧,先吃饭,等下菜冷咖哩。

抻脚怕抖哩爷,缩脚怕抖哩娘。[tʂhen44tɕio44pha213təu33li0ʑia112, su44tɕio44pha213təu33li0n̩iaŋ112.]讽诫谚。睡觉时把脚伸直,怕踢了父亲;把脚缩起来,怕踢了母亲。比喻两头都不能得罪,左右为难。例:箇就让你为咖难哩啊,两边都是你个好朋友。你～。要我讲,你就秉公处理吧。

抻手唔打笑脸人。[tʂhen44ʂəu33ŋ̍35ta33ɕiaɔ21lian42ʐ̩en112.]讽诫谚。意思是对方陪着笑脸给你道歉了,你也不忍心下手打他了。例:老话讲～咪,你提滴东西唧,亲自行到渠屋里去,笑起和渠讲,渠就唔得怪你哩。

抻手唔提四两。[tʂhen44ʂəu33ŋ̍35dia213sʅ35liaŋ33.]讽诫谚。形容一个人很懒,或者家庭优渥,一点事都不做。例:渠在屋里吃咖耍,耍咖吃,一点么个都有做,～个。

诚咖是只案[dʐ̩en112kaɔ0zɿ213tʂa44ŋan35.]惯用语。比喻鱼死网破。例:你有逼渠,把渠逼狠哩,渠～哩就麻烦咖哩。

城隍好做,土地难当。[dʐ̩en112vaŋ31xaɔ33tso35,thu33di42lan112taŋ 44.]讽诫谚。城隍神和土地神都是道教中地位很低的神仙,城隍神管的是一座城,权力比较大,一般管的是大事;而土地神权力较小,管的都是一些芝麻绿豆大的小事。该句常用来比喻地位或权势越高越好做事,越低越不好做事。例:～。我学校里那只校长,整天对我俚箇滴老师指手画脚,一下要你做表,一下又讲有要交表哩,我俚箇滴小老师难做啊。

秤砣虽小压千斤。[tʂhen213do42suei44ɕiaɔ33θia44tɕhian44tɕin31.]讽诫谚。秤砣看起来虽然很小,但是却能压住千斤之重。比喻外表虽不引人注目,但实际能量巨大。例:～。你有小看渠呢,渠人虽然长得唔打眼_{显眼},但是讲出来个话那是响当当个,院子里有么个事,都要喊倒渠去。

秤唔离砣,公唔离婆。[tʂhen213ŋ35li112do112, koŋ44ŋ35li112bo112.]生活谚。秤杆离不开秤砣,老公离不开老婆。常常用来形容夫妻感情好,形影不离。例:渠两口人感情就好唻,经常是～,从来冇看到渠两个红过脸。

吃白食[tɕhia44bei213ʂʅ35]惯用语。指吃东西不给钱。例:渠经常来你屋里～,你唔讲渠,渠唔晓得尧^平味_{有自知之明}个。

吃包子[tɕhia44paɔ44tsʅ0]惯用语。"包子"原是当地办丧事时吃的一种食品,用米粉和大肉做成,现基本上已失传。现用"吃包子"代指去有丧事的人家吊唁。例:老永屋里爷死咖哩,你回去～吗唻?

吃别个半碗,听别个使唤。[tɕhia44bei213ko0paŋ35Øuaŋ33, thin213bei213ko0sʅ33xuaŋ35.]讽诫谚。哪怕是只吃了人家半碗饭,也要服从人家的支使。指得了人家的好处,就会受制于人,得为人家效力。例:别个送起个水果、特产啰唆_{之类的东西},你千万冇要。～。你拿咖渠个,以后渠要你做箇样,做那样,你就唔好拒绝得。

吃别个个嘴软,拿别个个手短。[tɕhia44bei213ko35ko0tsuei33ɕyan33, lan44bei213ko35ko0ʂəu33tuaŋ33.]讽诫谚。如果吃了别人的东西,别人有缺点或不是,就不能理直气壮地指出;接受了别人的东西,就会对别人手下留情,不能按原则办事。意指不能随便吃、拿,免得说话办事理不直、气不壮。例:～。去年那咖劝,要你冇收别个那点唧小恩小惠,你唔听,箇子晓得为难哩啊。

吃得咸[tɕhia44te0ɣan112]惯用语。湖南人的性格有"吃得咸,霸得蛮"之说,后用"吃得咸"形容人的性格倔强,骨子里有股子韧劲。也指在生意上为赚钱不择手段,从中牟利抽成多。例:你老家箇样个红火大太阳还在外头做事,硬是～啊!渠做生意吃得太咸哩,现案^平冇哪个愿意和渠伖伙_{合伙}哩。

吃得咸,霸得蛮。[tɕhia44te0ɣan112, pan35te0man112.]讽诫谚。吃菜吃得咸的人,做事有一股不服输的拼劲。例:我俚湖南人,……,那在全国都是出咖名个。

吃饭还巴起粒谷。[tɕhia44van213ɣai112pa44tɕhʅ31li0ku44.]讽诫谚。米饭里面偶尔也有一粒谷子。比喻所有的事情都不是那么完美的,总会有一点点小瑕疵,不要过于追求完美。例:你屋里崽已经蛮优秀哩,琴棋书画,样样个来得。别个偶尔考个 90 分你就骂别个,你也要求太高哩吧? ~ 呢。

吃家饭,屙野屎。[tɕhia44ka44van213,øo44øia33sʅ33.]讽诫谚。吃着自家的饭,却把粪便拉在外面,肥了别人的庄稼。指吃自己的饭,帮别人办事,常用来抱怨家里人多管闲事。例:你反正爱好_{喜欢做好事}得很,在院子里帮咖箇个帮那个,自家屋里个事看你管咖下有,探咖下有啰! ~!

吃咖糍粑粘哩手,吃咖热酒燗哩口。[tɕhia44ka0dzʅ112pa31tʂan44li0ʂəu33,tɕhia44ka0z̞e213tɕiəu33lai35li0khəu33.]生活谚。糍粑好吃但是会粘着手,热酒好喝但是会烫着口。形容凡事都有好坏两个方面。例:~。多作两丘田一年能多打几百斤谷,但是好累啊,尤其是双抢个时候。

吃咖端午酒,扇子唔离手。[tɕhia44ka0tuaŋ44vu31tɕiəu33,ʂan35tsʅ0ŋ35li112ʂəu33.]生活谚。指过了端午节以后,天气一天天变热了,扇子都不能离手了。例:~。现案⁼已经五月底了,是渠热个哩。

吃咖端午粽,还要冻三冻。[tɕhia44ka0tuaŋ44vu31tsoŋ35,ɣai112øiaɔ35toŋ35san44toŋ35.]生活谚。指过了端午节以后,天气还可能会有冷的时候。例:当真话 ~ 啊,都五月底哩,落雨哩还是蛮冷个!

吃咖我个有菜饭,耽咖你个有钱工。[tɕhia44ka0ŋo33ko0cɑɔ35tshai213van213,taŋ44ka0nʅ33ko0øiəu33dʑian112koŋ44.]生活谚。这是请别人吃饭时的客气说法。在我家吃了一顿便饭,结果耽误了你宝贵的时间。例:甲:今日吵烦你哩啊,你一家人箇咖爱好法唧,做起一桌子菜。乙:哪里个话哦,你 ~ 哦,有得么个菜,你有见怪就好哩。

吃咖五谷想六谷,当咖皇帝想成仙。[tɕhia44ka44vu33ku31ɕiaŋ33liəu21ku31,taŋ44ka0vaŋ21ti24ɕiaŋ33dʑen112ɕian44.]讽诫谚。吃了五谷还想吃六谷,做了皇帝还想做神仙。常用来形容人贪得无厌。例:以前在农村里住个时候,要我把你在塘渡口买房子,箇下又要我把你买到长沙去,你有人心唔足,~。

吃咖元宵肉,各有各个路。[tɕhia44ka0zyan112ɕiaɔ31dzu213,ko44øiəu33ko44ko0lu35.]生活谚。指元宵节过后,春节吃喝玩乐的日子结束了,大家各自做各种的事。例:你平常难得回来,唔趁过年在屋里多耍两天?过咖元宵节再回去嘛,老话讲 ~,到时候你要回去我也唔得留你。

吃酒吃饭有论,打牌赌宝要过硬。[tɕhia44tɕiəu33tɕhia44van213maɔ35

len35,ta33bai112tu33pcɔ33θcai35ko35ŋen35.]生活谚。指亲戚朋友间吃喝可以随便一点,但经济账要算清楚,以避免产生纠纷。例:弟兄家,~。你箇只几十块钱我就收咖你个哩啊!

吃水要只引路个,成亲要只做媒个。[tɕhia44suei33θiaɔ35tʂa44θin33lu35ko0,dʐen112tɕhin44θiaɔ35tʂa44tsəu35mei112ko0.]生活谚。男女要成亲,需要有人牵线做媒,就好像在陌生的地方找水喝,需要有人引路一样。例:~。那时机我和你爸爸两个爆_刚讲起个时候,媒人有带我两个见面,我两个都唔敢自家行_{交往}。

吃晚虾子[tɕhia44man33xa44tsʅ0]惯用语。指暗中占便宜。例:你冇疑起讲渠对你好,渠你要防倒点唧呢,唔是渠吃你个晚虾子呢。

吃唔穷,穿唔穷,冇得划算一世穷。[tɕhia44ŋ35dʑiɔŋ112,tɕhyan44ŋ35dʑiɔŋ112,maɔ35te0va112suaŋ35θʅ44sʅ35dʑiɔŋ112.]讽诫谚。吃穿用度对一个人的经济状况不会有太大的影响,关键就看他会不会规划,如果一个人没有规划,那一辈子都可能受穷。例:~。你看下你啰,做事从来冇想过,从来冇划算过,只讲你个日子过唔好!

吃一回亏,学一回乖。[tɕhia44θʅ44vei112khuei44,ɕiɔ35θʅ44vei112kuai44.]讽诫谚。吃了一次亏,就会学到一点经验,下次就不会吃同样的亏了。例:老话讲~,你吃咖箇多次亏哩,还冇记师傅_{长记性}哎?

吃冤枉[tɕhia44θyan44θuaŋ31]惯用语。指拿钱不做事或获得不该得的利益。例:渠屋里条件那咖好,还评起特困户,完全是~个。

吃只虱婆留只脚。[tɕhia44tʂa0se44bo31liəu112tʂa0tɕio44.]讽诫谚。虱子本身很小,吃个虱子还要给别人留一只脚,说明对某人很好,什么事都想着他。例:你姐姐对你还唔好,每次从外头弄倒东西回来都要留滴把你吃,~,你要知足哩。

痴心女子负心汉。[tʂhʅ44ɕin44ŋy33tsʅ0vu213ɕin44xan35.]讽诫谚。女的对男的非常痴情,男的却对女的无情无意。例:渠箇一世劳^二唔抵_值,对那只男人死心塌地,但是那只男人根本冇把渠放在眼里,真个是~,也唔晓得渠图么个。

充里手[tshoŋ44li33ʂəu31]惯用语。指自以为是,故意摆出内行人的姿态。例:渠条卵唔懂_{什么都不懂},还在那里~,真个人唔晓得烦得。

臭狗离唔开臭茅厕。[tʂʰəu213kəu33li112ŋ35khai44tʂʰəu213maɔ21sʅ24.]讽诫谚。指狗改不了吃屎。比喻恶习不改,劣性难移。例:你硬是～啊。我要你冇和渠冇事,你天天和渠在一起!

出丑拉怪[tɕʰy44tʂʰəu0la44kuai35]成语。指丢人现眼。例:渠大大_{大伯}上只六十,渠只封哩一百多块钱,讲起～嘛。

出门看天色,进屋看脸色。[tɕʰy44men112khan213thian44se42,tɕin35vu44khan213lian33se42.]讽诫谚。出门之前要学会观察天气情况,进屋的时候,要学会观察人的脸色。意思是要学会察言观色。例:～。你冇看到渠今日一天脸青起,你还在那里有讲有笑,慢唧你看场合三_{阵势}就是哩。

出门唔弯腰,进屋冇柴烧。[tɕʰy44men112ŋ35ɵuaŋ44ɵiaɔ44,tɕin35vu44maɔ35dzai112ʂaɔ44.]讽诫谚。因为捡柴时要弯着腰,所以,如果出门一直直着身子走路,就捡不到柴,回家后也没有柴烧了。例:～。要你去山里捡柴,你抻起只腰子在那里行大路个样,只讲屋里有得柴烧得。

初一崽,初二郎,初三初四拜姑娘,初五六拜舅舅,初七八拜姨爷,初九十拜自家。[tshu44ɵʅ44tsai33,tshu44ɵai35laŋ112,tshu44san44tshu44sʅ35pai35ku44ȵiaŋ31,tshu44vu33liəu35pai35dziəu213dziəu0,tshu44tɕʰʅ44pa44pai35ʑi112ʑia31,tshu44tɕiəu33ʂʅ35pai35dzʅ21ka24.]风土谚。大年初一,儿子给父母拜年;初二,女婿女儿给父母拜年;初三初四,给姑姑拜年;初五初六,给舅舅拜年;初七初八,给姨父拜年;初九初十,年差不多拜完了。现在拜年初一初二大致还是遵循旧俗,其他时间已比较随意。例:邵阳往年间拜年是～,现案^{现在}年轻人冇兴箇一套哩,过年也冇得以前好耍哩。

初做粑粑,三个唔圞。[tshu44tso35pa44pa0,san44ko35ŋ35luaŋ112.]讽诫谚。初次做粑粑,基本上都不能做成圆形。比喻刚开始做某件事,总会遇到一些困难,熟能生巧,成功需要时间的积淀。例:～,做事要慢慢跚跚_{慢慢地}唧来,一口吃唔成一只胖子,你学写毛笔字才一个学期,写得箇好,已经蛮厉害哩。

穿起蓑衣打火——惹火烧身。[tɕʰyan44tɕʰʅ0so44ŋ31ta33xo33——ȵia33xo33ʂaɔ44ʂen44.]歇后语。蓑衣多用干棕叶制成,容易着火。穿着蓑衣救火,很容易惹火上身。比喻自找麻烦或自找苦吃。例:我早就跟你讲咖个,渠屋里装修你冇去插手,随便渠装么个个样,你唔听,渠现案^{现在}把所有个事交把你去做哩,你晓得自家～了吧。

穿小鞋[tɕhyan44ɕiaɔ33ɤai112]惯用语。比喻暗中打击或刁难别人。例:你有得罪领导哩,唔是唔晓得信_{不知不觉}渠就给你～。

船上人唔着急,急死岸上人。[dʐyan112ɤaŋ0z̺en112ŋ̩35tʂaɔ44tɕ̺44,tɕ̺44sŋ33ŋan35ɤaŋ0z̺en112.]讽诫谚。比喻当事人自己不着急,周围的人却在一旁着急。例:渠三十多哩还冇讨婆娘,渠屋爷唔着急,院子里个人把渠做媒搞家里咖_{热火朝天},真个是～啊。

春吹东风雨咚咚,夏吹东风雨淙淙,秋吹东风毛毛雨,冬吹东风雪崩崩。[tɕhyn44tshuei44toŋ44foŋ31Øy33toŋ44toŋ44,ʑia213tshuei44toŋ44foŋ31Øy33dzoŋ112dzoŋ112,tɕhiəu44tshuei44toŋ44foŋ31caɔ112maɔ0Øy33,toŋ44tshuei44toŋ44foŋ31ɕyi33poŋ44poŋ44.]气象谚。说明不同的季节刮东风时的天气变化情况。春天和夏天吹东风会有大雨,秋天吹东风会下毛毛雨,冬天吹东风天有大雪降落。例:箇个东风动起哎,明日是得落大雪个。～唻。

春来一日,水热三分。[tɕhyn44lai112Ø̩44zŋ̩213,suei33ze213san44fen44.]气象谚。春天到来,气温回暖,水温一天比一天热。例:现案²已经立咖春好久哩。～。你洗衣衫还要烧爐水_{热水},真个是浪费!

春南夏北,要雨易得。[tɕhyn44lan112ʑia213pei33,Øiaɔ35Øy33Øŋ̩35te44.]气象谚。春天要是刮南风,夏天要是刮北风,天很可能会下雨。例:要落雨哩,你还去淋水,你怕有滴哈巴_{傻瓜}力气唔过气哩哦!～,今日起北风哩,肯定明日有雨落唻。

春牛如战马,农家唔离它。[tɕhyn44n̺iəu112zy112tʂan35ma33,loŋ112tɕia31ŋ̩35li112tha44.]农谚。春耕时候的耕牛,就好像打仗时的战马一样,农民都离不开它。说明春耕时节耕牛对农业生产特别重要。例:～。今日我屋里箇只牛唔得空啊,我自家个田都还冇犁完,对唔住啊,你老家去问别个借下啰。

春天起雾阴雨绵,夏天起雾晴连天,秋天起雾太阳现,冬天起雾雪满天。[tɕhyn44thian31tɕŋ̩33vu213Øin44Øy33mian112,ʑia213thian44tɕŋ̩33vu213dzin112lian112thian44,tɕhiəu44thian31tɕŋ̩33vu213thai21Øiaŋ42ɕian35,toŋ44thian31tɕŋ̩33vu213ɕyi33maŋ33thian44.]气象谚。说明不同季节起雾与天气变化的关系密切。春天有雾将会有绵绵阴雨,夏天有雾接连几天都是晴天,秋

天有雾也会天晴,冬天有雾将下大雪。例:～,箇五黄六月起起箇大个雾,明日怕有十二只太阳啊!

春天罩子雨连连,夏天罩子火烧天。［tɕhyn44thian31tsaɔ35tsʅ0Øy33lian112lian112,ʑia213thian31tsaɔ35tsʅ0xo33ʂaɔ31thian44.］气象谚。"罩子"全称"雾露罩子",指雾。全句解释与上句的前半部分相同。例略。

春无三日晴,夏无三日落。［tɕhyn44vu112san44zʅ213dʑin112,ʑia213vu112san44zʅ213lo35.］气象谚。春天没有接连三天晴天的天气,夏天没有接连三天下雨的天气。例:箇只天老爷,从雨水边落起脑_{开始}个,唔晓得落咖好久哩,真个是～啊。

春争日,夏争时,百事宜早唔宜迟。［tɕhyn44tsen44zʅ213,ʑia213tsen44zʅ112,pei33zʅ213ŋʅ112tsaɔ33n̠35ŋʅ112dzʅ112.］农谚。指春、夏两季做农活,每天都要分秒必争,无论做什么事都宜早不宜迟。形容春、夏两季时间宝贵。例:～。风快_{马上}清明节哩,土里个豆子又秧_种得哩。

春种一粒粟,秋收万颗粮。［tɕhyn44tʂoŋ33Øʅ44li35ɕiəu44,tɕhiəu44ʂəu44van213kho44liaŋ112.］农谚。春天播种下一粒种子,到了秋天就可以收获很多的粮食。形容春耕对于农业生产的重要性。例:你要勤快点唧,趁倒春天多种滴菜唧,咪。

葱怕雨淋蒜怕晒。［tshoŋ44pha213Øy33lin112suaŋ35pha213sai35.］农谚。葱忌雨水太多,蒜忌太阳太大,说明不同的蔬菜的习性不一样。例:落咖箇久个雨哩,你唔把土里那滴葱拿薄膜盖倒? ～咪。

聪明一世,懵懂一时。［tshoŋ44min31Øʅ44sʅ35,moŋ33toŋ31Øʅ44zʅ112.］讽诫谚。指聪明人也有犯糊涂的时候。例:～。渠七八十岁哩,从来冇被别个骗起个,昨日栽到一只妹唧家手里,被骗咖千多块钱去。

D

打爆工［ta33paɔ35koŋ44］惯用语。指在双方约定的工作之外额外做的免费工作。例:还要辛苦你帮我打点爆工唧,帮我把箇只灯泡换咖。

打焱枪［ta33piaɔ44tɕhiaŋ31］惯用语。指拉肚子。例:夏天回最好冇吃生水,冇乱吃东西,免得泻肚子～。

打估铳［ta33ku33tshoŋ213］惯用语。指依据某些线索推断猜度。例:其实我也唔晓得箇滴谷到底有好多啊,我也是～个。

打惯习〔ta33kuaŋ35ɕi35〕惯用语。指娇惯纵容。例:细个子你要给渠立滴规矩啊,冇～哩。

打悔心〔ta33xuei35ɕin44〕惯用语。指后悔。例:好意讲你你唔听,明日出咖事哩呢,你就～哩。

打口干〔ta33khəu33kan44〕惯用语。指解渴。例:箇只西瓜劳ᵓ唔甜,好么吃黄瓜个样,只有打下口干啊。

打烂山锣〔ta33lan35san44lo112〕惯用语。指说丧气话以使事情办不成。例:本来刚开始渠还蛮有信心报湖南大学个,就<u>丑</u>哩_怪三毛～。

打哩丫环,吓坏小姐。〔ta33li0ɵia44vaŋ31,xa21vai24ɕiaɔ33tɕiɛ31.〕讽诫谚。挨打的虽然是丫环,受惊吓的却是小姐。比喻惩治了下属,给领导敲了警钟。例:～,箇一次把张市长个秘书抓起,渠自家也收敛咖蛮多。

打屁唔黏大脚巴子。〔ta33phɻ213ŋ̍35n̩ia112da213tɕio44pa44tsɻ0.〕讽诫谚。放屁不粘大腿,比喻做事说话不着边际。例:渠讲话～个,你冇信渠,渠讲炮句,你信得一句啊。

打平伙〔ta33bin112xo31〕惯用语。指大家把吃的东西拿出来一同享用,也指大家一起吃喝玩乐,费用均摊,也就是现在流行的 AA 制。例:今日你屋里杀鸡吃,我提瓶好酒来和你～啰。

打唔断个亲,骂唔断个邻。〔ta33ŋ̍35duaŋ213ko0tɕhin44,ma35ŋ̍35duaŋ213ko0lin112.〕讽诫谚。指与亲戚、邻居虽然有打架、争吵的时候,但是不会断绝往来。例:院子里总共才住起箇多人啊,大齐抬头唔见低头见,老话讲～,邻居之间哪里冇么个深仇大恨。

打唔清,骂唔清,只有道理讲得清。〔ta33ŋ̍35tɕhin44,ma35ŋ̍35tɕhin44,tsɻ44ɵiəu31daɔ21li24kaŋ33te0tɕhin44.〕讽诫谚。打骂都不能解决问题,只有讲道理才能真正解决问题。例:～。你还是要讲道理,唔是你在箇里骂三日三夜也冇得用个。

打唔死个程咬金。〔ta33ŋ̍35sɻ33ko0dzɻen112ɵiaɔ33tɕin33.〕讽诫谚。程咬金命大福大,经常能使自己转危为安。比喻一个人生命力旺盛,意志力坚强。也指人太固执,太顽皮。例:渠硬是只～,做生意亏咖亏咖又翻身,来来回回好多次哩,渠还是在做,现案ᵓ又赚哩滴钱哩。

打牙祭[ta33ʑia21tɕʅ24]惯用语。每逢固定的日子吃一顿有荤菜的饭。后泛指偶尔改善伙食。例:我读高中那时机,每周星期三～,唔是吃猪肉就是吃牛肉。

打野食[ta33ɵia33ʂʅ35]惯用语。本指在野外觅食,引申为非夫妻关系的男女媾合。例:现案‵个男男女女啊,下冇得以前安分哩,好多人在外头～。

打在崽个身,痛在娘个心。[ta33dzai213tsai33ko0sen44,thoŋ213dzai213n̩iaŋ112ko0ɕin44.]生活谚。打在儿子身上,痛在母亲心里。指母子连心,体现了母亲对儿女的爱。例:～,你爸爸那咖打你,我在箇边也于心唔忍,你爸爸其实也蛮难过个。

打总成[ta33tsoŋ33dzʅen112]惯用语。指在别人犹豫不决的时候说积极的话促成某事。例:你把房子买到只加油站边上,我唔打你个总成。

大姑娘坐轿——头一回。[dai213ku44n̩iaŋ31dzo213dʑiɔ213——dəu112ɵʅ44vei112.]歇后语。未出阁的姑娘出嫁那天,坐花轿出嫁,从此身份开始发生变化。常用来比喻第一次经历某事,没有什么经验。例:冇看老二是农村里出来个呢,渠从来冇作过土,冇种过菜,今日去挖土,还是～呢。

大话冇夸早哩,豆腐冇作老哩。[dai21va24mɔ35khua33tsa33li0,dəu213vu0mɔ35tso44laɔ33li0.]讽诫谚。吹牛的话不要说得太早了,否则会打自己的脸,给自己造成麻烦;豆腐不要做得太老了,太老了豆腐量少,而且不好吃。例:你讲你放暑假哩要坚持锻炼,每天跳2000只绳,我看你～。

大路朝天,各走半边。[dai21lu24dzaɔ112thian44,ko44tsəu33paŋ35pian44.]讽诫谚。指人各有志,不能强求,每个人都选择走自己的路,互不干涉。例:你有本事,我冇看起,以后我和你桥归桥,路归路,～。

大人唔计小人过。[da21ʑen31ŋ35tɕʅ35ɕiaɔ33ʑen31ko35.]讽诫谚。尊称对方为"大人",谦称自己为"小人",希望对方不要计较自己的过错。或者指地位高的人原谅地位低的人的过错。例:你老家～,渠唔懂事,唔晓得讲话,唔晓得做事,回去我再好好教训渠一下。

大事化小,小事化了。[dai213ʑʅ213xua35ɕiaɔ33,ɕiaɔ33ʑʅ213xua35cai33.]讽诫谚。把大事化解为小事,把小事化解为无事。例:兄弟家之间,何得唔有滴唧争吵,屋场地头箇个事,一个让滴唧,～,冇逗起别个笑。

大树底埃荫死草。〔dai213ʐy213ti33toɜ10in44sʅ33tshaɔ33.〕讽诫谚。长在大树底下的小草，因为遮住了阳光和雨露而长不好。比喻在权贵的把持下，新生力量得不到发展。或事事依附权贵，却妨碍了自身的独立成长。例：屋里有只有钱个爷，有好处也有坏处。～，有滴细个子因为屋里有钱，就唔加油读书，一只人就是那咖废咖哩。

大水冲咖龙王庙——屋里人唔认屋里人。〔dai213suei33tʂhoɜ44ka010loɜ112vaɜ31miaɔ35——vu44li0z̩en112ɳ35z̩en213vu44li0z̩en112.〕歇后语。比喻本是关系密切的一家人，因为互不相识而发生误会或冲突。例：你两个有争哩，我听你两个口音，好像都是五峰铺马草那边个，你两个是～。

大屋底埃好遮阴，大树底埃好歇凉。〔dai213vu44ti33toɜ0xaɔ33tʂa440in44,dai213ʐy213ti33toɜ0xaɔ33çiɛ44liaɜ112.〕生活谚。大房子底下的阴影面积比较大，遮阴效果好，大树叶子稠密，阳光照射不进来，树底下比较凉快。比喻有所依托，事情就比较容易办理。例：三毛屋里舅舅听到讲在省里当只么个官，可以把三毛提起去做事，真个是～啊，我俚箇样个老百姓就只有靠自家哩。

大雾唔过三，过三地唔干。〔dai213vu35ɳ35ko35san44,ko35san44di213ɳ35kan44.〕气象谚。大雾天气一般不会超过三天，超过三天的话就会阴雨绵绵。例：起雾罩子有两天哩，你再等一天，冇急到淋水着，看得得_{会不会}落雨，老话讲～。

大雪年年有，唔在三九在四九。〔dai213çyi33ɳian112ɳian0ɪəu33,ɳ35dzai213san44tçiəu33dzai213sʅ35tçiəu33.〕气象谚。以前每年都会下大雪，下雪的时间不是在"三九"就是在"四九"，现在邵阳不一定每年都会下雪了。例：你冇着急，雪肯定有落个，～，现案¨还有到落雪个时候。

大丈夫能屈能伸。〔da213dz̩aɜ213fu0len112tçhy44len112ʂen44.〕讽诫谚。气量大、心胸开阔的人做事能屈也能伸。例：～，你箇咖沉唔住气，斤斤计较，能成么个大事。

大字墨墨黑，小字认唔得。〔dai21dzʅ24mei35mei0xei44,çiaɔ33dzʅ213z̩en213ɳ35te0.〕讽诫谚。形容一个字都不识。例：我屋里娘是～个。那时期我爷老子每次写信回来，都是我念把我娘听，还要我写回信，我娘讲一句我写一句。

带笼子[tai35loŋ112tsʅ0]惯用语。指下圈套坑骗。例:你箇年纪哩,冇带我个笼子哦!

带孙子,挖金子。[tai35sen44tsʅ0,ɵua44tɕin44tsʅ0.]生活谚。孙子带得好,孙子长大了有出息,会孝敬爷爷奶奶,就好像挖到金子一样。例:~,老徐,你在城里带孙子,带起有劲得很啊,明日享孙子个福哦。

当面鼓,对面锣。[taŋ44mian35lo112,tuei21mian24ku33.]讽诫谚。比喻面对面商量,或者对质。例:我唔晓得你听到哪个讲个,讲我在外头**散你个烂包子**说你的坏话,你告诉我是哪个讲个,我和倒渠~。

刀打豆腐——两面光。[taɔ44ta33dəu213vu0——liaŋ33mian35kuaŋ44.]歇后语。用刀子切豆腐,切出来的豆腐两面都是光滑的。比喻为人圆滑,两面讨好。例:渠~。别个两口人打架,喊起渠去讲理,渠在箇边箇咖讲,在那边那咖讲,哪边都唔得罪。

到火相熔[taɔ35xo33ɕiaŋ44ʑioŋ112]成语。指见到火,金属就熔化。比喻药到病除。例:讲悉你啰,出鼻子血个时候,你拿滴狗毛点燃,把灰吹到鼻子眼骨"里,~!

到么个山唱么个歌,见么个菩萨打么个锣。[taɔ35mo33ko0san44tʂhaŋ 213mo33ko0ko44,tɕian35mo33ko0bu112sa44ta33mo33ko0lo112.]讽诫谚。到什么山上唱什么歌,见到什么菩萨打什么锣。比喻做事情要按照实际情况的变化而做出相应的调整。例:你整天在箇里着么个急,你还冇搞清到底是只么个情况,何咖晓得要何咖办? 莫着急,~。

道唔平有人踩,理唔平有人摆。[daɔ213ŋ35bin112ɵiəu33ʐˌen112tshai 33,li33ŋ35bin112ɵiəu33ʐˌen112pai33.]讽诫谚。道路不平整,有人将它踩平,处事不公平,有人将它摆平。比喻事情不公平,自会有人出来主持公道。例:你以为你屋里人多,就可以**豪强**仗势欺人哩啊。~。总有人主持公道个。

得理唔让人。[te44li33ŋ35ʐˌaŋ213ʐˌen112.]讽诫谚。指在双方争执的过程中,因为自己有理就咄咄逼人,不肯退让。常用来形容人厉害,不肯饶恕别人。例:你冇~,哪个唔犯错,得饶人处且饶人。

灯盏熄哩有下光。[ten44tsan33ɕʅ44li0ɵiəu33ɤo0kuaŋ44.]生活谚。指油灯将要熄灭时,会有一下更光亮。常用来指人快死时的回光返照。例:老话讲~,你二二快落气之前,交代咖蛮多事。

缔颈鬼擦胭脂——死要面子。［thia44tɕiaŋ33kuei33tsha44Øian44tsʅ31——sʅ33Øiaɔ35mian35tsʅ0.］歇后语。吊死鬼自尽前还涂脂抹粉,临死前还要脸面好看。形容特别爱惜自己的颜面。例:你硬是~啊,要是我就把实际情况讲出来,要大齐一起解决。

点点窝窝,聚少成多。［tian33tian00o44Øo0,dʑy213ʂaɔ33dʐen112to44.］一点一点聚起来,慢慢地就会聚少成多。例:你屋里有钱得很啊,剩菜剩饭下倒咖,你要晓得~,要节省滴唧。

碟子吃饭——眼浅。［di213tsʅ0tɕhia44van213——ŋan33tɕhyan33.］歇后语。用碟子吃饭,一眼就能看到底。意思是眼红别人家的东西。例:你名叫~啊,自家屋里万千个香瓜你唔吃,别个屋里个好吃滴!

东边唔亮西边亮,黑咖南边有北边。［toŋ44pian31ŋ35liaŋ35ɕʅ44pian44liaŋ35,xei44ka0lan112pian31Øiəu33pei33pian31.］讽诫谚。比喻这里行不通,别的地方还有回旋余地,做事应当会变通,不要拘泥,不能在一棵树上吊死。例:我和倒你讲咖好多道哩,~。箇只学校唔要你,只要你自家有本事,到哪里找唔倒工作?

东扯葫芦西扯瓜。［toŋ44tʂha33vu112lu35ɕʅ44tʂha33kua44.］讽诫谚。形容说话没有主题,东拉西扯。例:我和倒你讲到哪里读书个事,你跟我~,一下讲出去耍,一下讲搞么个吃。

东风急,备蓑衣。［toŋ44foŋ31tɕʅ112,bʅ213so44Øʅ31.］气象谚。东风刮得很急,要赶紧准备蓑衣,表示马上就要下雨了。例:现案˭动起箇大个东风,赶倒就要落雨哩。~嘛。

东风天多雨,南风天多晴。［toŋ44foŋ31thian44to44Øy33,lan112foŋ31thian44to44dʑin112.］气象谚。刮东风天大概率会下雨,刮南风天大概率会天晴。例:~,现案˭动东风哩,可能要落雨哩。

冬瓜桥卖帽子——还半价。［toŋ44kua31dʑiaɔ112mai35maɔ35tsʅ0——vaŋ112paŋ21tɕia24.］歇后语。冬瓜桥,是"东关桥"之讹,即邵阳市内的青龙桥。冬瓜桥卖帽子,商家出价很高,一般还半价就能买到。后人们形成惯例,一般只还半价。例:~唻,你屋里有钱得很哎,别个喊好多你就是好多!

东虹太阳西虹雨,南虹北虹涨大水。［toŋ44ɣoŋ112thai213Øiaŋ0ɕʅ44ɣoŋ112Øy33,lan112ɣoŋ112pei33ɣoŋ112tʂaŋ33dai213suei33.］气象谚。说明彩虹

出现的方向与天气变化有密切关系,彩虹出现在东边会天晴,出现在西边天会下雨,出现在南边和北边会有大雨。例:出虹哩,嘬!～,今日箇只虹出在东边,要天晴哩!

东田冲个法术婆——讲得好听。［toŋ44dian31tʂhoŋ44ko0fa44suei42bo112——kaŋ33te0xaɔ33thin213.］歇后语。相传邵阳县九公桥镇东田冲有个巫婆,能够把事主的情况说得天花乱坠,但毕竟是些虚无缥缈的事情。例:你箇是～唻,真个有箇样个好事吗?

冬吃萝卜夏吃姜,唔劳医生开处方。［toŋ44tɕhia44lo112bo0ʑia213tɕhia44tɕiaŋ44,ŋ35laɔ112ʯ44sen31khai44tɕhy33faŋ31.］生活谚。冬天多吃萝卜,夏天多吃生姜,对身体健康大有好处,人不会生病,也就不用医生开处方了。例:老话讲～,冬天要多吃滴萝卜白菜唧,又便宜,又对身体好。

冬耕要深,春耕要平。［toŋ44ken44øcai35ʂen44,tɕhyn44ken44øcai35bin112.］农谚。冬耕要深耕,耕得越深,翻起的土层就越厚,不仅可以把地里头的虫卵病菌冻死,来年的土质也会更加疏松。春耕要平整,因为春天风大,干燥,土壤需要保墒。春天耕田后,要用耙耙平,紧接着下种。例:种庄稼也是只技术活,要懂得蛮多,比如讲～,箇咖才有好收成。

冬练三九,夏练三伏。［toŋ44lian35san44tɕiɔu33,ʑia213lian35san44fu44.］讽诫谚。"三九"和"三伏"是一年中最冷和最热的时段,"冬练三九,夏练三伏"原指练习武功,贵在坚持,冷不避三九,热不避三伏。现在常用来指在极端严寒酷暑的气候条件下,也应当坚持锻炼身体。例:你冇懒筋胀偷懒,天气一冷点咖唧你就唔想起来锻炼,别个都是～,哪个像你箇咖!

冬天挑塘,热天歇凉。［toŋ44thian31thiaɔ44daŋ112,ze213thian31ɕiɛ44liaŋ112.］农谚。以前化肥欠缺,邵阳农村常用水塘里的淤泥做肥料,多在冬天农闲时挑塘泥。冬天时把水塘里的淤泥挑出来以储备肥料,天热的时候就可以有空乘凉了。例:～,你下米加油做,趁倒冬天把塘里个泥巴挑出去。

冬至毛毛雨,夏至涨大水。［toŋ44tsʅ35maɔ112maɔ0øy33,ʑia21tsʅ24 tʂaŋ33dai213suei33.］气象谚。冬至这天下毛毛雨,夏至这天可能会涨大水。例:～。去年冬至个时候落雨,我讲今年夏天会得涨洪水个,还真个涨洪水哩,老祖宗个话好准啊!

冬至冇霜,碓窠里冇糠。［toŋ44tsʅ35maɔ35suaŋ44,tuei21khuaŋ42li0maɔ0cam

35khaŋ44.]生活谚。冬至节气地面不打霜,来年碓礱里连糠都没有,说明粮食会歉收。例:~。今年冬至有打霜啊,明年大齐吃么个啊,是得饿死个,何咖搞啊!

栋˞工栋˞断［toŋ35koŋ44toŋ35duaŋ213］成语。形容彻底断裂。例:渠从七楼跸咖下来,拿双脚跸得 ~。

斗散˞法˞［təu35san44fa31］惯用语。指开玩笑。例:你箇只人,就是喜欢 ~,慢唧渠是得当真个。

豆腐掉到灰里头——吹唔得打唔得。［dəu213vu0taio35taɔ35xuei44li33dəu0——tshuei44ŋ35te0ta33ŋ35te0.］歇后语。豆腐又嫩又软,掉到灰里头,既不能吹又不能拍打。形容遇到某种情况左右为难。例:你两个隔起意见,我夹在中间就好比 ~,箇咖唔是,那咖也唔是。

豆荚子开花藤连藤,石榴结籽心连心。［dəu213ke35tsʅ0khai44xua44den112lian112den112,sʅ35liəu0tɕiɛ44tsʅ33çin44lian112çin44.］农谚。豆角开花时都是藤连着藤,石榴结的籽都是一颗挨着一颗的。形容关系十分密切,不可分离。例:乐乐,你有经常打你妹妹,你和妹妹两个是 ~,你两个是一只娘肚子里出来个,血浓于水呢。

读书读得高,裁纸唔用刀。［du213çy44du213te0kaɔ44,dzai112tsʅ33ŋ35Øioŋ35taɔ44.］讽诫谚。读书读得多,就连裁纸都不需要用裁纸刀。比喻学问高,干什么事都会得心应手。例:真个是 ~ 啊,博士点烟有要打火机个,有瓶矿泉水就可以哩,真个厉害!

断粮唔断种。［duaŋ213liaŋ112ŋ35duaŋ213tsoŋ33.］农谚。以前农民多自留谷种。即使没有吃的口粮了,也要把种粮留下来。例:屋里谷要省倒滴唧吃。~,要把明年个谷种留倒。

对症下药,药到病除。［tuei35tʂen35ʑia213Øio35,Øio35taɔ35bin213dʑy112.］生活谚。指根据具体问题提出解决方案,并起到立竿见影的实际效果。例:箇一次搭帮你大齐帮我出主意,效果出奇个好,真个是 ~ 啊!

碓礱做帽子戴——顶当唔起。［tuei35khuaŋ44tsəu35maɔ35tsʅ0tai35——tin33taŋ44ŋ35tɕʅ33.］歇后语。碓做的帽子很沉,戴在头上抬不起头。比喻担不起名誉或责任。例:你老家交只箇咖重要个事把我做,我怕 ~ 啊!

多年个接生娘,剪赵˞咖脐带。［to44ŋian112ko0tɕiɛ44sen44ŋiaŋ112,tɕ

ian33dzaɔ213kaŋdzʐ21tai24.〕讽诫谚。多年的接生婆,剪错了脐带。比喻即使是某方面的专家了,也有失误的时候。例:你唔要在箇里疑起自家狠得很,一副老子天下第一个样子。你要晓得,～呢,更何况你还是只半桶水,总有栽跟头个一天。

多年个雨水流成河,多年个媳妇熬成婆。〔to44ɲian112koŋy33suei33 lieu112dzen112ɣo112, to44ɲian112koŋçʐ44vu31ŋɔɔ35dzen112bo112.〕讽诫谚。雨水长年累月终究会汇流成河,当了多年的媳妇,终有一天也会做婆婆。比喻好日子来之不易,经过千辛万苦,总有出头之日。例:渠一只大学老师,天天在电脑底垛,寒假暑假都冇歇过,好辛苦。好在～,渠今年就可以评起教授哩。

多只朋友多条路,多只冤家多堵墙。〔to44tsa44boŋ112øieu31to44diaɔ 112lu35, to44tsa44øyan44tçia44to44tu33dziaŋ112.〕讽诫谚。多交一个朋友,就多一个帮忙的人,多结一个冤家,就多添一份堵。意思是要多交朋友,少结冤家。例:你箇只人哎,要你冇跟别个骂架、打架,你总是唔听。～咻,你箇咖下去,明日到处是你个仇家。

掇别个个碗,属别个管。〔to44bei213koŋ35koŋøuaŋ33, su33bei213koŋkuaŋ 33.〕讽诫谚。指端了别人的饭碗,就要服从别人的安排。例:我箇只人喜欢自由滴唧。～,我唔想别个管到我,所以我就自家开只厂,自家当老板,少弄滴钱冇紧没关系。

躲得过初一,躲唔过十五。〔to33teŋko35tshu44ʐ44, to33ŋ35ko35sʐ35vu 33.〕讽诫谚。指必然要发生的事情,躲是躲不过去的。躲过了一时,躲不了一世。例:你欠起别个钱,冇疑起唔在屋里,别个就寻唔倒哩。～,躲冇是办法,还是要想办法把钱还咖。

E

屙尿倒唔朝那一向。〔øo44ɲiaɔ35taɔ35ŋ35dzaɔ112laɔ35ɣ44çiaŋ35.〕讽诫谚。屙尿都不跟对方同一个方向。一般用于跟别人争吵或发生矛盾之后说的绝情话,意思是不跟对方有任何瓜葛。例:渠疑起渠屋里崽多,人多豪强,占我屋里个屋场地头。我就冇怕渠个,我二三十年哩,～,一直冇和倒渠屋里个人讲话个。

屙尿冇眄人,眄人屙唔成。［Øo44ŋȵiɔ35mɔ35mei44z̠en112,mei44z̠en112Øo44ŋ35dz̠en112.］讽诫谚。在野外小便不能顾忌别人,要是顾忌别人,会觉得不好意思,肯定尿不出来。例:甲:你要屙尿得很哩,你躲到箇只树后头屙咖算哩。乙:箇多人从箇里行上行下_{走来走去},何咖好意思屙,别个唔看到个。甲:～,你把脸向到里头屙,唔是肯定屙唔出个。

屙尿唔得空。［Øo44ȵiɔ35ŋ35teokhoŋ35.］惯用语。比喻很忙,连小便的时间都没有。例:渠两个啊,自从放咖暑假就在电脑面前坐起,～个,哪里有时间陪我出去要。

屙尿唔出怪茅厕。［Øo44s̠ŋ33ŋ35tɕhy44kuai35mɔ21s̠ŋ24.］讽诫谚。拉不出屎来怨厕所。比喻不从主观上找原因,反而埋怨客观条件不好。例:我从来冇看到三毛摸咖下书,渠还～,明明哩是自家冇学习,还讲老师冇教得好。

恶龙难斗地头蛇。［Øo44loŋ112lan112təu35di21dəu42ʂa112.］讽诫谚。比喻外来者再厉害也斗不过本地的黑恶势力。例:～,我看渠从街上喊起好多烂崽_{社会不良青年}来打你,你还是躲一下。

恶人先告状。［Øo21z̠en42ɕian44kɔ35dzuaŋ213.］讽诫谚。自己做了坏事,还要抢先一步告状,数落别人的不是。例:你冇～,严＝严＝唧我看到个,是你先打姐姐个,你姐姐没还手,是你自己踔倒_{摔倒}个。

恶人要恶人婆,撞起恶人冇奈何。［Øo21z̠en4Øiɔ35Øo21z̠en42bo112,tshuaŋ33tɕhȵ33Øo21z̠en42mɔ35lai35xo112.］讽诫谚。厉害的人或者不懂道理的人撞上与之相当的人,他也没有办法了。例:～,你只在自家院子里充狠算唧,到外头去奈得哪个何!

饿死胆小个,胀死胆大个。［ŋo35s̠ŋ33tan33ɕiɔ33ko0,tʂaŋ35s̠ŋ33tan33dai213ko0.］讽诫谚。胆小怕事、谨小慎微的人,不敢越轨半步,往往得不到一点好处;敢于冒险的人,可捞到许多好处。例:～。往年间村里封山,我俚唔敢去山里捡柴,别个胆大个那个杉树筒子老大只咖徛屋里捎。

饿唔死个和尚,干唔死个高粱。［ŋo35ŋ35s̠ŋ33ko0ɤo112dz̠aŋ31,kan44ŋ35s̠ŋ33ko0ka44lian31.］农谚。和尚因为可以化缘,吃百家饭,所以饿不死。高粱因为耐旱,所以干不死。例:塝上那丘旱田今年种滴高粱算哩,～,就算天干也冇紧。

儿女亲,辈辈亲,打断骨头连起筋。［ɣai112ȵy33tɕhin44,pei35pei0 tɕhin44,ta33duaŋ213kuei44dəu0lian112tɕhŋ33tɕin44.］生活谚。比喻亲戚关系很密切,就如同打断了骨头还连着筋一样不可分割。例:兄弟姊妹之间平常吵两句正常得很,箇和倒跟别个吵架还冇一样,~。

耳听为虚,眼见为实。［Øai33thin213vei112ȵy44,Øian33tɕian35vei112ʂŋ35.］讽诫谚。成语,意思是亲眼看见的比听说的要真实可靠,不要轻信传闻。例:~。那只妹唧当真乖唔乖他_{漂不漂亮},你要自家看到才晓得,媒客婆讲个唔为由_{不作数}。

二八月个南风唔过夜。［Øai35pa44Øyɛ35ko0lan112foŋ31ŋ35ko350ia35.］气象谚。农历二月和八月,刮南风的话会变天下雨。例:~。动南风哩,赶到就有雨落哩。

二百五［Øai35pei44vu33］惯用语。指傻头傻脑,不很懂事,而又倔强莽撞的人。例:你和渠是样,那你唔也是只~?

二月清明唔在前,三月清明唔落后。［Øai21Øyɛ24tɕhin44min31ŋ35dzai 213dʑian112,san44Øyɛ42tɕhin44min31ŋ35lo35ɣəu213.］农谚。如果清明节是在农历的二月,就不要着急播种,因为在清明节时很容易出现倒春寒,会影响到农作物的生长。如果清明节在农历的三月,种庄稼时就不要落后,要早一点种植。例:今年个清明节是农历三月初五,要早点唧下种。~。

F

发梦冲［fa44moŋ21tshoŋ24］惯用语。指因做噩梦而说梦话或哭闹,也指做白日梦。例:箇只崽夜倒夜~,是唔是在哪里吓哩啊?

发心发念［fa44ɕin44fa44ȵian35］成语。形容心甘情愿。例:渠~嫁把那只后生哩,你就冇阻渠哩,明日拿_把只人逼死。

翻白眼［fan44bei213ŋan31］惯用语。指因为困难、失望等而做出的眼部表情,也指不待见人。例:你还翻起白眼在那里,慢唧我抠咖你个眼珠出来!

饭后百步走,活到九十九。［van213ɣəu213pei33bu213tsəu33,xo35taɔ35 tɕiəu33ʂŋ35tɕiəu33.］生活谚。吃饭之后散散步,可以使身体健康长寿。例:行哩,一起出去走下呢!~,你箇咖吃咖饭就坐倒,屁股和肚子容易坐大。

饭前先喝汤,老哩唔受伤。［van213dʑian112ɕian44xo44thaŋ44,laɔ33

li0ŋ35z̯əu213ʂaŋ44.]生活谚。吃饭之前先喝一口汤,可以滋润肠胃,为进食做好准备,这样便于消化也便于吸收,长久下去,老了就不会生病。例:~。我看你吃饭基本上有吃汤个,箇咖对消化唔好。

饭前一口汤,饭菜格外香。[van213dʑian112θŋ44khəu33thaŋ44,van213tshai213ke44θuai42ɕiaŋ44.]生活谚。汤有润滑消化道的作用,汤中的水分、油脂从口腔经过食道进入胃中,可对消化道进行充分的润滑。吃饭之前喝一口汤,吃饭时会觉得饭菜格外香甜可口。例:我看你都是吃咖饭之后再喝汤,箇咖容易涨肚子。~,也唔容易长胖。

方木头唔滚,圆木头唔稳。[faŋ44mo44dəu0ŋ35kuen33,ʑyan112mo44dəu0ŋ35θuen33.]讽诫谚。方形木头放得稳实,但有不能滚动的缺点;圆形木头容易滚动,但放不稳当。比喻世间人和事,各有优缺点,不会十全十美。例:~。每一个人都有自家个优点和缺点,你有要一棍子打死一个人。

放咖锄头摸扫把。[faŋ35ka0dzu112dəu0mo44saɔ35pa0.]讽诫谚。形容人里里外外的活都干,非常勤劳。例:渠是只想发财个人,勤快得很,~。

飞打飞杀[fei44ta0fei44sa44]成语。形容特别闹腾。例:渠一天在屋里~,唔是把屋里个东西到处搞起是,就是把屋里个鼎罐扒锅打烂我个。

费力唔讨好。[fei21li24ŋ35thaɔ33xaɔ33.]讽诫谚。指出了力气别人也不说你的好。常用于付出了不一定能得到回报。例:你经常做滴箇个~的事,要你有帮渠,你唔听,箇下晓得哩吧,渠唔感谢你就算哩,还倒打一耙。

逢人留根线,日后好相见。[ven112z̯en112liəu33ken44ɕian35,z̩ʅ213ɣəu213xaɔ33ɕiaŋ44tɕian35.]讽诫谚。指做人做事要给自己留条退路,不要做得太绝,日后也好继续相处。例:做事唔能做得太绝哩。老话讲,~。你太做绝哩,别个就唔和你来哩。

夫妻冇得隔夜仇,床头骂架床尾和。[fu44tɕhʅ44maɔ35te0ke44θia35dz̯z̩əu112,dzuaŋ112dəu112ma35tɕia35dzuaŋ112vei33ɣo112.]讽诫谚。告诫夫妻吵嘴打架不过夜,当天吵架当天就和好。例:~唻。哪个像你两个箇咖,十日半月唔讲话何咖?

扶起唔看讨起看。[vu112tɕhʅ0ŋ35khan213thaɔ33tɕhʅ0khan213.]讽诫谚。形容一个人不识抬举,不识好歹,给脸不要脸,给他好处他不要,反而要自讨苦吃。例:你有~。现案"有把你吃你唔吃,等下唧又来喊唻。

浮皮货［baɔ112bʅ112xo35］惯用语。指办事不扎实,遇事沉不住气。例:渠是只～,唔得死心塌地帮你做个,你还是<u>有打渠个米哩</u>不要把他算在内了。

浮尸肚［baɔ112sʅ44tu33］惯用语。戏称不是孕妇而肚子很大的人。例:你只～,肚子那大哩还天天吃啤酒,你唔怕爆肚子啊?

富家一席酒,穷人半年粮。［fu21tɕia44ɤʅ44ɕʅ44tɕiəu33, dʑioŋ112ʐen31paŋ21ɳian42liaŋ112.］讽诫谚。富裕人家一席酒的花费,相当于穷人家半年的口粮。形容贫富差距悬殊,也用于形容富人挥霍无度。例:箇一瓶酒,要三千多块啊,把我吃得两个月咪。真个是～啊。

富人唔晓得穷人个苦,饱汉子唔晓得饿汉子饥。［fu21ʐen42ɳ35ɕiaɔ33te0dʑioŋ112ʐen31ko0khu33, paɔ33xan35tsʅ0ɳ35ɕiaɔ33te0ŋo21xan24tsʅ0tɕʅ44.］讽诫谚。富人不知道穷人生活的艰苦;天天能吃饱饭的人不知道挨饿的滋味。比喻处境好的人不能理解处于困境中的人的苦衷。例:你是～。你一天赚得千倒千块嘛唔是,我一天包门面费唔倒,愁死人!

富无三代享,穷无永世穷。［fu35vu112san44dai213ɕiaŋ33, dʑioŋ112vu112ɤyn33sʅ35dʑioŋ112.］讽诫谚。指富贵不可能长久,贫穷也不会永无止境。例:老话讲～咪。你两个只要肯抓肯做,钱弄起来也快呢。

G

该放手时须放手,得饶人处且饶人。［kai44faŋ35ʂəu33zʅ112ɕy44faŋ35ʂou33, te44ʐaɔ112ʐen112tɕhy33tɕhiɛ33ʐaɔ112ʐen112.］讽诫谚。遇到人和事,该放手的时候要放手,当饶恕别人的时候要饶恕别人。意思是无论是对自己还是对别人,都要宽容,不要过分计较。也指做事要留有余地。例:～。莫疑起自家有理,就钉倒别个唔放。

甘蔗冇得两头甜。［kan44tʂe31maɔ35te0liaŋ33dəu0dian112.］讽诫谚。甘蔗只有接近根部的那一端最甜。比喻好事只能占一头,不能两头都占全。例:～个。你又想省倒钱,又想过舒服日子,那何咖可能咗?

赶娘屋［kan33ɳiaŋ112vu44］惯用语。指妇女在婆家受欺负或受委屈后回娘家。例:一只女人家,有有点么个事就～,逗起别个笑嘛。

干巴拉翘［kan44pa0la44tɕhiaɔ213］成语。形容干巴巴的。例:天老爷两个月有落雨哩,田里个禾都～哩,看样子今年有得收得哩。

干柴透烈火——无怪其然(燃)。[kan44dzai112thəu213liɛ35xo33——vu112kuai35dzʅ33ʐan112.]歇后语。把干柴加在烈火上烧,不怪它会燃烧。谐音为不要奇怪它这样。意谓事情的发展合乎情理,不必奇怪。例:渠屋里妹唧在边上守倒个,唔准渠吃酒,唔是渠唔吃酒有唻? ~!

干唔死个过水坵,饿唔死个火头军。[kan44ŋ35sʅ33ko0ko35suei33tɕhiəu44,ŋo35ŋ35sʅ33ko0xo33dəu31tɕyn44.]农谚。有些农田不能直接灌溉,需要经过一些水田才可以有水,这些用来过水的田叫"过水坵",过水坵因为经常有水经过,所以干不死。火头军指厨师,因为可以品尝饭菜,所以饿不死。例:当厨师要得,~,经常弄滴好个吃。

缸子打烂当瓦渣卖。[kaŋ44tsʅ0ta33lan35taŋ35ɸua33tsa44mai35.]讽诫谚。把值钱的水缸打烂后作不值钱的瓦片卖。形容用很大的代价换取一丁点的收获,不划算。例:那年我屋妈妈拿我滴书全部当废品卖咖,真个是 ~。好多都是绝版书哩,我伤心死哩。

高山出好茶,平地出好麻。[kaɔ44san44tɕhy44xaɔ33dza112,bin112di213tɕhy44xaɔ33ma112.]农谚。中高海拔之地气温低空气好,多云雾雨露,常常能产出香气馥郁、口感甘甜的好茶。麻是喜光植物,在阳光充足的条件下,生长茂盛,多分枝,能产出韧皮厚、纤维产量高的好麻。例: ~,真个好茶都是出产在山高头,你像大红袍就长在武夷山高头。

高山绕白云,冇雨三天阴。[kaɔ44san44zaɔ213bei213ʐyn112,maɔ35ɸy33san44than31ɸin44.]气象谚。高山有白云围绕,即使不下雨,也会有三天阴天。例:你看下对面大山高头盘起一团好大个白云,等下是得落雨个。 ~。

高山有好水,平地有好路。[kaɔ44san44ɸiəu33xaɔ33suei33,bin112di213ɸiəu33xaɔ33lu35.]讽诫谚。高山的水好,但路可能不好走,平地的路平坦好走,但水可能不好。比喻各有所长,各有优缺点。例: ~ 唻,你倒冇讲起别个山区有句好个,现案"山里路也通咖哩,住在山里还舒服滴哦。

高射炮打蚊子——大材小用。[kaɔ44ʐɛ213phaɔ213ta33ven112tsʅ0——da213dzai112ɕiaɔ33ɸioŋ35.]歇后语。用高射炮来打蚊子,浪费了极大的资源。多指人事安排上不恰当,屈才了。例:把你箇样个人才搞起到我俚箇里当村主任,那真个是 ~ 哩啊!

高头放只屁,下头唱台戏。[kaɔ44dəu0faŋ35tʂa0phʅ213,ɣa213dəu0

tʂhaŋ213dai112ɕʅ35.]讽诫谚。上级仅仅放个屁，下属都会张罗出一台戏来。讥讽官场中竭力巴结奉承上司、溜须拍马的不正之风。例:现案ᵇ个官场还是跟以前是一只案,~,拍马屁个风气冇有变。

　　高头一句话,下头跑烂胯。[kaɔ44dəu0ŋ44tɕy35va213,ɤa213dəu0phaɔ33lan35kha213.]上级讲一句话,下属要跑断腿。指上级发号施令容易,下级执行起来却要费很多周折。例:你现案ᵇ当咖领导哩,讲话要注意点唧,要体贴下头个喽啰兵啊,唔是~。

　　告花子炙火——只从自家胯卵里扒。[kaɔ21xua24tsʅ0tʂa44xo33——tsʅ44dzoŋ112dzʅ21ka24kha213laŋ33li0ba112.]歇后语。叫花子烤火,只把火往自己胯下扒拉。比喻只知道为自身谋利益。例:要渠当乡长就麻烦咖哩,渠是~个唻!

　　告化婆插映山红——味哒很。[kaɔ21xua24bo112tsha44ɸian35san44ɤoŋ112——vei213ta0xen33.]歇后语。叫花婆给自己头上插映山红。比喻自以为是。例:你还在箇里~哦,你屋里妈妈在屋里寻你唔倒,<u>着急唔尽哩</u>_{着急得不得了}哦!

　　告化子被米压死——自家讨倒个。[kaɔ21xua24tsʅ0bʅ213mʅ33ɸia44sʅ33——dzʅ21ka24thaɔ33taɔ33ko0.]歇后语。叫花子被自己到处讨来的米压死。比喻自讨苦吃。例:是你自家主动要把渠带人个,现案ᵇ晓得<u>吃亏</u>_{受罪}哩啊,你箇是~!

　　告化子听锣响,蚂蟥听水响。[kaɔ21xua24tsʅ0thin213lo112ɕiaŋ33,ma33vaŋ31thin213suei33ɕiaŋ33.]生活谚。叫花子听到谁家敲锣打鼓了,就知道有红白喜事了,就会去那里乞讨;蚂蟥一听到水声,就知道有人来了,就会游过来叮咬。比喻一有风吹草动就马上响应。例:~啊。你硬是一听到点么个<u>响波</u>_{风吹草动}唔得,一听到点响波唧就来咖哩。

　　割完麦子插完田,穿上白衣看龙船。[kua44vaŋ112mei21tsʅ0tsha44vaŋ112dian112,tɕhyan44zʅaŋ0bei213ɸʅ44khan213loŋ112dʐyan112.]农谚。意思是端午节之前要收割完麦子、插完田,到了端午节时就有了空闲,就可以穿着干净的衣服轻轻松松去看划龙舟了。例:你问我栽田一般在么个时候啊?有句老话讲得好,~,端午节之前就要栽完。

　　箇山望到那山高,到咖那山冇柴烧。[ko33san31vaŋ213taɔ0la35san44

kaɔ44,taɔ35ka0la35san42maɔ35dzai112ʂaɔ44.]讽诫谚。站在这边山上看那边,觉得那边山比这边山更高,结果到了那边山上,才发现根本不是以前看到的那样,山上连一根柴都没有。比喻人心不足,见异思迁,总以为有更好的,到头来才发现还比不上原来的。例:~。你钉倒箇只事做,冇三心二意,总会有出头个日子个。

箇世笑哩残疾人,来世要你爬起行。[ko033sɿ35ɕiaɔ35li0dzan112tɕʅ44ʐen112,lai21sɿ24Øiaɔ35ȵʅ33la112tɕhʅ33ɤen112.]讽诫谚。告诫人们不要嘲笑残疾人,否则会受到惩罚来世做牛马。例:别个带哩残疾,你只讲要帮渠唻,哪个还笑别个何咖?~。

公公进咖媳妇房——进也唔是,退也唔是。[koŋ44koŋ0tɕin35ka0ɕʅ44vu31vaŋ112——tɕin35Øiɛ33ŋ̍35zɿ213,thuei213Øiɛ33ŋ̍35zɿ213.]歇后语。公公进了儿媳妇的房间,无论进退,被人看见都会有人说闲话。比喻进退两难。例:出现箇种情况,你要我何咖搞?我是~唻!

狗朝屁走,人朝势走。[kəu33dʐaɔ112phʅ213tsəu33,ʐen112dʐaɔ112sɿ35tsəu33.]讽诫谚。狗闻到屁臭味就会跟上去,势利的人看见有钱有势的人就想攀附。常用来讽刺那些喜欢拍马屁的人。例:真个是~啊。以前渠屋里蛮穷,冇哪个来渠屋来行,箇下渠屋崽当咖官哩,屋里人满咖哩。

狗打喷嚏大天晴。[kəu33ta33fen21tɕhaɔ42dai213thian44dʑin112.]生活谚。如果狗打喷嚏了,天气就很晴朗。是人打喷嚏时的一种戏谑语。例:(听到小孩子打喷嚏)~,明日是得出大太阳个。

狗肉上唔得正席。[kəu33dzu31ʐaŋ213ŋ̍35te0tʂen35ɕʅ44.]讽诫谚。旧时习俗狗肉不能作为正规宴席的菜品。比喻人上不了正式台面。例:渠是~个。要渠平时在屋里嬲卵谈还可以,要渠在正式场合讲两句话,渠讲唔出个。

狗咬狗骨头,越咬越有味。[kəu33ŋaɔ33kəu33kuei33dəu0,Øyɛ44ŋaɔ33Øyɛ44Øiəu33vei213.]讽诫谚。比喻自己人斗自己人,越斗越有劲。例:渠两弟兄在那里~,别个看把戏个样。

狗咬吕洞宾,唔识好人心。[kəu33ŋaɔ33ȵy33doŋ213pin44,ŋ̍35ʂʅ44xaɔ33ʐen112ɕin44.]讽诫谚。比喻做事分辨不出好坏,不识好歹。例:我好心帮你,你还~。管我条卵事哦!我沾咖你个光哩!

谷雨前后，种瓜点豆。［ku44øy31dʐian112ɤəu213，tʂoŋ33kua44tian33 dəu213.］农谚。谷雨节气前后，是种瓜种豆的最佳时节。例：老话硬是有讲错，~。我今年发秧子发早哩，都有长出来。

鼓唔敲唔响，话唔讲唔明。［ku33ŋ35khaɔ44ŋ35çiaŋ33，va213ŋ35kaŋ33 ŋ35min112.］讽诫谚。锣鼓不敲打就不会发出声音，话不讲出来别人不会明白。例：~。你大齐有么个事当面锣对面鼓讲咖出来，有藏倒掖倒。

瓜熟蒂落，水到渠成。［kua44ʂəu112ti35lo35，suei33taɔ35dʐy112dzʅen112.］讽诫谚。瓜熟了，瓜蒂自然就会脱落，水流到的地方，时间久了，自然形成一条水道。比喻只要时机成熟，事情自然会取得成功。例：你有着急，做事总是有只过程个，~，你先把该做个事做好，到时候自然就是得_会成功个。

寡妇婆捡到条卵——爱唔释手。［kua33vu31bo112tçian33taɔ0diaɔ112 luan33——ŋai35ŋ35ʂʅ35ʂəu33.］歇后语。本指寡妇拾到男人的阳具，喜爱得舍不得放手，后泛指爱不释手。例：渠屋崽把渠买倒只单放机，渠喜哈咮，好么~。

怪人唔知理，知理唔怪人。［kuai35zʅen112ŋ35tʂʅ44li33，tʂʅ44li33ŋ35 kuai35zʅen112.］讽诫谚。指责埋怨别人的人，是不懂得理数的人；真正知书达理有教养的人是不会轻易怪罪别人的。例：你是只懂道理个人，和倒渠那样个唔懂事个人有一般见识，老话路来讲~。

关公面前耍大刀。［kuaŋ44koŋ31mian112dzian112sua33da213taɔ44.］讽诫谚。在武圣人关公面前耍弄大刀，比喻在比自己才能高的人面前自我卖弄，自不量力。例：渠经常喜欢在别个面前卖弄渠个文采，今日渠晓得遇到只高手哩，唔敢在~哩。

官大一级压死人。［kuaŋ44dai213 ɤʅ44tçʅ44øia44sʅ33zʅen112.］讽诫谚。形容官场上下级地位悬殊，等级森严。例：你唔晓得，~哩，渠一只乡长，哪里敢在县长面前那咖帮你讲话哦。

官唔打送礼个，狗唔咬拉屎个。［kuaŋ44ŋ35ta33soŋ35li33ko0，kəu33ŋ35 ŋaɔ33la44sʅ44ko0.］讽诫谚。本指就像狗不咬拉屎的人一样，当官的不惩治给自己送礼的人。后喻指"礼多人不怪"。例：~，你明日带起礼去，渠唔得怪你个。

棺材里抻出手——死要钱。〔kuaŋ44dzai31li0tʂhen44tɕhy44ʂəu33——sɿ33θiaɔ35dʑian112.〕歇后语。人死后还从棺材里伸出手来要钱,形容爱财如命。例:渠屋里<u>大大</u>_{大伯}坐渠个车渠还要<u>数钱</u>_{付钱},渠真个是 ~ 啊。

光面话〔kuaŋ44mian35va213〕惯用语。指表面上光鲜漂亮的话。例:~ 哪个唔晓得讲,要有实际行动呢才是真心对你好。

光起眼珠讲瞎话。〔kuaŋ44tɕhɿ0ŋan33tɕy31kaŋ33xa44va213.〕讽诫谚。睁眼说瞎话,形容人毫无顾忌地说谎。例:你 ~ 哩,我昨日好久又在你土里摘茄子哩? 我今上午才从邵阳回来。

逛˭油火〔guaŋ213ʑiəu112xo31〕惯用语。假借某种名义向人索取财物。例:你还唔味,天天<u>跕</u>_待在娘屋里 ~ !

鬼唔怕你瘦,贼唔怕你穷。〔kuei33ŋ35pha213n̩ɿ33səu35, dzei213ŋ35pha213n̩ɿ33dʑioŋ112.〕讽诫谚。即使你再瘦,鬼都会找上你;即使你再穷,贼也会去你家偷东西。比喻弱者再可怜,贪婪的人也会从他身上捞好处。例:~,渠才冇管你屋里有冇呢,反正渠一来哩,<u>一个</u>_{每个}屋里都要交滴"公粮"唧。

过咖冬至长根线。〔ko35ka0toŋ44tsɿ35dʑaŋ112ken44ɕian35.〕生活谚。指的是过了冬至之后,白天的时间会越来越长。旧时农村女子纳鞋底时,每天就会比前一日多做出一根线的活。这里的"一线"指的是女子在纳鞋底时用完一根线所需要的时间。"一线"的长度大约在三尺左右。例:~,日里家越来越长哩。

过咖二十四,长工唔理事。〔ko35ka0ai21ʂɿ24sɿ35, dʑaŋ112koŋ44ŋ35li33zɿ213.〕生活谚。南方腊月二十四过小年,在外做事的人要回家过年了,不会再做事了。例:~ 唻,箇过年过节哩,要寻只人帮你做箇个事,比较困难。

二、首字母为 H-N 的常用熟语汇释

H

哈把戏〔xai44pa33ɕɿ44〕惯用语。指轻而易举的事。例:一千块钱对于你老人家来讲有是 ~,你要想清楚,有被别个骗起咖哩。

哈正月,挨二月,赚钱折本全靠十二月。〔xai44tʂen44øyɛ42, ŋai112θai21

øyɛ24，dzuaŋ35dʑian112ʂe112pen31dʑyan112khɔɔ213ʂ̩112øai21øyɛ24.]生活谚。正月玩过去了，二月慢慢挨过去了，赚钱还是折本，全都看十二月的营生了。表示十二月是一年内赚钱还是折本最关键的一个月。例：~，现案"还是炮月家，你就晓得你今年有赚到钱哩。

含到口里怕化咖，捻到手里怕捻死。[ɣan112taɔ0khəu33li0pa213xua35kaɔ，n̠ian33taɔ0ʂəu33li0pa213n̠ian33ʂ̩33.]讽诫谚。指对一件东西视若珍宝，含在嘴里，担心会融化，捏在掌心，又担心会捏死。常用来形容父母对子女十分宠爱，小心呵护。例：渠两个就箇一只崽，带得娇娇咖唧，~。

寒从脚起，病从口入。[ɣan112dzoŋ112tɕio44tɕh̩33，bin213dzoŋ112khəu33ʐy213.]生活谚。受寒是从脚底开始的，病痛是从口进入的。说明要注意脚底保暖，要注意饮食卫生，不能乱吃东西，这样才不容易生病。例：箇冷个天，你鞋子鞋子唔穿，袜子袜子唔穿！你要晓得，~，到时候老咖哩有喊箇里痛那里痛。

喊皇天[xan33vaŋ112thian31]惯用语。指向天求助，比喻无可奈何。例：你冇太相信渠哩，渠九话十唔真个，明日把你也骗起咖，你去~哎？

汗爬水流[ɣan213ba112suei33liəu112]成语。形容汗流浃背。例：为之两个钱，渠一天也蛮辛苦啊，在太阳窠里晒得个~。

好底好帮做好鞋，好爷好娘养好孩。[xaɔ33ti33xaɔ33paŋ44tsəu35xaɔ33ɣai112，xaɔ33ʐia112xaɔ33n̠iaŋ112øiaŋ33xaɔ33tsai33.]讽诫谚。有质量好的鞋底和鞋帮才能做出质量好的鞋子，父母根子好的话，才能养出素质高的孩子。常用来说明父母遗传基因和家庭环境的重要性。例：那只妹唧要得，长得也乖他（漂亮），脾气也好，渠屋里娘爷种根子蛮好。~。你放心讨到渠做婆娘。

好狗唔挡路，灾狗挡大路。[xaɔ33kəu33ŋ35taŋ33lu35，tsai44kəu33taŋ33dai21lu24.]讽诫谚。好狗通人性，不会挡住人的去路，而瘟狗常会挡在路中央。比喻知趣晓事的人，不做妨碍别人行动的事。常用作对阻碍通行的人说的玩笑话。例：~。你有挡到我个大路哩嘛。

好汉怕婆娘，懒汉靠婆娘。[xaɔ33xan42pha213bo112n̠iaŋ31，lan33xan42khaɔ213bo112n̠iaŋ31.]讽诫谚。真正的好男人会尊重妻子，共同发家致富；懒惰的男人自己不想做事，靠着妻子养活他。例：~。渠又怕婆娘，又靠婆娘,你讲渠是好汉还是懒汉呢?

好汉全靠书打底。[xaɔ33xan42dʑyan112khaɔ213çy44ta33ti33.]讽诫谚。真正有能力、有品行的男人,都是因为读了很多书。例:~。你要多读滴书唧啊,唔读书就是只文盲哈巴咪。

好汉唔提当年勇。[xaɔ33xan35ŋ35di112taŋ44ɲian112øioŋ33.]讽诫谚。真正的英雄好汉,不会在人前夸耀自己以前的英勇事迹。引申为真正的成功者不会吹嘘以往的成绩,而是保持谦虚谨慎。例:别个讲~,渠一讲起往年间个事,就来咖劲哩。

好记心当唔得烂笔头。[xaɔ33tçɿ21çin42taŋ35ŋ35te0lan35pɿ33dəu0.]讽诫谚。一个人的记忆力再好,也比不上用笔记下来可靠。例:~。我讲要你一边读一边写,你成只_{总是}唔听。

好事唔出门,丑事传千里。[xaɔ33zɿ213ŋ35tçhy44men112,tʂhəu33zɿ213dʑyan112tçhian44li33.]讽诫谚。指好事不容易被人知道,坏事却传播得极快。例:出滴箇样个丑事,想捂倒_{捂住}是唔可能个。~,你看啰,唔出今日,十里八乡下晓得哩。

好铁唔打钉,好汉要当兵。[xaɔ33thi44ŋ35ta33tin44,xaɔ33xan35øiaɔ35taŋ44pin44.]讽诫谚。好铁不能用来做铁钉,好男儿应该要去当兵,保家卫国。例:渠讲~咪,等你高中毕咖业哩,我送你去当兵算哩。

好心冇讨好报,好泥巴冇坝只好灶。[xaɔ33çin44maɔ35thaɔ33xaɔ33paɔ35,xaɔ33ŋɿ112pa0maɔ35pa35tʂa0xaɔ33tsaɔ35.]讽诫谚。一片好心没得到好的回报,一块好泥巴,没砌成一个好灶。比喻付出没有得到应有的回报。例:~。我是箇咖对你,你还以为我害哩你,那我就唔晓得何咖做哩啊!

好崽冇在多,一个抵炮个。[xaɔ33tsai44maɔ35dzai213to44,øɿ44ko35ti33phaɔ213ko35.]讽诫谚。意思是生儿子不在数量,而在质量。一个好儿子能抵十个没出息的儿子。例:~。你屋里一只崽,我屋里个三只祸砣子_{惹祸的家伙},明日你比我还味滴。

好崽唔要娘爷地,好女唔要嫁妆衣。[xaɔ33tsai33ŋ35øiaɔ35ɲiaŋ112ʑia112di213,xaɔ33ŋy33ŋ35øiaɔ35ka35tsuaŋ44øɿ44.]讽诫谚。有出息的儿子不需要靠父母遗留下来的田地生活,有出息的女儿不需要靠父母给的嫁妆过日子。常用于告诫子女不要在乎父母留下的家业,要靠自己的努力来创造美好未来。例:你两口人一天在屋里做到有歇,弄那多钱做么个嘛? 你屋里崽女读书那狠,~,渠两个么个还在乎你两个个东西啊?

好崽只要一个,好田只要一坨。［xaɔ33tsai33tsɿ44øiaɔ35ŋɿ44ko35,xaɔ33dian112tsɿ44øiaɔ35ŋɿ44do112.］讽诫谚。有出息的孩子只要一个就好了,肥沃的田地只要一块就行。意思是要重视人或事物的质量,而不是数量。例:~。你看你,生起那多做么个嘛,有得一只㸍塞"像样个。

好种出好苗,好葫芦开好瓢。［xaɔ33tsʊŋ33tɕhy44xaɔ33miaɔ112,xaɔ33vu112luɔkhai44xaɔ33biaɔ112.］农谚。种子好,苗自然长得好;葫芦好,做成的瓢自然也很好。也比喻有良好的遗传基因,才能培养出好的人才。例:~,你要留滴好谷种拿育秧啊。

喝酒唔吃菜,必定醉得快。［xo44tɕiɔu33ŋ35tɕhia44tshai213,pɿ44din213tsuei35teɔkhuai35.］生活谚。喝酒的时候不先吃点菜垫肚子,一定会醉得很快。例:你箇咖吃酒何咖要得,快吃滴菜垫下。~,而且也伤胃,伤身体。

禾过三到脚,米都唔缺角。［ɣo112koɔ35san44taɔ35tɕio44,mi33tu44ŋ35tɕhyi44ko44.］农谚。禾苗薅过三次,长出的谷子会粒粒饱满。例:你有懒,~,田你唔薅几次,哪有收成?

禾鸡冇笑老鸦黑,自家黑得看唔得。［ɣo112tsʅ31maɔ35çiaɔ35laɔ33ŋa31xei44,dzɿ21ka24xei44teɔkhan213ŋ35teɔ.］讽诫谚。禾鸡,一种生活在稻田里的野禽,身上的羽毛为黑色或褐色。本指禾鸡不要嘲笑乌鸦的羽毛黑,因为它自己更是黑得目不忍睹。用来比喻不要嘲笑别人的缺点,自己比别人好不到哪里去,甚至更差。又作"禾鸡冇笑老鸦黑,两个都是麻麻色"。例:~。你疑起自家蛮乖他"漂亮,其实隔得好远?

禾线黄,饿肚肠。［ɣo112çian31vaŋ112,ŋo35tu213dzʅaŋ112.］生活谚。稻穗开始变黄的时候,正是农村青黄不接的时候,很多家庭断粮了,经常出现饿肚子的情况。例:~。往年间箇时机,冇得吃得个又开始出去讨米去哩唻。

和尚化缘,木鱼挨打。［ɣo21dzʅaŋ24xua35ʑyan112,mo44ʑy31ŋai112ta33.］讽诫谚。和尚外出募化乞食,会不停地敲打手中的木鱼。比喻因为别人的事连累自己受苦。又做"和尚赚钱,木鱼吃亏"。例:渠人齐偷到东西卖咖分咖哩,三毛一分钱冇分倒,箇下抓起咖哩呢,又要三毛去顶罪。真个

是 ~ 。

河里洗澡庙里歇，唔是强盗就是贼。［ɣo112liɔçɿ33tsaɔ33miaɔ35li0çiɤ44,ŋ35zɿ213dʑiaŋ21daɔ24dʑiəu213zɿ213dzei213.］生活谚。强盗和贼没有自己的家，经常在河里洗澡，在庙里睡觉。形容人无家可归、风餐露宿，过着强盗和贼一样的日子。例：你讲渠是做么个个人哎？我看渠 ~ 咪。

河有九曲八弯，人有三回六转。［ɣo112θiəu33tçiəu33tçhy33pa44θuaŋ44,zɿen112θiəu33san44vei112liəu35tçyan33.］讽诫谚。指人生的道路像河水的流程一样，曲折多变，绝非一条直线。例：你冇着急，现案ˉ还看唔到以后个事，~ ，哪个谅得哪个倒？

恨子唔成龙，爹打娘使冲。［ɣen213tsɿ33ŋ35dʑen112loŋ112,ti44ta33n̩iaŋ112sɿ33tʂhoŋ213.］讽诫谚。父母打骂孩子，就是因为孩子不能成为人中龙凤。例：~ 咪。你恨气[争气]点唧，我和你妈妈也唔得是箇咖着急咪。

横栽山芋竖栽葱。［ven112tsai44san44θy31zy213tsai44tshoŋ44.］农谚。山芋要横着栽，葱子要竖着栽。例：~ ，你老家拿只山芋竖起栽，哪里长得出？

红头花色［ɣoŋ112dəu112xua44se44］成语。形容人容光焕发。例：姨唧箇回身体可以唧，上次去看渠，渠 ~ 唧，精神也蛮好。

喉咙里抻出只手来。［ɣɤu112loŋ31li0tshen44tçhy31tsa44ʂəu33lai112.］生活谚。用夸张的修辞手法来比喻人饥饿难耐，想吃东西。例：渠三天冇吃饭哩，饿得 ~ 哩。

湖南宝庆府，红薯遍地有。［vu112lan31paɔ33tçhin42fu33,ɣoŋ112dʑy31phian213di213θiəu33.］风土谚。邵阳旧称宝庆府，盛产红薯，红薯是邵阳最主要的经济作物之一。例：到邵阳哩，你想吃红薯冇得问题，~ 。除咖红薯，还有腊红薯、红薯线粉、红薯豆腐、红薯粑粑，好多个吃法。

糊泥里洗唔出白萝卜。［vu112n̩ɿ112li0çɿ33ŋ35tçhy44bei213lo112bo0.］讽诫谚。把萝卜放在泥浆中洗，绝对不会把萝卜洗白。比喻一个人如果身处不好的环境，自身也不会变好。例：你天天在街上跟倒那滴烂崽[小混混]混，变得只好人出啊？~ 咪！

虎瘦雄心在，人穷志唔短。［fu33səu35ʑioŋ112çin44dzai213,zɿen112dzioŋ112tsɿ35ŋ35tuaŋ33.］讽诫谚。老虎很瘦但有雄心，人虽然贫穷但志气

不小。比喻即使处于困境中,也要保持昂扬的斗志。例:我~,你有钱是你个,我唔得低三下四求你借个。

虎死有余威,人死一堆灰。[fu33sη33θiəu33ʐy112θuei44,ʐen112sη33θη44tuei44xuei44.]讽诫谚。老虎死了,往日的威风还存留着,人死了,就只剩下一堆灰了。常用来告诫那些平时耍威风的人,不要太嚣张。例:你箇只<u>老母亲</u>_{老太婆}哎,冇在箇里天天骂人,疑起自家威风得很,我讲悉你,~,到时候冇哪个还记得你个。

花脚猫牛[xua44tɕio44maɔ44ηiəu0]惯用语。比喻喜欢四处游荡的人。例:你好么只~样,一天冇要归屋个哎?

花有重开日,人无再少年。[xua44θiəu33dzɔη112khai44zη213,ʐen112vu112tsai35ʂaɔ35ηian112.]讽诫谚。花儿即使凋谢了,第二年又能再次盛开,但是人却不能返老还童,回到少年时代。告诫人们应该珍惜少年时代。例:跟你讲咖好多唧,要你发狠读书,你就是当耳边风。~,你冇等到年纪大哩再打悔心,那就来唔及哩。

荒山成了林,得只聚宝盆。[xuaη44san44dzen112liaɔ0lin112,te44tsa44dzy213paɔ33ben112.]农谚。荒山上种树,树木成林后,就像得到一个聚宝盆一样。说明植树造林的重要性。例:今年春上要多买滴树秧子栽到那边山高头,~。

皇帝老子发酒癫——乱讲倒有理。[vaη21di24laɔ33tsη0fa44tɕiəu33tian31——luaη35kaη33taɔ33θiəu33li33.]歇后语。皇帝醉酒说胡话,怎么说都是有道理的。例:大齐都是哈巴,只有你<u>在行</u>_{聪明},你是~咪。

黄豆开花,锄咖堆满桶;绿豆开花,锄咖要绝种。[vaη112dəu213khai44xua44,dzu112ka0tuei44maη33thoη33;liəu21dəu42khai44xua44,dzu112ka0θiaɔ35dzyɛ213tʂoη33.]农谚。黄豆开花时多松土,会大丰收,绿豆开花时去松土,会颗粒无收。表示不同的豆类作物,种植的方法是不一样的。例:听到讲你今日去土里薅六豆哩,那好咪,~咪,你今年怕冇想吃六豆哩哎?

黄狗吃屎,黑狗当灾。[vaη112kəu31tɕhia44sη33,xei44kəu31taη44tsai44.]讽诫谚。吃屎的是黄狗,承受灾祸的却是黑狗。比喻一个人做了坏事,却要另一个人替他顶罪担责。例:老话讲~,你跟倒渠那样个人<u>和</u>_混,迟早是有亏吃个,有么个好事冇得你个份,倒霉哩就拿你去顶罪。

黄狗骂青天，越骂越新鲜。［vaŋ112kəu31ma35tɕhin44thian31，Øyɛ44 ma35Ø yɛ44ɕin44ɕyan31.］讽诫谚。比喻人受到无端谩骂或打击，不仅没有被击垮，反而更振作。例：～。你等渠骂去个，渠越骂你，你越要保持清醒个头脑。

黄瓜上街，药铺门大开。［vaŋ112kua31ʐ̩aŋ213kai44，Øio21phu24men112 da213khai44.］生活谚。黄瓜上市的季节，是最容易生病的时候。例：～，一到咖箇样个月份，就容易得病，你大齐要注意冇乱吃东西啊!

黄昏星，雨淋淋；半夜星，大天晴。［vaŋ112xuen31ɕin44，Øy33lin112 lin112；paŋ21Øia24ɕin44，dai213thian44dʐin112.］气象谚。黄昏时候天上出星星，将会下大雨；半夜出星星，将会天气晴好。例：今日段黑时机就看到星子哩，明日怕有雨啊。～唻。你明日还是冇去上街哩。

黄连树底垛弹琴——苦中作乐。［vaŋ112lian31ʐy213ti33to33dan112 dʐin112——khu33tʂoŋ44tsəu35lo44.］歇后语。黄连树常被认为味苦，在黄连树下面弹琴作乐，形容在困苦中强作欢乐，或身受痛苦或辛劳却自得其乐。例：你冇看到渠天天嘻嘻哈哈，渠是～唻。

黄天白日［vaŋ112thian44bei213ʐ̩213］成语。指光天化日。例：今早日我在土里还看到树高头辣椒吊耍˭须个样，今下午去就冇看到咖哩，～，哪只唔要脸个把我个辣椒偷咖去哩。

黄眼珠［vaŋ112ŋan33tɕy31］惯用语。多用来形容忘恩负义、过河拆桥甚至恩将仇报的人。例：渠是只～，往年间屋里冇得，在我俚屋里又吃又拿，现案˭抓得好哩，我俚劳˭冇看到渠点么个。

回嘴拉舌［vei112tsuei33la44ʂe35］成语。指说话经常回嘴。例：大人讲话，你只细个子经常～，劳˭生唔懂礼。

会做生意坐断凳，唔会做生意掉起问。［vei213tsəu35sen44Øʅ31dzo213 duaŋ213ten35，ŋ̍35vei213tsəu35sen44Øʅ31phai33tɕhi33ven213.］讽诫谚。以前走村串户做生意的商贩，不能急躁，不是顾客不买就挑着担子走，而是和潜在的客户坐在凳子上拉家常，聊得熟络了，就会买你的东西。例：做生意也有只巧呢，～。你只管挑起担子行，人又累死哎，还卖货唔脱。

活到老，学到老，还有三分冇学到。［xo35taɔ35laɔ33，ɕio35taɔ35laɔ33，ɣai112Øiəu33san44fen31ma35ɕio35taɔ35.］讽诫谚。活年老，学习到年老，

但是还有很多知识没有学到。比喻学习没有止境。例:你冇疑起你狠得很。~,世界上比你厉害个人唔多得是?

火搬三到熄,话讲三到重。[xo33paŋ44san44taɔ42çʅ44,va213kaŋ33san44taɔ42dʐoŋ112.]讽诫谚。燃烧着的柴火,不停地去搬动,火就会熄灭;相同的话讲三次,就显得重复了。例:~,我唔晓得跟你讲咖好多道哩,要你看咖书放原当,你当我放屁。

火搬三到熄,人搬三到穷。[xo33paŋ44san44taɔ35çʅ44,zen112paŋ44san44taɔ35dʑioŋ112.]讽诫谚。火搬多次就会熄灭,人搬家多次会变穷,告诫人们不要频繁搬家。例:老话讲~咪,我看你隔唔得两个月就搬一次家,那何咖发得家起哦?

火烤胸前暖,风吹背后凉。[xo33khaɔ33çioŋ44dzian112luaŋ33,foŋ44tshuei44pei35ɤəu213liaŋ112.]生活谚。烤火的时候,胸前会感到比较暖和;冷风吹来,背后会觉得很寒冷。比喻人不能只往前看,而不顾后边的危险。例:你啊,讲咖你好多转唧哩,要你做事多想一下,你就是唔信,经常顾前唔顾后。~呢,箇下你晓得哩吧。

祸到临头后悔迟。[ɤo213taɔ35lin112dəu112ɤəu213xuei33dzʅ112.]讽诫谚。祸事已经来临才后悔,已经迟了。比喻做事要预先想到后果,考虑周全。例:细毛屋里只崽啊,从小就有滴唧小偷小摸,渠两口人也冇当回事,现案²被公安局抓起咖哩,~,再打悔心也冇得用哩。

J

记师父[tçʅ35sʅ44vu31]惯用语。指犯错误后吸取教训,长记性。例:箇下你还唔~啰!经常信得别个唛哄骗起!下次再是箇咖,我真个唔得管你哩!

徛倒放账,跪倒收钱。[dʑʅ213taɔ0faŋ35tʂaŋ35,guei213taɔ0ʂəu44dzian112.]讽诫谚。别人向你借钱的时候,他对你点头哈腰的;但是等到了还钱的时候,你即使跪下来求他都收不到钱。例:我俚借把阿牛那八万块钱总有五六年哩吧,你跟渠讲咖好多次哩,要渠还钱把你,渠还凶你,真个是~啊。

家丑唔可外扬。[tçia44tʂhəu33ŋ35kho33θuai35ʐaŋ112.]讽诫谚。家庭内部的丑事自己内部解决就可以了,不要跟外面的宣扬,以免遭别人耻笑。例:~咪,你到处去数你媳妇个好丑哎,唔逗起别个笑?

家和万事兴。［tɕia44ɣo112van213zʅ213çin44.］讽诫谚。家庭和睦就万事兴旺。例：弟兄家有么个事,打好商量,冇隔意见。～。

家花冇得野花香,野花冇得家花长。［tɕia44xua31maɔ35te 0θia33xua31çiaŋ44,θia33xua31maɔ35teɔtɕia44xua31dzˌaŋ112.］讽诫谚。家养的花闻起来没有野外的花香,但野外的花没有家养的花有生命力。比喻外面的女人虽然诱人,却不能像结发妻子那样,可以长久相伴。例：你要晓得～,还是原配夫妻好滴,你冇去外头沾花惹草哩。

家家有本难念个经。［tɕia44tɕia0θiəu33pen33lan112ȵian35ko0tɕin44.］讽诫谚。指各个家庭都有自已难以解决的矛盾。例：我还疑起你冇得么个烦恼呢,冇想到你也要烦心啊,真个是～啊。

家有二心,冇钱买针。［tɕia44θiəu33θai35çin44,maɔ35dzian112mai33tʂen44.］讽诫谚。家庭成员不团结一致,家里连买针的钱都没有。告诫人们家和万事兴。例：老话讲～唻。两口人要互相信任,冇疑人疑鬼,唔是屋里抓唔好个。

家有良田万顷,唔如薄艺在身。［tɕia44θiəu33liaŋ112dian112van213tɕhyn33,ṇ35ʑy112bo213ȵˌ35dzai213ʂen44.］讽诫谚。纵使家里有万顷良田,也不如自身学一点点手艺。说明手艺、技能对于个人成家立业、安身立命的重要性。例：～,我劝你还是去学门艺,学好哩,随倒么个时候都弄得吃到。

家有千金,还不如日进分文。［tɕia44θiəu33tɕhian44tɕin44,ɣai112pu35ʑy112zʅ213tɕin35fen44ven112.］讽诫谚。家里有千金财富,还不如每天都有微薄的进账,细水长流。例：～呢。所以讲,还是要寻滴挣钱个门路啊。

家有千口,主事一人。［tɕia44θiəu33tɕhian44khəu33,tɕy33zʅ213θɣ44zˌen112.］讽诫谚。无论家里有多少成员,都需要有一个主持事务的主心骨。例：～。你一只男人家,唔主动承担起箇只责任啊,么个还要你婆娘来？

家有三斗粮,唔当孩子王。［tɕia44θiəu33san44təu33liaŋ112,ṇ35taŋ44ɣai112tsˌ0vaŋ112.］讽诫谚。"孩子王"指教师。以前教师工资和地位都很低,人们认为只要家里能勉强维持生活,就不要当教师,近些年这种观念有所改变。例：想起往年间讲～唻。现案¨当老师好好。

家有一老,胜过一宝。［tɕia44θiəu33θɣ44laɔ33,ʂen35koɔ35θɣ44paɔ33.］讽诫谚。家中有一个老人,其价值胜过一个宝贝,说明老人在家中的重要性。例:箇几年搭帮你屋妈妈在帮你带细个子啊,唔是你两个搞得卵个赢!真个~啊!

假里胡冲[tɕia33li0vu112tʂhoŋ0]成语。指装腔作势。例:三四岁个人,换只衣衫还要关倒门,~,哪个看你?

嫁汉嫁汉,穿衣吃饭。[ka35xan35ka35xan35,tɕhyan44ȵ44tɕhia44van213.]讽诫谚。这是旧时嫁娶的观念,认为女子嫁人就是为了自己吃饱穿暖。例:~咮,别个跟倒你,何得唔想生活好滴唧?么个想跟倒你受苦哎?

嫁鸡随鸡,嫁狗随狗,嫁只石头捧起走。[ka35tɕȵ44dzuei112tɕȵ44,ka35kəu33dzuei112kəu33,ka35tʂa44ʂa35dəu0phoŋ35tɕhȵ0tsəu33.]讽诫谚。旧的婚姻道德观念是从一而终,无论你嫁给什么样的人,都要一辈子跟着他,不能反悔。例:渠还是老思想,~,要是别哪个,像渠箇种情况,早就跟别个行咖哩!

嫁女要郎好,种田要秧好。[ka35ȵy33øiaɔ35laŋ112xaɔ33,tʂoŋ33dian112øiaɔ35øiaŋ44xaɔ33.]农谚。"郎"指女婿。嫁女儿要嫁个好女婿,种田要有好的秧苗。例:~,渠屋只女啊,嫁只那咖小气个男人,渠望渠女提鸡婆把渠吃,怕吃脱渠只牙齿啊。

嫁只好汉,吃碗好饭;讨只好妻,穿件好衣。[ka35tʂa0xaɔ33xan35,tɕhia44øuaŋ33xaɔ33van213;thaɔ33tʂa0xaɔ33tɕhȵ44,tɕhyan44dzian213xaɔ33øȵ44.]讽诫谚。女人嫁个有本事的老公,就不愁没饭吃;男人娶个能干的妻子,就不愁没好衣服穿。例:老话讲~咮。渠跟倒你箇多年,天天和你吃萝卜腌菜,冇得半句怨言,渠还唔好哎?

捡到捡到,胜于买到。[tɕian33taɔ0tɕian33taɔ0,ʂen35ʐy112mai33taɔ0.]生活谚。以前人们认为,捡来的东西,相当于买到的东西,没有义务归还。例:~咮,我想把你就把你,唔想把你,你冇得屁放得!

见钱冇拿,见色冇贪。[tɕian35dzian112maɔ35lan44,tɕian35se44maɔ35than44.]讽诫谚。指不要贪图钱财和美色。例:~,好多当官个都栽在钱财和美色高头,你自家要有点把握唧啊。

见人讲话,见倒菩萨打卦。[tɕian35ʐen112kaŋ33va213,tɕian35taɔ0bu112sa31ta33kua35.]讽诫谚。见到人就跟人讲话,见到菩萨就打卦问吉凶。形容人性格圆滑,遇事能灵活变通。例:渠么个活法唧?别个~个咮,我和渠打得比。

见蛇唔打三分罪。〔tɕian35ʐa112ŋ̍35ta33san44fen31dzuei213.〕讽诫谚。比喻见到坏人坏事不检举、不斗争,也是犯罪。例:~咪。你明明看到渠偷公家个料,你唔告渠,何咖要得?

江边洗萝卜——只卯⁼只来。〔kaŋ44pian31ɕi44lo112bo0——tʂa44maɔ33tʂa44lai112.〕歇后语。比喻事情要一件一件地办,按次序进行。例:你事有箇多把多,还是要有点规划唧,有眉毛胡子一把抓,要~。

江西佬开药铺——卖唔脱自家吃。〔tɕiaŋ44ɕi31laɔ31khai44øio21phu24——mai35ŋ̍35tho44dzʅ21ka24tɕhia44.〕歇后语。比喻产品滞销,自己消化。例:今年个柑子卖唔脱,我俚没办法,~,吃得天天打柑子屁。

将求你屁股挂调羹。〔tɕiaŋ44dʑiəu213ŋi33phi213ku33kua35diaɔ112kəu31.〕讽诫谚。"将求"指仰仗、依赖。屁股上是挂不起调羹的。比喻人不指望、不依赖某人。例:你当只麻屎村干部有么个了唔起,我~啊?

将四爷嫁把合四爷。〔tɕiaŋ44sʅ35øʅ31ka35pa33xo35sʅ35øʅ31.〕生活谚。一个将就的人嫁给一个凑合的人,比喻两者臭味相投。例:渠两个在一起哩,那就好咖哩,是~。

讲话冇强,强起骂娘。〔kaŋ33va213maɔ35dʑiaŋ112,dʑiaŋ112tɕʅ0ma35ȵiaŋ112.〕讽诫谚。指别人说话不要去猜测话中的意思,否则会引起不必要的误解。例:~。别个本来冇得箇只意思,你一强起哩,就坏咖事哩。

讲江西〔kaŋ33tɕiaŋ44ɕi31〕惯用语。指与人理论。例:你冇刮到我个车子哩啊,我先讲悉你听啊,唔是我和你~唔清个啊!

讲咖饭价讲米价。〔kaŋ33ka0van213tɕia35kaŋ33mʅ33tɕia35.〕讽诫谚。形容一个人特别喜欢讨价还价。例:要你做箇点咖事唧,你跟我~,亏哩我对你那咖好哦。

讲空话〔kaŋ33khoŋ213va213〕惯用语。说没有任何意义的话。例:渠唔是~个,能有么个用啊?

讲名堂〔kaŋ33min112daŋ31〕惯用语。指耍花样,故意刁难。例:箇只妹唧又乖他⁼又在行,嫁把你你还有么个名堂讲得个?

讲皮襻〔kaŋ33bʅ21phan24〕惯用语。指耍花招,玩伎俩。例:在我箇里你还想讲只么个皮襻是何哩?看我唔剥咖你个皮,抽咖你个筋!

讲闲话［kaŋ33ɣan112va213］惯用语。在旁边说讽刺或不满意的话。例:你自家也要注意点唧,有逗起别个～。

娇崽唔孝,娇狗上灶。［tɕiaɔ44tsai44ŋ35ɕiaɔ35, tɕiaɔ44kəu33zɑŋ213 tshaɔ35.］讽诫谚。对儿女太娇惯,他们不会孝顺,对狗太宠爱,它们就不守规矩。告诫人们不能太娇惯儿女。例:～。对细个子还是要有惯习哩,唔是是害哩渠。

教熟徒弟,饿死师父。［kaɔ35ʂəu112du21di24, ŋo35sɿ33sɿ44vu31.］讽诫谚。指师傅把手艺毫无保留地教给徒弟,徒弟就会抢走师傅的饭碗。所以,旧时师傅一般不会把自己全部的手艺传给徒弟,都会有所保留。例:老话讲～。你箇咖尽心尽力教渠,唔怕渠抢咖你个饭碗去哎?

接热糍粑［tɕiɛ44ʐe213dʑɿ112pa44］惯用语。指愉快地接受。例:你送幅箇好个字画把去渠,渠唔接倒只热糍粑样。

接贴子［tɕiɛ44thi44tsɿ0］惯用语。指受理告状。例:你箇两只吵宝王,天天在外头给我惹祸,我硬是～唔赢!

姐姐做鞋,妹妹捡样。［tɕia33tɕia0tsəu35ɣai112, mei35mei0tɕian33ɵiaŋ35.］讽诫谚。妹妹学着姐姐的样子做鞋子。告诫人们要做好榜样,学好榜样。例:～。你做姐姐个要给你妹妹带只好样唻。

巾挂巾,缕挂缕。［tɕin44kua35tɕin44, liəu33kua35liəu33.］生活谚。形容人的穿着很破烂。例:渠屋里有那穷吗? 你看渠～,有穿一只好衣衫。

金窠银窠,唔如自家只狗窠。［tɕin44kho44ʐin112kho44, ŋ35ʐy112dʑɿ21 ka24tʂa44kəu33kho31.］讽诫谚。意思是别的地方再好,都不如自己的家里好。例:～啊。我住倒那好个酒店,困眼闭唔着,一回到屋里,倒床上就困着咖哩。

近当怕鬼,远当怕水。［dʑin21taŋ24pha213kuei33, ɵyan33taŋ35pha213 suei33.］生活谚。自己熟悉的地方,因怕恶人使坏而心生恐惧;陌生的地方,因不知道水的深浅而害怕。例:～。你唔晓得那只当个深浅,头一有下水洗澡啊。

惊蛰到,脱了帽;惊蛰来,脱了鞋。［tɕin44tʂɿ31taɔ35, tho44liaɔ33maɔ35, tɕin44tʂɿ31lai112, tho44liaɔ33ɣai112.］生活谚。到了惊蛰,就可以不戴帽子,也可以不穿棉鞋了。表示惊蛰节气一到,气候就回暖了。例:～,你老家硬是好福分啊,现案˝春分边来哩,你还是双絮鞋桶˝起。

惊蛰一过,蟆蜗唱歌。〔tɕin44tʂʅ310ŋ44ko35, ma21kuai24tʂhaŋ213 ko44.〕生活谚。一到惊蛰节气,冬眠的青蛙就苏醒过来,开始呱呱叫了。例:~,蟆蜗硬是神仙老子样啊,到咖惊蛰边就呱呱叫哩。

精打细算,钱粮唔断。〔tɕin44ta33ɕʅ35suaŋ35, dʑian112liaŋ112ŋ35 duaŋ213.〕讽诫谚。生活中省吃俭用,精打细算,家里就会有余钱和余粮。例:~唻。你箇咖大手大脚,何咖发得家起。

井水挑唔干,力气用唔完。〔tɕin33suei31thiaɔ44ŋ35kan44, li21tɕhʅ24 Øioŋ35ŋ35vaŋ112.〕讽诫谚。也说"井水挑唔干,力气用唔尽"。人的力气是用不完的,就好像井水是挑不干的一样。例:渠年轻个伢唧家,双抢个时候你只放心让渠多做滴唧,多挑几担谷。~个。

井水挑唔干,知识学唔完。〔tɕin33suei31thiaɔ44ŋ35kan44, tʂʅ21ʂʅ24 ɕio35ŋ35vaŋ112.〕讽诫谚。井水会源源不断冒出来,是挑不干的,知识如井水一样,是学不完的。例:你才读到初中,就觉得自家唔得了哩,我跟你讲,~,人要活到老学到老。

井淘三到有好水,人从三师武艺精。〔tɕin33daɔ112san44taɔ35øiəu33 xaɔ33suei33, ʐen112dʑoŋ112san44sʅ44vu33ŋʅ42tɕin44.〕讽诫谚。水井多淘几次,才会喝到洁净甘甜的井水;人多拜几位师父,才能学到高超的武艺。常用来鼓励人们要向不同的人学习。例:~,只要有师父肯教你,你只放心多跟几只师父嘛。

颈骨高头搽猪血——假充刹脑壳鬼。〔tɕiaŋ33ku31kaɔ44dəu0dza112 tɕy44ɕyi31——tɕia33tʂhoŋ44to35laɔ33kho31kuei33.〕歇后语。在脖子上面抹猪血,冒充断头鬼。比喻弄虚作假,装腔作势。例:你在我面前还有得句真话,还~啰。

镜子唔擦唔明,脑子唔用唔灵。〔tɕin35tsʅ0ŋ35tsha44ŋ35min112, laɔ33 tsʅ0ŋ35øioŋ35ŋ35lin112.〕讽诫谚。镜子经常不擦拭就不会明亮,脑瓜子经常不用就不会灵光。常用来鼓励人们多动脑筋思考问题。例:题目只要难滴唧你就唔想做,劳˝唔想动脑筋。~唻,你唔动脑筋,何咖学得好?

九成熟,炮成收;炮成熟,一成丢。〔tɕiəu33dʐen31ʂəu35, phaɔ213 dʐen31ʂəu44, phaɔ213dʐen31ʂəu35, øŋ44dʐen112tiəu44.〕农谚。庄稼九成

熟时就收割,有十成收成;十成熟时才收割,只有九成收成,有一成直接丢掉了。说明收割庄稼要把握时机。例:~,箇只道理你都唔懂,那你还作么个田?

九话十唔真。［tɕiəu33 va213 ʂ1 35 ɲ35 tʂen44.］讽诫谚。九句话中有十句话是不真实的。形容人说话经常讲假话,不值得信任。例:你头一_{千万}冇信渠个,渠是~个。

九月九,雷收口。［tɕiəu33 ø yɛ42 tɕiəu33, luei112 ʂəu33 khəu33.］气象谚。到了农历九月初九,一般不会出现打雷天气。例:~,都十一月家哩,还动雷,老人家要注意点唧哩。(过去邵阳人有一种说法,如果冬天打雷,会死老人。)

九子唔葬父,一女打荆棺。［tɕiəu33 ts1 33 ɲ35 tsuaŋ35 vu213, øɲ44 n̩y33 ta33 tɕin44 kuaŋ44.］讽诫谚。养九个儿子都不能埋葬父亲,养一个女儿却能用荆条编织棺材安葬父亲。指儿子虽多却没有女儿顶用,养儿不如养女。例:老话讲~,养女还比养崽好滴啊。

久病无孝子,久雨烂路子。［tɕiəu33 bin213 vu112 çiao35 ts1 33, tɕiəu33 ø y33 lan35 lu35 ts1 0.］讽诫谚。长期卧病在床,即便是曾经孝顺的儿子也不会耐心服侍,就好像下雨时间久了,好路也变烂了一样。例:~。现案"像渠箇样个孝子少啊,娘老子瘫痪咖一二十年哩,掇屎抽尿,渠冇点怨言个啊。

久居令人贱,频来亲也疏。［tɕiəu33 tɕy44 lin35 ʐ̩ en112 dʐyan213, bin112 lai112 tɕhin44 øiɛ33 su44.］讽诫谚。长期居住在一起,会使人生厌,往来太频繁了,即使很亲近的人感情也会生疏。例:~。唔管是哪个,在一起住得久哩,感情总有得那咖好哩。

久雨必有久晴,久晴必有久落。［tɕiəu33 ø y33 pɻ44 øiəu33 tɕiəu33 dʑin112, tɕiəu33 dʑin112 pɻ44 øiəu33 tɕiəu33 lo35.］气象谚。下了很长时间的雨之后必定有很长时间的晴天,晴了很长时间后,必定会下很长时间的雨。例:天老爷落咖箇久个雨哩,该有会好个晴哩,老话讲~。

酒肉朋友,难得长久。［tɕiəu33 dzu213 boŋ112 øiəu31, lan112 teø dʑaŋ112 tɕiəu33.］讽诫谚。只在一起喝酒吃肉的朋友,友谊不会长久。例:交朋友还是要交心。~个。

酒醉后来人。［tɕiəu33 tsuei35 ɣəu213 lai112 ʐ̩ en112.］讽诫谚。比喻后面

加入的人还能得到更多的利益。例:你才来啊,快来,~,你多吃两杯!

酒醉心里明。[tɕiəu33tsuei35ɕin44liɔmin112.]生活谚。喝酒喝醉了,但是心里是明白的。例:渠经常喝点酒唧就耍酒疯,其实 ~,我看渠是<u>悠要</u>故意是那咖个。

K

开后门[khai44ɤəu21men42]惯用语。比喻利用职权为他人谋求不正当利益。例:请你老家帮只忙,开点后门唧,把我箇只事办咖算哩啰!

开水唔响,响水唔开。[khai44suei33ŋ35ɕiaŋ33, ɕiaŋ33suei33ŋ35khai44.]生活谚。水开了就不会有响声,还在发出咕噜咕噜响声的水还没有开。例:~咪,水还在叫,等下再熄火。

揩眼屎[khai44ŋan33sɿ31]惯用语。指平时很小气,偶尔做出大方的举动。例:今日渠拿咖两百块钱把奶奶哎? 怕是揩咖眼屎哩着?

看到屋,行得哭。[khan213taɔ35vu44, ɤen112teɔkhu44.]生活谚。明明看到房子就在眼前,但是还要走很远的路程才能到家。说明眼睛看到的目标和实际路程是有差距的。例:我<u>细前间</u>小时候从街上回来,行到田塘铺就看到自家个屋哩,但是,每次都要行好久才能行到屋,大齐经常讲 ~。

看牛唔要起得早,只要常吃露水草。[khan213ȵiəu112ŋ35θiaɔ35tɕhɿ33teɔtsaɔ33, tsɿ33θiaɔ35dzʑaŋ112tɕhia44lu21suei42shaɔ31.]农谚。放牛不要出去得太早了,只要经常让牛能吃到露水草就可以了。说明露水草有利于牛长膘。例:才六点多点唧,你就去看牛哩啊? ~。出去太早哩有得用个。

看自家一朵花,看别个豆腐渣。[khan213dzʑ21ka24ŋ44to44xua44, khan213bei21ko24dəu213vuɔtsa44.]讽诫谚。把自己看作一朵花,把别人看作豆腐渣。比喻抬高自己,贬低别人。例:渠经常是箇样,~,疑起自家屋里孙子孙女<u>乖他</u>漂亮得很。

糠箩里跳到米箩里。[khaŋ44lɔ112liɔthiaɔ213taɔ0mɿ33lɔ112li0.]讽诫谚。比喻生活环境突然由坏向好转变。例:要晓得想呢。你嫁到渠屋里去,那还唔是 ~ 哎?

靠背山[khaɔ213pei21san42]惯用语。指后台,在背后支持的人或集团。例:也是我俚屋里有得 ~ 啊,唔是你读书箇咖狠,早就把你提起去当官去哩。

客走主人安。［khe44tsəu33tçy33ʐen31ŋan44.］生活谚。客人走了,主人才可以安下心来。例:～。时间唔早哩,吵烦你箇久哩,我两个也要回去哩。

空口打哇哇［khoŋ44khəu33ta33Øua33Øua0］惯用语。指口说无凭或说的话不算数。例:你有在箇里～,讲狠_{厉害}我俚两个就写咖,有空口无凭。

孔夫子唔嫌字丑。［khoŋ33fu31tsɿ0ŋ35ʐian112dzɿ213tçhəu33.］讽诫谚。孔夫子不会嫌弃字写得丑。例:讲就讲_{虽说}～,但是你以后要当老师个,字写得太丑哩,你自家也唔像嘛。

裤包脑［khu213paɔ0laɔ31］惯用语。指没见过大场面的人。例:你只～,箇咖出色唔得哎,在自家舅舅面前也怕起怕起啊?

夸嘴郎中冇好药。［khua33tsuei33laŋ112tʂoŋ31maɔ35xaɔ33Øio35.］讽诫谚。爱夸大话的中医医生手里没有好药。比喻好说大话的人往往没有真本事。例:～唻,渠一天夸夸其谈,有么个真本事。

快笔写赵[＝]字,心急做赵[＝]事。［khuai213pɿ33çiɛ33dzaɔ213dzɿ213,çin44tçɿ44tsəu35dzaɔ213ʐɿ213.］讽诫谚。字写得太快了,容易把字写错,性情太急躁,容易把事情做错。常用来告诫人们做事不能太急,要稳重。例:你奶奶个脾气太急躁哩,做么个事经常急得不得了。～。你看渠今日急倒去接你妹妹,结果烧倒水在灶高头都忘记咖哩,拿只壶子都烧咖哩。

宽桥好过,独木难行。［khuaŋ44dʑiaɔ112xaɔ33ko35,tu35mo44lan112ʐin112.］讽诫谚。宽阔的桥比较好走,独木桥很难行走。比喻集中集体力量好办事,而单靠一个人的力量很难成事。例:～唻。光靠你一个人,好难,大齐帮倒你做,一下就完成咖哩唻。

困难九十九,难唔倒两只手。［khuen21lan42tçiəu33ʂɿ31tçiəu33,lan112ŋ35taɔ0liaŋ33tʂa44ʂəu33.］讽诫谚。指只要有一双勤劳的手,再多的困难都会迎刃而解。例:老话讲～唻,你只要勤快滴唧,肯做,两口人抓起来也快呢。

困起屙尿——侧(测)出来个。［khuen213tçhɿ0Øo44ŋiaɔ35——tshe44tçhy44lai112ko0.］歇后语。男人躺在床上尿尿,需要侧着身子才不会尿身上,所以说是"侧出来的",谐音为"测出来的",意思是经过测试、考验的。例:渠在岳父娘屋里住咖两个月,现案[＝]属于是～哩,过得估哩。

L

来者唔善,善者唔来。〔lai112tʂe33ŋ35ẓan213,ẓan213tʂe33ŋ35lai112.〕讽诫谚。指来的人不怀好意,或不是等闲之辈。例:~啊。渠一看就冇是只善人,你要防倒滴唧。

癞蛤蟆丫呵欠——好大个口气。〔lai35ɣa112ma31ŋa44xɔ44tɕhian42——xaɔ33dai213koOkhəu33tʂhŋ42.〕歇后语。表示对某种说大话、吹牛皮的行为的嘲讽。例:你人箇卵毛大唧,要和我屋里一家人比狠,你~啊!

懒得烧秋蛇吃。〔lan33teOʂa44tɕhiəu44ẓa112tɕhia44.〕讽诫谚。蛇是很懒的动物,烧蛇吃的人,获得了蛇的懒惰性。形容一个人特别懒。例:你硬是~啊!懒得洗短裤,短裤也唔穿啊!

懒婆娘个裹脚布——又长又臭。〔lan33bo112ȵiaŋ31koOkɔ33tɕio44pu35——Øiəu35dzˌaŋ112Øiəu35tʂhəu213.〕歇后语。形容文章长而空洞迂腐或者电影等长而不耐看。例:你箇作文写起嘛,真个是~啊!

懒人屎尿多,冇得也要厕。〔lan33ẓen31sˌ33ȵiaɔ42toO44,maɔ35teOiɛ33Øiaɔ35OoO44.〕讽诫谚。指懒人经常借口拉屎拉尿来逃避干活。例:一要你做滴么个哩,你就要走茅厕_{上厕所}哩,真个是~啊。

懒人有懒福,勤快人累得哭。〔lan33ẓen112Øiəu33lan33fu44,dzin21khuai24ẓen112luei35teOkhu44.〕讽诫谚。懒人有懒人的福气,勤劳的人累得要死,可能都没有那么好的福气。说明命运不公平。例:~。渠两姊妹两个人两只命,姐姐累贼个样,还有得吃得;妹妹呢,天天在屋里打牌,还大鱼大肉。

懒死懒装〔lan33sˌ31lan33tsuaŋ44〕成语。形容人非常懒。例:三毛硬是~,洗咖澡哩唔搓洗澡布个。

懒倚冇气〔lan33Oˌŋˌmaɔ35tɕhŋ213〕成语。形容有气无力、不紧不慢的样子。例:渠蛮辛勤,就是做事做得慢,正月间吃咖饭个碗,渠一个人在屋里洗,~唧,要洗一两个小时。

烂板凳〔lan35pan33ten35〕惯用语。长时间逗留某地,把板凳也坐烂了。比喻呆坐一地,忘时废事的人。例:你箇只~,唔适_{聊天}下着?问倒只黄栀子树也话得半天!

老虫借羊——有借无还。［laɔ33dzʻoŋ31tɕia35ʑiaŋ112——Øiəu33tɕia35 vu112vaŋ112．］歇后语。像老虎借羊一样，名义上说是借，其实有借无还。例：渠又来我俚屋里借盐哩，讲是讲借，其实唔是～个！

老虫哪怕蹇毛狗。［laɔ33dzʻoŋ31la33pha213tɕian21maɔ42kəu33．］讽诫谚。老虎怎么会怕小狗。比喻强势的人不会害怕弱小的人。例：～。别个屋里那多当官个，还怕你哎？

老虫也有啄眼闭个时候。［laɔ33dzʻoŋ31Øiε33Øiəu33tsua35ŋan33pʻ35 koOzʻ112ɤəu31．］讽诫谚。比喻再精明再厉害的人也有疏忽松懈的时候。例：～。你趁渠冇注意个时候，偷偷摸摸混咖进去嘛。

老虎屁股——摸唔得。［laɔ33fu31phʻ213ku33——mo44ŋ̍35te0．］歇后语。比喻自以为是，不容他人触犯。例：你冇惹渠，渠是～个！

老虎头上打蚊子——好大个胆。［laɔ33fu31dəu112ɤaŋOta33ven112 tsʻ0——xaɔ33dai213koOtan33．］歇后语。敢拍打老虎头上的蚊子，形容胆大包天。例：你敢惹渠哎，你真个是，～啊！

老年人唔传古，少年人失脱谱。［laɔ33ŋian112zʻen112ŋ̍35dzʻyan112 ku44，ʂaɔ35ŋian112zʻen112ʂʻ44tho44phu33．］讽诫谚。老年人如果不跟年轻人讲讲过去的事情，年轻人就容易丢失优良传统，在生活中容易失去方向。例：～，今日如果你老家唔在箇里，箇滴年轻个人清得卵个场倒！

老人唔忆苦，崽孙唔知福。［laɔ33zʻen31ŋ̍35Øʻ35khu33，tsai33sen44 ŋ̍35tsʻ44fu44．］讽诫谚。老一辈不把以前的苦情说给儿孙们听，他们就不知道现在的好日子来之不易，就不会珍惜眼前的幸福生活。例：～。箇你奶奶在忆苦思甜，你大齐要专心听啊。

老鼠子过街——人人喊打。［laɔ33ɕy31tsʻ0koɔ35kai44——zʻen112zʻen0 xan33ta33．］歇后语。比喻害人的东西，大家一致痛恨。例：渠在箇一线这一带经常偷东西，抓起渠个时机，是～。

老鼠子上秤钩——自家称自家。［laɔ33ɕy31tsʻ0zʻaŋ213tʂen213kəu 44——dzʻ21ka24tʂhen44dzʻ21ka24．］歇后语。"称"一语双关，既指称重量，又指称赞。用来讥讽人自我吹嘘，把自己看得过高。例：你冇在箇里～哩，你有几斤几两大齐还唔晓得你哎？

雷打惊蛰前，四十五日阴雨天；雷打惊蛰后，低田好种豆。［luei112ta33

tɕin44tʂʅ31dʑian112，sʅ21ʂʅ24vu33zʅ213ɵin44ɵy31thian44；luei112ta33tɕin44 tʂʅ31ɤəu213，ti44dian112xaɔ33tʂoŋ33dəu213.]气象谚。惊蛰节气前打雷，将会有长时间的阴雨天气；惊蛰节气后打雷，地势比较低的田比较好种豆，说明惊蛰后打雷，晴天会比较多。例：～。今年是过咖惊蛰之后才动雷个，晴天应该比较多。

雷公火显[luei112koŋ44xo33ɕian33]成语。指天上电闪雷明。例：昨夜落好大个雨，天上～，你老夫子困得猪样，一觉困到大天亮。

雷公老子唔打吃饭人。[luei112koŋ44laɔ33tsʅ0ŋ35ta33tɕhia44van213 z̩en112.]讽诫谚。吃饭是人生第一件大事，吃饭时不能被打扰，连天上的雷公也会有所顾忌。常用来劝诫大人不要在吃饭时批评教育孩子。例：～。你先吃咖饭着，等下我再<u>松你个皮子</u>_{教训你}！

雷公老子先唱歌，有雨也唔多。[luei112koŋ31laɔ33tsʅ0ɕian44tʂhaŋ213 ko44，ɵiəu33ɵy33ɵiɛ33ŋ̩35to44.]气象谚。下雨前先打雷，即使有雨也不会很多。例：～，有得大雨落得，你放心出去。

雷声绕圈转，有雨唔久远。[luei112ʂen31zaɔ213tɕhyan44dʑyan35，ɵiəu33ɵy33ŋ̩35tɕiəu33ɵyan33.]气象谚。雷在天边绕着圈响，说明本地上空有积雨云生成，离下雨的时间就不久远了，很快就会下雨了。例：～，看样子就要落雨哩。

擂钵屁股——坐唔稳个。[luei112po31phʅ21ku42——dzo213ŋ̩35ven33 ko0.]歇后语。擂钵是当地用来捣磨芝麻、豆子、姜、蒜等的器具，呈倒锥形，不能正立。比喻没有耐心，坐不住，或在某职位上不能长久。例：渠是只～，要渠在屋里读一上午书，唔可能个。

冷唔蒙头，热唔露肚。[len33ŋ̩35moŋ112dəu112，z̩e213ŋ̩35lu35du213.]生活谚。冬天即使再冷，也不能蒙着头睡觉，夏天即使再热，也不能露出肚子。例：天热点唉，你困眼闭总是打赤膊。老话讲，～，唔管渠好热，肚子要盖倒，唔是容易感冒。

犁多草死，耙多泥烂。[li112to44tshaɔ33sʅ33，ba112to44ŋ̩112lan35.]农谚。多犁几次，田里的草就死掉了，多耙几次，田里的泥巴也就烂了。例：～，你唔多犁几次，多耙几次，箇丘田何咖育得秧。

犁三遍，耙三遍，唔怕老天晒半年。[li112san44phian213，ba112san44

phian213，ŋ35pha213laɔ33thian31sai35paŋ35n̠ian112．]农谚。说明水田要多犁、多耙几次，才能泥巴细腻，达到蓄水、抗旱的效果。例：塝上个田放水难，你放心多耙几到，～。

犁田冇省工，养崽冇省饭。[li112dian112maɔ35sen33koŋ44，Øiaŋ33tsai33maɔ35sen33van213．]农谚。犁田不要省功夫，养崽不要省粮食。意思是不该省的不能省，只有舍得花时间、花本钱，才能有所收获。例：～，屋里再冇得吃得，也唔能克扣细个子个饭。

犁有犁路，耙有耙路，鼻子流血，各有道路。[li112Øiəu33li112lu35，ba112Øiəu33ba112lu35，bn̩213tsʅ0liəu112çyi44，ko44Øiəu33cɔɔ213lu25．]讽诫谚。犁田有犁田的路子，耙田有耙田的路子，即使是鼻子流血，也是从两个鼻孔分别流出来。常用来比喻办事认真，毫不含糊。例：～，我和你有亲冇赵ᵓ，但是我是箇只学校个校长，我唔能随便收只学生进来，唔是我会受处分个。

篱笆扎得紧，野猫牛贡ᵓ唔进。[li112pa0tsa44te0tçin33，Øia33maɔ44n̠iəu0koŋ35ŋ35tçin35．]讽诫谚。篱笆如果扎得很紧密，野猫就钻不进去。比喻只要防范严密，坏人就无可乘之机。例：箇次出咖箇样个事，大齐也要吸取教训，要警醒点唧，～。

礼多人唔怪。[li33to44z̠en112ŋ35kuai35．]讽诫谚。对人多讲礼仪，别人不会怪罪。例：妈妈：你今日去把你二姨唧拜只年吧。儿子：我正月初一给渠打咖电话拜咖年哩，我就唔去哩。妈妈：路来讲～，你今日还是和倒大齐一起去吧。

立春早，收成好。[li35tçhyn44tsaɔ33，şəu44dz̠en31xaɔ33．]农谚。立春时间早的话，这一年的收成就会很好。例：今年立春早，大齐唔要愁冇得吃得哩。～。

立冬晴，养穷人；立冬落，穷人饿。[li35toŋ44dz̠in112，Øiaŋ33dz̠ioŋ112z̠en31；li35toŋ44lo35，dz̠ioŋ112z̠en31ŋo35．]农谚。立冬这天天气晴朗，收成会比较好，穷人就有吃的；立冬这天下雨，收成会不好，穷人就会饿肚子。例：～，今年立冬天气好，大齐唔得饿肚子。

立冬若遇西北风，来年定有好收成。[li35toŋ44z̠io213Øy35çʅ44pei31foŋ44，lai112n̠ian112din213Øiəu33xaɔ33şəu33dzen31．]农谚。立冬这天如果

刮西北风,第二年一定会有好收成。例:明年收成好唔好,现案¯还唔晓得。但是有句老话讲,~,到时候看立冬那天得得动西北风就是个。

立秋一日,水冷三分。［li33tɕhiəu44ʮ44ʑʮ213,suei33len33san44fen44.］气象谚。立秋以后,气温下降,水温一天比一天凉。例:~,现案¯已经立咖秋好久哩,你还在洗冷水脸,唔凊_凉啊?

鲢鱼肚皮草鱼腰,雄鱼脑壳鲤鱼嘴。［lian112ʑy31du213bʮ42tshaɔ35ʑy31iaɔ44,ʑioŋ112ʑy31laɔ33khɔ31li33ʑy31tsuei33.］生活谚。指不同鱼类各有最为好吃的部位。例:~。吃雄鱼要吃脑壳唻,那只腰杆有么个吃得。

炼牙犟［lian35ŋa112dʑiaŋ31］惯用语。指犟嘴,强词夺理。例:你还在筒里~啊? 慢唧我两耳巴子把去你!

良言一句三冬暖,恶语伤人六月寒。［liaŋ112ʑian112ʮ44tɕhy35san44toŋ44luaŋ33,øo44øy33ʂaŋ44ʑen112liəu21øyɛ24ɣan112.］讽诫谚。一句同情理解的好话,能给人以很大安慰,增添勇气,即使在寒冷的冬季也会给人温暖;而一句不合时宜的恶毒话,有如一把利剑,会给人带来伤害,即使在酷热的六月,也让人感到寒意逼人。常用来告诫人们要多说良言,不讲恶语。例:~,同样是一句话,从你嘴巴子里讲出来箇咖难听,多讲句好听个话你又冇折咖滴么个。

两春央一冬,无被暖烘烘。［lian33tɕhyn44øiaŋ44ʮ44toŋ44,vu112bʮ213luaŋ33xoŋ44xoŋ0.］气象谚。两个立春中间夹着一个冬天,即便不盖被子也会觉得暖烘烘。表明如果一年之中有两个立春节气的话,这一年的冬天十有八九不会很冷。例:老话讲~,今年有两只立春,肯定蛮暖烘。

两虎相斗,必有一伤。［lian33fu33çiaŋ44təu35,pʮ44øiəu33ʮ44ʂaŋ44.］讽诫谚。比喻两个强者互相搏斗,必然有一方要遭受严重伤害。例:你两个何咖要是箇咖啰? 上又上滴唧,下又下滴唧嘛。~,和气生财嘛。

两只肩膊抬只口。［lian33tʂa44kan44pu31dai112tʂa44khəu33.］生活谚。形容走亲戚空手去,不带礼物。例:渠每次来看你都是~,也开口讲来看咖舅爷哩,还背_{花费}咖舅爷滴饭菜。

谅死虾子冇血出,虾子死咖遍身红。［liaŋ35sʮ33xa44tsʮ0maɔ35çyi44tɕhy44,xa44tsʮ0sʮ33ka0phian213sen44ɣoŋ112.］讽诫谚。料定虾子没有血流出来,但虾子死了之后却遍身通红。劝诫人们不要把人看扁了。例:~。渠谅死你考大学唔起,你恨起箇口气,考只大学把渠看嘛!

量小非君子,无毒唔丈夫。〔liaŋ35ɕiaɔ33fei44tɕyn44tsʅ0,vu112tu35ŋ̍35 dzʐaŋ21fu42.〕讽诫谚。肚量小的人算不上君子,做事不狠毒算不上大丈夫。常用作做坏事的借口。例:~。干大事个人,有个时候是要狠毒点唧。

另古另样〔lin35ku33lin35ɵiaŋ35〕成语。形容格外与众不同,一般用于贬义。例:大齐早日家吃馒头,就是渠~,名堂多挺咖个,要煮汤圆吃。

溜溜滑滑,为之两块霸ꞌ霸ꞌ。〔liɘu44liɘu0va35va0,vei21tsʅ24liaŋ33 khuai213pa35pa0.〕生活谚。小孩称肉做"霸ꞌ霸ꞌ"。指旧时在下雨天走泥泞路去走亲戚,都是为了吃块肉。例:~。往年间有得吃得,你两弟兄远天远地跟倒去舅奶奶屋里去,也是为之只嘴巴子。

留倒口水养牙齿。〔liɘu112taɔ0khɘu33suei31ɵiaŋ33ŋa112tsʅ0.〕讽诫谚。意思是懒得与人费口舌。例:对渠箇样个油盐唔进个人,你冇和倒渠讲多哩,你讲也是空个,还唔如~。

留得青山在,唔怕冇柴烧。〔liɘu112teɔ0tɕhin44san44dzai213,ŋ̍35pha213 maɔ35dzai112ʂaɔ44.〕讽诫谚。只要留住青山,就有柴可烧。比喻只要保住性命,就有将来和希望。例:你身体唔好,要配合医生加油诊。~,你还只有六十多岁,享福个日子还在后头哩。

六月间个笋子——哪里寻。〔liɘu21ɵyɛ24ka0kɔ0sen33tsʅ0——la33li31 dzʐin112.〕歇后语。竹笋的生长季节性很强,农历六月的竹笋很难见到。形容事物难以找到。例:渠要我把渠寻只米筛,箇好么~?

六月落雨隔堵墙,湆女唔湆娘。〔liɘu21ɵyɛ24lo35ɵy33ke44tu33dzʐiaŋ 112,dzaɔ213ŋ̍y33ŋ̍35dzaɔ213ȵiaŋ112.〕气象谚。六月下雨可能只隔了一堵墙。女儿和母亲一起走,下雨的时候可能只淋湿女儿,不会淋湿母亲。这句谚语描述了夏天雷阵雨的特点。例:~,高头院子落暴雨,下头院子冇落一滴雨。

六月冇饭吃,天天好尝新;十二月冇被盖,天天好讨亲。〔liɘu21ɵyɛ24 maɔ35van213tɕhia44,thian44thian0xaɔ33zʐaŋ112ɕin44;ʂʅ35ai21ɵyɛ24maɔ35 bʐ213kai35,thian44thian0xaɔ33thaɔ33tɕin44.〕生活谚。农家从田中摘取少许将熟的稻穗,搓成米粒,煮成新米饭,举行家宴,叫作"尝新"。六月青黄不接的时候没有饭吃,这时稻谷即将成熟,天天尝新就不会饿着了;十二月没被子盖,而新娘子有嫁妆,天天娶亲就有被子盖了。例:老话讲,~。往年间屋里穷,田土又唔多,每年到咖五六月间,就冇得饭吃得,所以,那时候天天去田里摘禾线回来舂米炆粥吃。

六月三天阴,遍地是黄金。［liəu21ø yɛ24 san44thian31øin44, phian213 di213zʅ213 vaŋ112tɕin44.］农谚。六月粮食作物,特别是水稻,都处于生长发育期,需要充足的雨水浇灌,如果连续阴几天,就不会发生旱灾,就会丰收。例:~,箇只天老爷啊,天天是箇咖晴,唔晓得今年还有收冇。

六月天气热,扇子借唔得。［liəu21ø yɛ24thian44tɕʰʅ42zʅe213, ʂan35tsʅ0 tɕia35ŋ35te0.］气象谚。六月天气很热,扇子自己要用,不能借给别人。例:你讲得好咪,要我把扇把你扇,你唔晓得~箇句话吗?

龙多唔治水,鸡多唔生蛋。［loŋ112to44ŋ35dzʅ35suei33, tɕʅ44to44ŋ35 sen35dan213.］讽诫谚。龙多了反倒不能治理水患,鸡多了反倒不下蛋。比喻人多互相推诿而办不成事。例:~。渠队上劳动力又蛮多咪,就是唔齐心,做么个事唔成个。

聋子个耳朵——配相个。［loŋ44tsʅ0ko0øiɛ33to0——phei213ɕiaŋ35 ko0.］歇后语。聋子的耳朵没有用,只是个摆设。形容人或物形同虚设,没有实际作用或价值。例:我箇只主任又冇得么个权力,是~。

聋子会强话,瞎子会打卦。［loŋ44tsʅ0vei213dʑiaŋ112va213, xa44tsʅ0 vei213ta33kua35.］讽诫谚。聋子长于主观臆测别人的话,瞎子长于给人算命打卦。例:~。在你舅爷面前讲话你要注意点唵,渠亦唔听见,经常强话,你本来冇得那只意思,渠强出那只意思。

㧅起打拐［ləu112tɕʰʅ33ta33kuai33］成语。形容人没有精神。例:你看渠啰,整天~,冇吃饭个样,是唔是有病啊?

路见唔平,拔刀相助。［lu35tɕian35ŋ35bin112, pa44tau44ɕiaŋ44dzu213.］讽诫谚。在路上遇到不公平的事,拔出刀子来救助被欺侮之人。形容见义勇为,主持公道。例:那天那只妹唵被别个欺侮,渠……,把渠救倒个,结果就嫁把渠做婆娘。

路是人行出来个。［lu35zʅ213zʅen112ɣen112tɕʰy44lai112ko0.］讽诫谚。世上原本没有路,走得多了也就成了路。比喻凡事要想成功,都要靠自己的努力去摸索、尝试,脚踏实地地去完成每一步。例:你天天在箇里练嘴巴子有么个用？～,你要去试下唻,才晓得箇一条路行唔行得通。

路唔行唔到,事唔作唔成。[lu35ŋ35ɤen112ŋ̍35taɔ35, zʅ213ŋ̍35tsəu35 ŋ̍35dzᶻen112.]讽诫谚。路不走到不了目的地,事情不去做就不会成功。比喻不去实践,就很难达到目的。例:～。你在箇里天天讲有么个用,要去做唻! 你动下嘴巴子,事就自家做完咖哩啊？ 我告悉你,你箇滴事冇哪个帮你做个。

囵脚板[luaŋ112tɕio44pan31]惯用语。指走路不稳、经常摔跤的人。例:你箇只～哎,今日踔咖两三跤哩,你总要好式滴唻。

囵手板[luaŋ112ʂəu33pan31]惯用语。指什么都不会干的人。例:渠屋里婆娘是只～,当真话是点么个都唔晓得做得个。

卵干罄净[luan33kan44tɕhin44dzᶻin213]成语。形容片甲不留。例:昨日,三毛屋里那滴猪崽崽把我一坨土个萝卜吃得～。

卵尻子冇抠,细个子冇逗。[luan33khaɔ33tsʅ0maɔ35khəu44, çʅ21ke24 tɕʅ0maɔ35təu33.]讽诫谚。就像没事不要去挠睾丸一样,不要轻易去逗小孩子。例:～唻。你拿只细个子逗得哭兮哩! 逗起别个骂娘好滴哎？

乱麻必有头,事出必有因。[luaŋ35ma112pʅ44ɵiəu33dəu112, zʅ112 tɕhy44pʅ44ɵiəu33ɵin44.]讽诫谚。一团乱麻必定能找到它的源头,任何事物,不管看起来多么复杂,都有其内在的因果关系。例:～,有哪个无缘无故会对你好个,一只人以前跟你冇得么个来往,有一天渠突然对你蛮好,你就要注意哩。

萝卜白菜,各有所爱。[lo112po0bei21tsai24, ko35ɵiəu33su33ŋai35.]讽诫谚。意思是每个人都有自己的喜好,不能强求别人跟你一样。例:～,你妹妹喜欢吃西瓜,唔喜欢吃葡萄,你拗倒要别个吃葡萄,箇唔是强人所难吗？

萝卜花咖肉价钱。[lo112bo0xua44ka0dzu213tɕia21dzian42.]生活谚。形容东西买贵了。例:今日吃咖只亏,～。买只普通电子表用咖我100多块。

萝卜上街,药铺唔开。[lo112po0zᶻaŋ213kai44, ɵio21phu24ŋ̍35khai44.]生活谚。萝卜具有很高的药用价值,萝卜上市的季节,多吃萝卜,就不容易生病,因此,药店也就没有生意了。例:冬天多吃滴萝卜白菜唧,对身体好滴。～,你冇听到讲过吗?

锣鼓听声,听话听音。[lo112ku31thin213ʂen44, thin213va213thin213

Øin44.]讽诫谚。听锣鼓,重点在听它的节奏和音响,听人说话,重点是听懂话语的弦外之音,明白话里的真正意思。例:你硬是有滴哈啊,你爸爸讲咖箇久哩,你还唔晓得是么个意思。~唻,渠个意思是唔准你去广州去耍唻。

落脚货[la35tçio44xo35]惯用语。卖剩下的质量很差的货色。例:就剩起箇滴~哩,哪个要就便宜卖把哪个算哩。

M

麻布袋袋绣花——底子太差。[ma21pu24dai213dai0çiəu35xua44——ti33tsๅ0thai213tsha44.]歇后语。麻布袋子太粗,不适合用来绣花。形容东西质量太次,无法使用。也比喻基础太差,承担不起重任。例:你要渠来当领导,渠可能是~哦,怕奈唔何呢。

麻间挤密[ma112ka0tçๅ33mๅ35]成语。形容密密麻麻。例:你箇丘田个禾栽得~,到时候哪里有收啊。

麻粒婆靠打粉。[ma21li24bo0khao213ta33fen33.]讽诫谚。麻脸婆全靠搭粉来掩饰斑点。也比喻坏人通过弄虚作假来掩盖自己的丑恶嘴脸。例:~唻。渠四五十岁哩,看起那咖年轻,完全是粉霸ᵇ起个唻。

麻雀子欢喜打烂蛋——乐极生悲。[ma21tçhiao24tsๅ0xuaŋ33çๅ31ta33lan35dan213——lo44tçๅ35sen44pei44.]歇后语。麻雀鸟高兴得把鸟蛋给打烂了,比喻人高兴过度,就会把事情搞砸。例:你有么个事箇开心啊,你有~哦。

麻雀子嫁女——叽叽喳喳。[ma21tçhiao24tsๅ0ka35ๅy33——tçๅ44tçๅ0tsa44tsa0.]歇后语。形容人们七嘴八舌,声音嘈杂细碎。例:老师一转咖只身,就听见你大齐~,劳ᵇ有自觉个哎。

蟆蜗嘈社[ma112kuai35dzao112ʐa213]成语。社日,旧时祭祀土神的日子,一般在立春后第五个戊日。青蛙在社日前后呱呱叫,形容很嘈杂。例:今日箇滴细个子在箇里叽叽喳喳,~个样,搞得我困眼闭唔着。

蟆蜗死哩还要跳三跳。[ma21kuai24sๅ33li0ɣai112Øcao35thiao213san44thiao213.]生活谚。青蛙死前还要蹦跶几下。比喻人临绝境不甘束手待毙,还要做垂死挣扎。例:~呢。你就箇咖心甘情愿输把渠,你唔去领导面前争取一下哎?

马栏里关猫牛——烂稀松。［ma33lan31li0kuaŋ44maɔ44ȵiəu0——lan35ɕʅ44soŋ31.］歇后语。像把猫关到马厩里一样,轻轻松松就能容得下。例:一只箇大个床,困三个人,那唔是~。

马屎皮上光,里头是包糠。［ma33sʅ33bʅ112ɣaŋ0kuaŋ44,li33dəu0zʅ213paɔ44khaŋ44.］讽诫谚。马粪表面上很光滑,里面全是糠头。比喻人徒有外表或表里不一。例:~。渠表面上看起来标标致致唧,其实完全就是只草包。

蚂蟥沿到薅田棍——冇得血吸得。［ma33vaŋ31ȵan112taɔ0xaɔ44dian31kuen35——maɔ35te0ȵi44ɕʅ44te0.］歇后语。蚂蟥围着薅田棍想吸它的血,但是无血可吸。比喻找错了对象,没有油水可捞。例:你冇紧倒问倒我要钱,去寻你爸爸,你问我,那是~。

蚂蚁引线,有雨见面。［ma33Øi31Øin33ȵian35,Øiəu33Øy33tȵian35mian35.］气象谚。蚂蚁如果排成一条长线走,预示着天马上就要下雨了。例:~,箇里蚂蚁子牵线线,肯定要落雨哩,你快滴唧回去。

买猪要会挑,体大脚要小。［mai33tȵy44Øiaɔ35vei213thiaɔ44,thi33dai213tȵio33Øiaɔ35ȵiaɔ33.］农谚。买猪崽要挑那些身子大腿脚小的。例:~,你看你,买只么个样个猪崽崽回来啰,脚又老长把长,身架子又箇细把细。

卖瓜个讲瓜甜,卖醋个讲醋酸。［mai35kua44ko0kaŋ33kua44dian112,mai35tshu213ko0kaŋ33tshu213suaŋ44.］讽诫谚。推销东西的人都说自己的东西好。例:~。哪个唔讲自家个东西好,讲唔好冇哪个买嘛!

慢工出细活,快有三分毛。［man35koŋ44tȵhy44ɕʅ35xo112,khuai213Øiəu33san44fen31maɔ112.］讽诫谚。精心制作,才能做出完美的产品,做得快就会比较毛糙。例:~,你看你啰,要你写几只字,你写起鸡化烂个样形容龙飞凤舞,给我全部重新写一到!

猫牛扳倒瓯子——好哩狗。［maɔ44ȵiəu0pan44taɔ0tsen35tsʅ0——xaɔ33li0kəu33.］歇后语。本指猫咪扳倒瓯子要吃里面的食物,却被狗抢着吃了。比喻自己辛劳获得的东西却被别人占有。例:渠好冤枉啊,自家辛辛苦苦做起,被别个强起去哩,~。

茅厕板板——三日新鲜。［maɔ21sʅ24pan33pan0——san44zʅ42ɕin44ȵan31.］歇后语。新的厕所踏板,只能保持三天的新鲜度。比喻对于新接触的事物只有几天的兴趣，不能持久。例:你唔是 ~ ,上次要你学钢琴,学咖三天就唔学哩。

茅厕发臭,天晴唔久。[maɔ21sɿ24fa44tshəu213,thian44dʑin112ŋ35tɕiəu33.]气象谚。茅厕里臭味难闻,预示着天晴。例: ~ ,今日茅厕箇臭把臭,怕是要天晴哩啊。

茅厕里个石头——又臭又硬。[maɔ21sɿ24li0ko0şa35dəu0——Øiəu35tşhəu213Øiəu35ŋen35.]歇后语。比喻人像厕所里面的石头一样,又坏又顽固。例:渠是只顽固分子,好么 ~ 。

茅厕里捡块布——揩(开)唔得口。[maɔ21sɿ24li0tɕian33khuai213pu35——khai44ŋ35te0khəu33.]歇后语。厕所里捡到的布很脏,不能用来擦嘴。"揩口"(擦嘴)谐音"开口",指出于某种顾虑,不能讲出心里的真话或不能提出要求。例:昨日那个阵仗,哪有我讲话个份哦,我是 ~ 。

冇吃三天素,就想上西天。[maɔ35tɕhia44san44thian44su35,dʑiəu213ɕiaŋ33zˌaŋ213ɕɿ44thian31.]讽诫谚。还没吃三天素,就自以为是高僧,可以去西天取经了。比喻没经过长期努力奋斗,就想功成名就,这是不可能的。例:你学写毛笔字,才学哩一个学期,你就想跟当当比,别个倒学咖五六年哩,还是天天练字个,你真个是 ~ ,那何咖可能啰。

冇得金刚钻,冇揽瓷器货。[maɔ35te0tɕin44kaŋ44tsuaŋ35,maɔ35lan33dzɿ21tɕhɿ24xo35.]讽诫谚。瓷器需要金刚钻才能进行切割,因此,没有金刚钻,揽了瓷器活也做不好。比喻不具备完成某事的条件或本领,就不要去承揽某事。例: ~ ,你自己只有箇大个本事唧,方言记音你都奈唔何,还想记少数民族语言,那是唔可能做好个。

冇得唔透风个墙。[maɔ35te0ŋ35thəu213foŋ44ko0dziaŋ112.]讽诫谚。没有不透风的墙。比喻世上没有瞒得住的事,再机密的事也会泄漏出去。例:世界上 ~ ,出咖个大个事,你想瞒倒是唔可能个,更何况还有箇只"传声筒"在箇里。

冇发彩[maɔ35fa44tshai33]惯用语。指从来没有过。又做"冇发市"。例:箇只当_{地方}我 ~ 来过。

冇卵谱[maɔ35luan33phu31]惯用语。用来形容程度很高。例:渠箇只人狡得 ~ ,我俚冇和渠来。

冇奈其何［maɔ35lai35dʐ̩112ɣo112］惯用语。用来形容身心疲累。例：渠今日一个人翻咖一块土个红薯藤,搞得渠～。

冇怕学唔成,只怕冇恒心。［maɔ35pha213çio35ŋ35dʐ̩en112,tsʅ44pha 213maɔ35ɣen112çin44.］讽诫谚。意思是做一件事情,只要有恒心,就一定能成功。例：～,你像你哥哥那咖,坚持学个五六年,你个毛笔字也写得渠那咖好。

冇是骑马种,骑起两头扠。［maɔ35tɕʅ213dʐ̩112ma33tʂoŋ33,dʐ̩112 tɕhʅ0liaŋ33dəu0soŋ33.］讽诫谚。不是骑马的那块料,骑起马来姿势不对。比喻不是那块料,办不成事。例：～。我看你那只样子,也冇是打羽毛球个那块料。

冇事唔登三宝殿。［maɔ35112zʅ213ŋ35ten44san44paɔ33dian213.］生活谚。比喻没有事不会登门造访。例：你老人家向来～,今日来我屋里来,有么个好事啰?

媒人个口,富人个斗。［mei112z̩en31ko0khəu33,fu21z̩en42ko0təu33.］讽诫谚。斗是旧时的一种量具。富人为了克扣穷人,往往会在量具上做手脚。媒婆的嘴巴和富人的斗一样,都是不准确的。比喻媒婆的话不可全信。例：～唻,渠个话只能够信一半啊。

美德人人敬,缺德个个恨。［mei33te31z̩en112z̩en0tɕin35,tɕhyi44te44 ko35ko0ɣen213.］讽诫谚。美德每个人都很敬重,缺德的人或行为每个人都很痛恨。例：～唻。渠做起那样个缺德个事,大齐唔指背心。

美唔美,故乡水;亲唔亲,故乡人。［mei33ŋ35mei33,ku21çiaŋ42suei33; tɕhin44ŋ35tɕin44,ku21çiaŋ42z̩en112.］风土谚。水是故乡甜,人是故乡亲。形容乡土情结深厚。例：～。对于我俚在外头个人来讲,乡土乡情可以讲是一种刻在骨头里个情感。

门缝缝里看人——把人看扁哩。［men112voŋ213voŋ0li0khan213 z̩en112——pa33z̩en112khan213pian33li0.］歇后语。门缝的视角有限,能看到的只有一小块的地方。比喻小看或片面地看待别人。例：你冇～,帅帅眹起唔做声,其实蛮厉害呢。

门前有只摇钱树,屋里要只聚宝盆。［men112dʑian31øiəu33tʂa44 ziaɔ112dʑian112zʅ213,vu44li0iaɔ35tʂa44dzy213paɔ33ben112.］讽诫谚。外

面的摇钱树指的是男人在外打拼赚钱,屋里的聚宝盆指的是女人在家勤俭持家。比喻夫妻合力,才能发家致富。又作"外头有只抓钱手,屋里要只聚钱斗"。例:~咪。唔是男人家在外头再弄钱,女人家唔会持家,也发家唔起咪。

闷头牯[men44dəu112ku31]惯用语。指闷声不说话的人。例:你箇只~哎,陪你去看婆娘,一句话都唔讲,别个疑起你是只哑巴呢。

孟公菩萨[moŋ35koŋ44bu112sa31]惯用语。本指湘中湘南一带的民间神灵,现多形容人的神情、举止呆板或毫无反应。例:你两个坐倒那里好么只~样,也讲两句话哉。

密种薯,稀种瓜。[m̩35tʂoŋ33dʐy112,çɿ44tʂoŋ33kua44.]农谚。红薯要种得密,瓜类要种得稀。例:~,你箇滴黄瓜栽得箇咖麻咖挤密,哪有黄瓜结哦。

棉花换纱[mian112xua31vaŋ213sa44]惯用语。与惯用语"扁担亲"意思相同。例略。

棉花是只铁脚汉,干死还可收一半。[mian112xua31ʐɿ213tʂa44thi33tçio31xan35,kan44sɿ33ɤai112kho33ʂəu33øʅ44paŋ35.]农谚。棉花比较耐旱,即使干死了,还可以有一半的收成。例:天干年成种棉花划得来,起码比种油菜要好滴,~。

灭虫要灭卵,锄草要锄根。[miε44dzˌoŋ112øiaɔ35miε44luaŋ33,dzu112tshaɔ33øiaɔ35dzu112ken44.]农谚。灭虫要把虫的卵灭掉,锄草要把草连根锄掉。比喻做事情要切断源头,不留隐患。例:你箇咖扯草,就只扯到皮上个点唧,过两天又是得长出来个,~咪。

明人唔做暗事,真人唔讲假话。[min112ʐˌen31ŋ̍35tsəu35ŋan35zɿ213,tʂen44zˌen31ŋ̍35kaŋ33tçia33va213.]讽诫谚。指做人应该光明磊落,不在人后搞小动作,也不在人前说假话。例:~。还是老老实实、规规矩矩唧个人过得估滴。

命好心也好,富贵直到老。[min35xcaɔ33çin44øiε33xcaɔ33,fu21kuei24tçhɿ213taɔ35laɔ33.]讽诫谚。一个人命好,心肠也好,一辈子都能享受荣华富贵。例:~。你老家八字好,心也好,明日有享唔尽个荣华富贵。

摸洋风[mo44zˌiaŋ112foŋ31]惯用语。也作"摸洋风唔倒",形容一点都不明白。例：现案＝小学生个题目就箇咖难哩，我倒做唔出，细个子更加～。

磨刀唔误砍柴工。［mo112taɔ44ŋ35vu35khan33dzai112koŋ44.］讽诫谚。意思是磨刀虽然花费时间，但不耽误砍柴。比喻事先做好充分准备，就能使事情进展得更快、更顺利。例：～。我讲要你写文章之前先做调查表格，把箇只词个用法调查清楚再写，你唔听，箇下是唔是又要重新来？

木唔凿唔通，人唔学唔懂。［mo44ŋ35tsho213ŋ35thoŋ44, ʐen112ŋ35çio35ŋ35toŋ33.］讽诫谚。木头如果不凿，就不会通透，人如果不学习，就不会懂得道理和知识。强调了学习的重要性。例：～，细毛，你还小，还有机会学习，你唔学习跟唔上时代个，会被淘汰个。

N

拿块肥肉放到饭里头培到吃。［lan44khuai213vei112dzu31faŋ35taɔ0van213khaɔ44dəu0phei33taɔ0tçhia44.］讽诫谚。以前人们生活水平很低，连肥肉都难得吃上。能吃上肥肉，本来是很值得炫耀的事，但是却把肥肉放在饭里面藏着吃，不让别人知道。比喻做事很低调，偷偷地做本来值得大张旗鼓地宣传的好事。例：你箇只人哎，帮倒院子里做咖箇多好事，省倒好多钱，你也唔告诉人齐听，～。

奶足崽胖，田肥禾壮。［lai33tsu44tsai33phaŋ213, dian112vei112xo112tsuaŋ35.］农谚。母亲奶水足，孩子长得胖，田地肥沃，禾苗才会长得粗壮。例：～，箇句话有讲赵＝。我坐月那段时间，一天汤汤水水喝倒有停，都有得么个奶奶，崽崽饿得只瘦猴子样。

奈葫芦唔何，寻到丝瓜络络出气。［lai35vu112lu31ŋ35ɣo112, dʑin112taɔ0sʅ44kua31lo33lo0tçhy44tçhʅ213.］讽诫谚。拿葫芦没办法，却拿丝瓜络来撒气。比喻惹不起某人，却对另一个人撒气。例：是渠骂你，我又有惹起你，你寻死我来做么个？你箇叫～呢。

南风谷子堆满仓，北风谷子一包糠。［lan112foŋ31ku44tsʅ0tuei44maŋ33tshuaŋ44, pei44foŋ31ku44tsʅ0ŋ44paɔ44khaŋ44.］农谚。谷子抽穗的时候刮南风，谷粒饱满，刮北风，谷粒干瘪。例：～，箇样个北风动起哎，哪有收哦？

男怕入赵＝行，女怕嫁赵＝郎。［lan112pha213ʐy213tsaɔ213ɣaŋ112, ŋy33pha213ka35tsaɔ213laŋ112.］讽诫谚。说明女人嫁对丈夫，对她的一生非常重

要。例:~,渠好咖一只妹子家,嫁只丈夫唔入腮￣,跟倒受苦啊。

男烧晴,女烧落。[lan112ʂɔ44dʑin112,n̠y33ʂɔ44lo35.]气象谚。男子脸像发烧一样红,预示着天要晴了,女子脸像发烧一样红,预示着天要下雨了。例:我今日起来脸就麻辣火烧,看样子今日有雨落,~嘛。

男也勤,女也勤,有吃有穿唔求人;男也懒,女也懒,落雪落雨翻白眼。[lan112Øiɛ33dʑin112,n̠y33Øiɛ33dʑin112,Øiəu33tɕhia44Øiəu33tɕhyan44n̠35dʑiəu112zʅen112;lan112Øiɛ33lan33,n̠y33Øiɛ33lan33,lo35çyi44lo35Øy33fan44bei21ŋan42.]讽诫谚。指夫妻都勤劳,吃穿不愁,夫妻都懒惰,缺衣少食。例:老话讲~。你两个呢,懒得烧秋蛇吃,我看你明日是得饿死<u>收梢</u>结局个!

男子个头,女子个腰。[lan112tsʅ0ko0dəu112,n̠y33tsʅ0ko0Øiɔ44.]生活谚。旧时认为男人的头不可抚摸,女子的腰不能触碰。例:~,你就有去摸啊!唔是是要讨哈打啊!

男子汉大丈夫,讲话当钱数。[lan112tsʅ0xan35da213dzʅaŋ21fu42,kaŋ33va213taŋ35dʑian112su33.]讽诫谚。指男子汉说话要算数,一诺千金。例:~个,你讲哩那句话哩,就要算数啊,唔准反悔啊!

能慨吃掺水,唔能慨吃憨水。[len21khai24tɕhia44tshan44suei31,n̠35len21khai24tɕhia44xan44suei31.]生活谚。指宁愿水开了以后往里面加点冷水,也不愿吃即将烧开的水。例:水还有开登,再等下着。~。

能慨男大七,唔能慨女大一。[len21khai24lan112dai213tɕʅ44,n̠35len21khai24n̠y33dai213oʅ44.]讽诫谚。旧时认为宁愿丈夫比妻子大七岁,也不能够妻子比丈夫大一岁。例:~。渠婆娘比渠大一岁,怕有好啊。

能慨要只告化婆娘,唔能慨要只当官个爷。[len21khai24Øiɔ35tʂa44kɔ21xua24bo0n̠iaŋ112,n̠35len21khai24Øiɔ35tʂa44taŋ44kuaŋ44ko0zia112.]讽诫谚。指宁愿要一个当乞丐的娘,也不要一个做官的爹,说明娘在儿女心目中的地位无可替代。例:~。那只娘再有用,细个子还是离唔得娘。

能慨做一世个崽,唔能慨做一天个爷。[len21khai24tsəu35oʅ44sʅ35ko0tsai33,n̠35len21khai24tso35oʅ44thian44ko0zia112.]讽诫谚。指宁愿做一辈子儿子,都不愿意当一天爹,说明当爹的艰辛。例:你<u>疑怕子</u>以为爷好做?~哪!

泥鳅信捧,细个子信哄。[n̠ʅ112tɕhiɔ213çin35phoŋ33,çi35ke33tsʅ0

çin35xoŋ33.]生活谚。抓泥鳅适合用手捧,带小孩适合用哄的办法。例:你紧倒打妹唧有么个用,渠劳ᵈ克ᵈ两三岁人。～咪,你要多哄下渠哉,拿粒糖把渠吃,保险渠唔得哭。

泥污邋遢[ŋʅ112vu44la44ta0]成语。形容脏兮兮的。例:我一身～个,我倚倒就要得哩,有弄坏你个凳哩。

你有钱买得到货,我有货卖得到钱。[ŋʅ33øiəu33dʑian112mai33te0taɔ35xo35,ŋo33øiəu33xo35mai35te0taɔ35dʑian112.]讽诫谚。意思是买卖没做成也没关系。例:你有看中箇只衣衫有紧个,你喜欢哪只店个衣衫就去哪只店里去买,唉。～,生意唔同和气在。

你做得初一,我就做得十五。[ŋʅ33tsəu35te0tshu44ʅ44,ŋo33dʑiəu213tsəu35te0ʂʅ35vu33.]讽诫谚。比喻你对我不仁,就别怪我对你不义。例:～。你做起个那个烂事在前,还想要我对你讲仁义哎?

年怕中秋,月怕十五。[ŋian112pha213tʂoŋ44tɕhiəu31,øyɛ35pha213ʂʅ35vu33.]生活谚。每年一过中秋,一整年也就快过去啦,每月一过十五,一个月也就很快过完了。例:～,现案ᵈ只讲八月家里,还有赚到好多钱,一年刷下眼珠就过去咖哩。

念菠萝[ŋian35po44lo31]惯用语。念菠萝经,指不停地叮嘱。例:你箇只伢子,劳ᵈ唔自觉哎,拗倒要我～个样念倒有放。

娘亲爷亲,两口人共丸心。[ŋiaŋ112tɕhin44ʑia112tɕhin44,liaŋ33khəu33ʐen31goŋ213vaŋ112çin31.]讽诫谚。丸心指心脏。意思是爹亲娘亲,还不如夫妻间更亲。例:～。到哩真当哩,还是渠两口人亲滴哪。

娘有爷有,唔当自有;哥有嫂有,胜于冇有。[ŋiaŋ112øiəu33ʑia112øiəu33,ŋ̍35taŋ44dʐʅ213øiəu33;ko44øiəu33saɔ33øiəu33,sen35ʐy112maɔ35øiəu33.]讽诫谚。父母、兄嫂家富有,都比不上自己家富有。说明不能依靠父母兄弟,而要靠自己。例:～。你靠倒你娘爷那点唧,吃得一世哎?你哥哥嫂嫂得顾你一世哎?

尿坑㘭里个棒槌——要哩就捡,唔要就丢。[ŋiaɔ21khen42daŋ213li0ko0baŋ21dzuei42——øiaɔ35øi0tɕiəu213tɕian33,ŋ̍35øiaɔtɕiəu213tiəu44.]歇后语。形容把人或事物看成臭水沟里的棒槌,想捡就捡,想扔就扔。例:你么个意思啊?把我当～哎?

捏白话[n̠ie44bei21va24]惯用语。指说谎。例:你冇信得渠讲,渠经常~个。

捏古捏怪[n̠ie44ku33n̠ie44kuai35]成语。形容特别古怪、无聊。例:你硬是~哩,我和渠是姊妹家,你么个笑我两个做那样个事何咖?

宁吃过头饭,冇讲过头话。[n̠ɿ112tɕhia44ko35dəu112van213,maɔ35kaŋ33ko35dəu112va213.]讽诫谚。宁可吃过量的饭,也不要讲过头的话。强调说话要有分寸,不要夸大其词。例:人生在世啊,~,讲话都唔能讲过头哩,要给自己留滴唧余地。

宁行炮步远,唔行一步险。[n̠ɿ112ɣen112paɔ213bu213ɵyan33,n̠35ɣen112ɵn̠44bu213ɕian33.]讽诫谚。宁可绕十步远路,也不走一步险路。比喻宁愿多用点时间走正道,也不要冒险走捷径。例:我和你讲,你做生意要老本老实做。老话讲,~,喜欢冒险、走捷径个人,生意往往做唔长久个,还是老实人过得估滴。

宁可人负我,唔可我负人。[n̠ɿ112kho33ʐen112vu213ŋo33,n̠35kho33ŋo33vu213ʐen112.]讽诫谚。宁愿别人辜负我,我绝不会辜负别人。例:你晓得我个脾气,我在箇只菜市场卖肉卖咖十多年哩。~,我从来冇有讲缺斤少两个,只讲要加滴唧。

宁可信其有,唔可信其无。[n̠ɿ112kho33ɕin35dʐɿ112ɵiəu33,n̠35kho33ɕin35dʐɿ112vu112.]讽诫谚。指宁可相信某事物确实存在或某事确实会发生,也不要相信它不存在,用于劝诫人们不对无法断定的事物做武断否认,早做准备为上。例:箇段时间你屋里崽夜打夜哭,你是唔是找只人把渠绹下胎_{收下吓}? ~,有时候还是要信滴唧迷信。

宁肯当面出丑,唔可忍屁成疾。[n̠ɿ112khen33taŋ44mian31tɕhy44tɕhəu33,n̠35ko33ʂen213phɿ213dʐɿen112tɕɿ44.]讽诫谚。当众放屁是件不好意思的事,但是,宁愿当众出丑,也不能忍着屁不放,这样很容易生病。例:甲:你个屁硬是牵线线啊,跟你屋爷样。别个在个里,出丑拉怪嘛。乙:我是~,哪个唔打屁,冇么个丑得。

宁肯饿肚子,唔可吃种子。[n̠ɿ112khen33ŋo35tu33tsɿ0,n̠35kho33tɕhia33tʂoŋ33tsɿ0.]农谚。宁愿饿着肚子不吃,也不能把所留的种粮吃掉。说明种粮的重要性。例:~咪,你倒好,拿滴谷种通下吃咖,我看你明年拿么个下种哦。

宁添一斗,冇添一口。［ȵin112thian44ʮ44təu33, maɔ35thian44ʮ44khəu33.］讽诫谚。宁可增加一斗粮食,也不愿家里增加一口人。例:~。多一个人多好多个开支啊。

宁与千人好,冇和一人仇。［ȵʮ112øy112tɕhian44ʐ̩en112xaɔ33, maɔ35ɤɔ112ʮ44ʐ̩en112dʐ̩əu112.］讽诫谚。宁愿与一千个人好好相处,也不要与一个人结为仇家。例:在现案˵箇样个社会啊,唔晓得么个人会算计你,所以啊,~,尽量冇跟人结仇。

宁愿把蛇吃,唔愿把爷吃。［ȵʮ112øyan35pa33ʐ̩a112tɕhia44, ŋ̍35øyan35pa33ʐ̩ia112tɕhia44.］讽诫谚。宁愿把东西给蛇吃,都不愿意给父母吃。形容儿女不孝。例:你~。你只黄眼珠,硬冇是只人啊!

牛教三到晓得打左。［ȵiəu112kaɔ35san44taɔ35ɕiaɔ33te0ta33tso35.］讽诫谚。牛教三遍都知道拐弯。常用来批评人傻,怎么也教不会。例:你箇一哈啊! ~。我跟你讲咖好多到哩?

牛老背犁唔动,人老怕冷怕冻。［ȵiəu112laɔ33pa44li112ŋ̍35doŋ213, ʐ̩en112laɔ33pha213len33pha213toŋ35.］生活谚。牛老了拉犁拉不动,人老了怕冷又怕冻。说明无论人畜,老了就不中用了。例:人老咖哩硬是冇用哩,做唔得事放那边,还病痛多,~,箇句老话真个冇讲赵˵。

牛皮是渠吹个,大话是渠夸个。［ȵiəu112bʮ31ʐ̩213tɕʮ33tshuei44ko0, dai21va24ʐ̩213tɕʮ33khua33ko0.］讽诫谚。指人在某方面做得好,具有吹牛皮的资格。例:渠屋里现案˵抓得好哩,~。

牛屎大哩唔肥田。［ȵiəu112ʂʮ31dai213liʮ35vei112dian112.］讽诫谚。大块头的牛粪没有肥力。比喻人年岁大或长得高大并没有多少用处。例:渠长又长起高标样,~哪。

牛是农家宝,耕田少唔了。［ȵiəu12ʐʮ213loŋ112tɕia31paɔ33, ken44 dian112ʂaɔ33ŋ̍35liaɔ33.］农谚。以前没有实现农业机械化生产,耕牛是水田耕作的重要役畜,被农民视作家里的宝贝。例:~。我细前间个时候,家家户户都喂倒牛个,现案˵农村里个牛越来越少哩。

牛无力,搧横耙;人无理,讲横话。［ȵiəu112vu112li35, dʑian112ven112ba112; ʐ̩en112vu112li33, kaŋ33ven112va213.］生活谚。在农村,牛耕田都是

竖着耕,但有的时候牛累了,主人强迫牛继续耕田,牛一生气就拖着犁耙横着走。人没有道理,会说话蛮横不讲理。例:~。见千见万冇见过你箇样个人,一副横耙掮起,我唔和倒你讲哩,和你讲也冇得用。

牛要四脚圆,猪要四脚粗。[ȵiəu112Øiaɔ35sɿ35tɕio33zyan112, tɕy44 Øiaɔ35sɿ35tɕio33tshu44.]农谚。买牛要挑那种腿大脚圆的,买猪也要挑四只脚都粗壮的。例:~。你劳゠唔晓得买牛哎,早晓得我冇自家去买得。

农家养哩羊,多出三月粮。[loŋ112tɕia31Øiaŋ33liØziaŋ112, to44tɕhy44 san44Øyɛ42liaŋ112.]农谚。农民家里养了羊,能够多出三个月的粮食。因为羊吃草,可以省下一些口粮,羊粪是很好的有机肥,可以使粮食增产。例:~。你喂起箇多个猪做么个,划唔来,还不如喂羊呢。

女好还要女婿好,崽好还要媳妇好。[ȵy33xaɔ33ɣai112Øiaɔ35ȵy33çɿ42 xaɔ33, tsai33xaɔ33ɣai112Øiaɔ35çɿ44vu31xaɔ33.]生活谚。女儿对父母好还不够,更重要的是女婿要好;儿子对父母好还不够,更重要的是媳妇要好。例:甲:好哩你老家哦,两只崽对你好好哦。乙:嗯!~哪。

女子个鞋边,男子个田边。[ȵy33tsɿØkoØɣai112pian31, lan112tsɿØkoØ dian112pian31.]生活谚。旧时判断一个女子是否能干,看她的针线活,判断男子是否能干,看他收拾田边的技术。例:往年间讲~咪,妇女家个倒个晓得做针线,现案゠哪个还做针线哩!

三、首字母为 P-T 的常用熟语汇释

P

怕哩老虫唔喂猪,怕哩崖鹰唔喂鸡。[pha213li0laɔ33dzoŋ112ŋ35Øuei35 tɕhy44, pha213li0ŋai112Øin31ŋ35Øuei35tɕɿ44.]讽诫谚。因为害怕被老虎吃掉而不养猪,因为害怕被老鹰吃掉而不养鸡。比喻因噎废食。例:你么个~哩?该做么个还是要做么个。注意点唧就是哩。

炮年难撞金满斗。[phaɔ213ȵian31lan112tshuaŋ33tɕin44maŋ33təu33.]生活谚。长时间内很难遇到能用金子把斗装得满满的好日子。比喻长期未发生或很少能遇到的好事。例:~。你两个才开咖几年店,慢慢来,钱慢慢赚。

炮月多霜,粮食满仓;炮月冇霜,碓窠里冇糠。[phaɔ213Øyɛ35to44suaŋ

44,liaŋ112ʂɿ31maŋ33tshuaŋ44；phaɔ213Øyɛ35maɔ35suaŋ44,tuei35khuaŋ44li0
maɔ35khaŋ44.]农谚。农历十月如果是多霜降天气,预示着来年粮食大丰
收;农历十月如果没有霜降天气,预示着来年粮食生长不好,碓臼里没有舂
米的稻谷,连糠都没有。例：～,今年十月间冇打霜啊,明年怕是只麻烦
案啊。

喷口腔[phen44khəu31tɕhiaŋ44]惯用语。指性子急、口气大,想一口气
把人镇住的人。例:我晓得渠是只～,第一句话冇喷倒你个话,渠就蔫咖哩。

朋友面前冇说假,婆娘面前冇讲真。[boŋ112Øiəu31mian21dʑian42
maɔ35ɕio44tɕia33,bo112ȵiaŋ31mian21dʑian42maɔ35kaŋ33tʂen44.]讽诫谚。
旧时认为朋友之间不能说假话,夫妻之间不能说真话。例:～唻。你哈里哈
气,么个话都讲把婆娘听。

皮箩洗虾公——一只也漏唔脱。[bɿ112lo31ɕɿ33xa44koŋ31——Øɿ44
tʂa44Øiɛ33ləu35ŋ̍35tho44.]歇后语。皮箩很密实,用来洗虾子,一只都逃不
掉。比喻做了坏事,没有一个能逃脱的。例:你箇几个人,天天在一起和,明
日只要抓起一个,就～。

皮子痒[bɿ112tsɿ0Øiaŋ33]惯用语。形容某人欠揍。例:你蛮久又冇讨
打哩,～哩,要松下皮子哩。

屁眼里狠出条卵来。[phɿ21ŋan24li0xen33tɕhy44thiaɔ0luan33lai112.]讽
诫谚。戏谑某人很能干。例:艳妹唧能干呢,外头作田作土,屋里喂猪打狗,
样样个来得,经常～!

屁眼里丫茅草唔得。[phɿ21ŋan24li0ŋa44maɔ112tshaɔ31ŋ̍35te0.]讽诫
谚。戏谑某人留存不了东西,有了就吃完、用完。例:渠啊,～,买到东西就
赶倒要吃完,唔像渠姐姐,东西够是哩冇吃完。

便宜唔是货,是货唔便宜。[bian112ʐɿ31ŋ̍35ʐɿ213xo35,ʐɿ213xo35ŋ̍35
bian112ʐɿ31.]生活谚。太便宜的东西,质量往往不好,质量好的东西,往往
不会很便宜。例:买东西要看质量,冇要贪便宜。～。

贫贱之交唔可忘,糟糠之妻唔下堂。[bin112dʑyan213tsɿ44tɕiaɔ44ŋ̍35
kho33vaŋ213,tsaɔ44khaŋ44tsɿ44tɕhɿ44ŋ̍35ʑia213daŋ112.]讽诫谚。富贵时,
不能忘记贫贱时交的朋友,不能抛弃一起患难的妻子。例:～唻。渠日子刚
刚好过点唧,就把渠婆娘离咖哩。

平时留根线，日后好见面。［bin112zʅ112liəu112ken44ɕian35，zʅ213ɤəu213xaɔ33tɕian35mian35.］讽诫谚。指平时做事留点余地，更方便日后交往。例：～。你平时做得太道硬，到时候见面好尴尬呀。

婆婆个奶奶——大齐吃得。［bo112boˮ0koˮ0lai35lai0——dai21sʅ24tɕhia44te0.］歇后语。比喻公家的东西，人人都有份。例：公家个东西，只有你用得是何哩？我唔能用哎？我告悉你，～。

七成八败［tɕhʅ44dzˎen112pa44bai213］成语。指早产儿七个月能养活，八个月养不活。例：小坨是八个月出生个，当时生出来滴滴大唧。～，搭帮好还养大咖哩哦。

七薤八蒜，九油十麦。［tɕhʅ44dzˎiaɔ213pa44suaŋ35，tɕiəu33zˎiəu112ʂʅ35mei35.］农谚。不同的季节适合栽种不同的作物。七月适合栽薤头，八月适合栽大蒜，九月适合种油菜，十月适合种麦子。例：～。薤头七月间栽最好哩。

七唔出，八唔归。［tɕhʅ44ŋˎ35tɕhy44，pa44ŋˎ35kuei44.］讽诫谚。邵阳人认为初七出门不吉利，初八回家不吉利。例：～，明日初七，你还是冇出去着，在屋里多耍两天。

七月半烧火纸——哄鬼个。［tɕhʅ44ɵɣɛ42paŋ35ʂaɔ44xo33tsʅ31——xoŋ33kuei33ko0.］歇后语。阴历七月中旬是鬼节，俗称"七月半"，迷信的人给先人或鬼神烧冥钞。本指哄骗鬼魂，比喻人说话或做事全是骗人的。例：渠九话十唔真个，你冇信渠，渠是～。

七坐八爬，九个月长牙。［tɕhʅ44dzo213pa44la112，tɕiəu33ko0ɵɣɛ35tʂaŋ33ŋa112.］生活谚。指婴儿七个月能坐，八个月能爬，九个月开始长牙齿。例：～。箇只崽炮个月哩，还坐唔起，得得有问题啊？

妻贤夫祸少，子孝父母安。［tɕhʅ44zˎian112fu44ɤo213ʂaɔ33，tsʅ33ɕiaɔ33vu213mo33ŋan44.］讽诫谚。妻子贤惠，丈夫少灾祸；儿女孝顺，父母就舒心。例：～。你屋里箇几只崽，个倒个蛮孝顺，你老家就味咪。

齐比子［dzˎʅ112pˎʅ33tsʅ0］惯用语。指与人攀比。例：你冇齐你妹妹个比子，你比你妹妹多吃咖好多个东西，少讨咖好多个打！

Q

骑马冇撞起，骑牛撞起。［dzˎʅ112ma33maɔ35tshuaŋ33tɕhʅ0，dzˎʅ112

n̠iəu112tshuaŋ33tɕhŋ33.]讽诫谚。相对于骑马而言,骑牛是不符合常规的,被人撞见是不体面的行为。比喻体面的时候没能让人看见,不光彩、不体面的时候却偏偏让人看见了。例:哦豁! ~咪!**老亲**_{亲家}啊! 昨日我屋里吃鸡吃鸭你有看见,今日吃萝卜咸菜哩,让你看见咖哩咪。

气冲牛斗[tɕhŋ213tɕhoŋ44n̠iəu112təu33]成语。形容怒气冲冲。例:你看渠心里想读书有啰,要渠去写字,就板起只脸,~个。

气出扒哈[tɕhŋ213tɕhy44ba112xa44]成语。形容气喘吁吁的样子。例:你要多锻炼下身体哩啊,年轻个人,爬四层楼就~哩,连只老人家都**赢唔得**_{比不上}。

千补万补,还是两粒饭补。[tɕhian44pu33van213pu33, ɣai112zŋ213liaŋ33li42van213pu33.]生活谚。意思是吃再多再好的补品,都不如多吃一些米饭。例:渠经常给渠屋里崽买补药吃,补脑汁啊,脑白金啊,生命一号啊**么个**_{之类的}。我跟你讲,箇样个补品吃咖一点用都有得个。~,还不如要细个子多吃两碗饭。

千金难买老来瘦。[tɕhian44tɕin44lan112mai33laɔ33lai112səu35.]生活谚。意思是人到老年,最怕身体肥胖,清瘦一点,是再多的钱都买不来的好事。例:我跟你讲,~。老人家太胖哩容易得高血压、糖尿病,要想长寿点唧啊,还是要瘦滴唧好滴。

千棕万桐,吃穿唔穷。[tɕhian44tsoŋ44van213doŋ112, tɕhia44tɕhyan44n̠35dzoŋ112.]农谚。家里多种棕榈树和油桐树,吃穿都不用发愁,说明棕榈树和油桐树是农民发家致富的重要经济作物。例:~。你要多栽滴桐子树,栽箇多个苦楝子树有么个卵用?

牵牛要牵鼻子,打鼓要打点子。[tɕhian44n̠iəu112øiɔ35tɕhian44bŋ213tsŋ0, ta33ku33øiɔ35ta33tian33tsŋ0.]讽诫谚。牵牛要牵牛的鼻子,打鼓要符合节奏。比喻做事情要抓住主要矛盾或关键问题。例:你看你啰,和村长**口舌皮**_{嘴皮子}都讲干咖哩,渠**理你根藤**_{搭理你}有啰?别个三毛,两句话就把村长搞定咖哩。所以啊,~。唔是你讲再多也有得用。

前人日子短,后人日子长。[dzian112zen31zŋ213tsŋ0tuaŋ33, ɣəu21zen112zŋ213tsŋ0dzaŋ112.]讽诫谚。长辈相比于晚辈,活在世上的时间要短一些。常用来劝诫有好处或利益要让给年轻人,他们受益更长久。例:哈巴嵩,你拿起箇多钱把我做么个? 奶奶箇年纪哩,吃得好多,又在屋里冇出去,你伯伯也经常拿起钱把我个。~,你屋里有两个咖细个子,要钱花。快收起! 我唔得要你个。

前人种树,后人歇凉。[dʑian112z̢en31tʂoŋ33ʐy213,ɣəu213z̢en112çiɛ44 liaŋ112.]生活谚。前人栽的树,后人可以乘凉,比喻前人为后人造福。例:~,现案=多栽滴树唧,多修滴阴功唧。

前言唔搭后语,牛头唔对马嘴。[dʑian112zian112ŋ̍35ta44ɣəu213ɵy33,ȵiəu112dəu112ŋ̍35tuei35ma33tsuei33.]讽诫谚。指前后矛盾,不符合逻辑。例:渠刚开始还讲得好,后哩越讲越冇是只案哩。~。

钱能通神,也能招鬼。[dʑian112len112thoŋ44z̢en112,ɵiɛ33len112 tʂaɔ44kuei33.]讽诫谚。指钱财虽然具有通天的魔力,但处置不好也可能会带来灾祸。例:~。尤其是你箇样个当官个啊,要摆正钱财个位置。

钱是人个胆,衣是人个毛。[dʑian112zŋ213z̢en112ko0tan33,ɵŋ44zŋ213 z̢en112ko0maɔ112.]生活谚。指钱财可以壮人胆量,衣妆可以使人显得精神。例:~。你有钱哩还是要买滴好衣衫唧穿。

钱在河北,唔苦唔得。[dʑian112dzai213ɣo112pei33,ŋ̍35khu33ŋ̍35te44.]讽诫谚。指钱在很远的地方,不付出辛勤劳动,是得不到的。例:~唻。你唔下米努力挣,渠就自家飞到你手里来咖哩哎?

掮横耙[dʑian112ven112pa31]惯用语。把横耙扛在肩上走,指蛮横不讲理。例:你真个是一架横耙掮起啊,劳=唔讲道理哎!

掮桌子[dʑian112tso44tsŋ0]惯用语。旧时打赌,一桌人吃饭,最后一个吃完的把饭桌扛起来。现将最后一个吃完饭叫"掮桌子"。例:哈哈,今日你~,等下你洗碗个。

强扭个瓜唔甜。[dʑiaŋ112ȵiəu33ko0kua44ŋ̍35dian112.]讽诫谚。比喻用强迫的手段办不成事,要顺其自然。例:~。箇细个子结婚还是把渠大齐自家为事,我俚做大人个做唔得主。

强迫唔成买卖,捆绑唔成夫妻。[dʑiaŋ112phei31ŋ̍35dz̢en112mai33 mai0,kuen33paŋ33ŋ̍35dz̢en112fu44tɕhŋ44.]讽诫谚。指男女的婚事和做生意一样,都不能够强求。例:~。渠买倒那只贵州婆,强迫渠成咖事,还把渠生咖只嵩哩,最后还是行咖哩。

强者唔可多得，弱者唔可全无。［dʑiaŋ112tʂe33ŋ̍35kho33to44te44，ȵio 213tʂe33ŋ̍35kho33dʑyan112vu112.］讽诫谚。在分配利益的时候，不能够让强势的人多得，更不能够让弱者一点都得不到。比喻要兼顾公平。例：要我讲啊，也要公平点唧，~。

墙上一蔸草，风吹两边倒。［dʑiaŋ112ɣaŋ00ŋ̍44təu44shaɔ33，foŋ44 tshuei44liaŋ33pian44taɔ33.］讽诫谚。比喻人没有主见或立场，根据外界形势而改变态度。例：渠是~，有得自家个主见个，别个讲么个就是么个。

抢秋抢秋，唔收就丢。［tɕhiaŋ33tɕhiəu44tɕhiaŋ33tɕhiəu44，ŋ̍35ʂəu44 dʑiəu213tiəu44.］农谚。秋天是抢收的季节，错过最合适的收获时间，就会造成农作物的减产或损失。例：~咪。就靠倒箇几天抢收咪，你还唔发狠努力，在箇里磨洋工。

敲棒棒［khaɔ44baŋ213baŋ0］惯用语。指敲诈勒索。例：一只箇样个事要三百块钱，渠~个咪！

茄子唔开虚花，细个子唔讲假话。［dʑiɛ112tsɿ0ŋ̍35khai44ɕy44xua44，ɕɿ35ke0tɕɿ0ŋ̍35kaŋ33tɕia33va213.］生活谚。茄子开一朵花，就会结一个果，小孩子就像茄子不开虚花一样，不会讲假话，有一说一。例：严=严=唧欣欣边哭边跟我讲，讲你唔管渠两姊妹哩，箇下你又唔承认哩。~。

亲帮亲，邻帮邻。［tɕhin44paŋ44tɕhin44，lin112paŋ44lin112.］生活谚。指亲戚邻里互相帮衬。例：~。只要我俚齐心，有得么个困难唔能战胜个。

亲唔过娘爷，近唔过夫妻。［tɕhin44ŋ̍35ko35niaŋ112ʑia112，dʑin213ŋ̍35 ko35fu44tɕhɿ44.］讽诫谚。指父母对儿女的感情最深，夫妻间的关系最近。例：~。自家个娘爷和你婆娘是你最亲近个人哩，你对渠大齐唔交心交底，那还要和哪个交心交底？

亲愿亲好，邻愿邻胜。［tɕhin44ɵyan35tɕhin44xaɔ33，lin112ɵyan35lin112 ʂen35.］讽诫谚。指亲戚邻里之间，都希望对方能够幸福美满。例：~咪。我何得唔想亲堂家大齐抓好滴唧。

勤是井泉水，俭是聚宝盆。［dʑin112ʑɿ213tɕin33dʑyan112suei33，dʑian 213ʑɿ213dʑy213paɔ33ben112.］讽诫谚。勤劳像泉水一样，可以源源不断创造财富，节俭像聚宝盆一样，可以积蓄财物。说明勤俭持家的重要性。例：~。一要勤快，二个要节约，有哩箇两条，你肯定唔愁吃唔愁穿个。

揿倒鸭婆吃噎⁻谷。［tɕhin33taɔ0ŋa44bo31tɕhia44θiɛ44ku31.］讽诫谚。强按住鸭子的头让它吃秕谷，比喻强迫别人做他不愿意做的事。例：～渠何得吃。你要和渠讲道理，要渠心甘情愿去做才有效果。

青菜苋子痒，唔剥就唔长。［tɕhin44tshai42təu44tsɿ0θiaŋ33，ŋ35po44dziəu213ŋ35tʂaŋ33.］农谚。要想青菜长得快，需要勤于剥掉青菜茎柱周围的菜叶。例：～，甜菜就要剥得勤，唔是唔长。

清明断雪，谷雨断霜。［tɕhin44min31duaŋ213çyi33，ku33θy31duaŋ213suaŋ44.］气象谚。清明节之后一般不会有下雪天了，谷雨之后一般不会有打霜天了，说明清明和谷雨之后，气温上升，天气渐渐暖和。例：～。今日都立咖夏哩，哪里还有雪落？

清明前，鱼上田。［tɕhin44min31dʑian112，ʑy112ʐaŋ213dian112.］农谚。清明节前，气温上升，水田中各种鱼儿大量出现。例：～，大齐又开始麻鱼哩，昨夜渠麻倒好多泥鳅和黄蛇。

清明唔拆絮，老来唔成器。［tɕhin44min31ŋ35tshei44çy35，laɔ33lai112ŋ35dʐen112tɕhŋ213.］生活谚。清明时节，天气逐渐暖和，这时候，人们常常拆洗棉衣棉被，并认为，如果这个时候都懒得换下厚重的棉衣棉被，这样的人到老了不会有出息。例：你看你懒么个样子啰，只讲端午节哩，箇个夹衣夹裤还放到个里有洗，都长起好厚个霉哩。～。你继续箇咖下去，你箇只人就废咖哩，我跟你讲。

清明要明，谷雨要淋。［tɕhin44min31θiaɔ35min112，ku33θy31θiaɔ35lin112.］农谚。清明那天要天晴，谷雨那天要下雨。这主要是因为清明节时正是播种的季节，天晴有利于播种，谷雨时节庄稼正在发芽、生长，下雨有利于庄稼的生长。例：～。今年肯定收成好，清明节晴得好，谷雨落得好。

清油炒菜，各有所爱。［tɕhin44ʑiəu31tshaɔ33tshai213，ko44θiəu33su33ŋai35.］讽诫谚。清油，指菜籽油。有人喜欢用菜籽油炒菜，有人不喜欢。比喻每个人都有自己的喜好。例：～。每个人个爱好有一样，你唔能强迫别个和你是样。

请人哭爷冇眼泪。［tɕhin33ʐen112khu44ʑia112maɔ35ŋan33li0.］讽诫谚。父亲死了，请不相干的人去哭，自然没有眼泪。比喻请没有瓜葛的人做事，别人不会真心实意帮你做。例：～啊。你要渠箇滴浮老子_{做事不踏实的人}帮你去打禾,渠得落实哎?

穷啊穷,冇帮工;冷啊冷,冇动风。[dʑioŋ112Øa0dʑioŋ112,maɔ35paŋ44koŋ44;len33Øa0len33,maɔ35doŋ213foŋ44.]生活谚。穷一点就穷一点,但是不要去给别人帮工。冷一点就冷一点,但是不要有风。意思是本来就很穷还要去帮工,本来很冷还刮风,这都是雪上加霜的事。例:奶奶讲,渠细前间屋里蛮苦,人口多,田土少,经常吃红薯,还是坏咖个。苦又苦滴唧吧,还经常要去帮地主屋里做事,受咖好多气。所以渠讲,~。

穷吃饿吃,升半米炊粥吃。[dʑioŋ112tɕhia44ŋɔ35tɕhia44,ʂen44paŋ35mʅ33ven112tʂəu44tɕhia33.]生活谚。一升半米煮饭都能煮一锅了,但是还是嫌不够吃,要熬成粥吃。形容吃得多,而且是没有节制、没有计划地吃。例:你硬是~啊。几斤咖樱桃,让你一次就吃完,我唔晓得何咖讲你得!

穷得打寡屁。[dʑioŋ112teØta33kua33phʅ35.]讽诫谚。穷得连放出来的屁都没有臭味了。比喻穷到了极点。例:渠屋里~个唻,你还想要渠帮你哎?

穷居路边冇人问,富在深山有远亲。[dʑioŋ112tɕy44lu21pian42maɔ35z̩en112ven213,fu35dzai213ʂen44san31Øiəu33Øyan33tɕhin44.]讽诫谚。穷苦人即使住在路边也没有人搭理,富贵人即使住在深山里也有远方的亲戚想和你亲近。形容人情淡漠。例:~。往年间渠屋里冇得,亲堂家冇哪个和渠行,箇几年屋里抓好咖哩,亲戚家也行得蛮浓酽_{走动得很频繁}哩。

穷看八字富烧香,背时倒灶问仙娘。[dʑioŋ112khan213pa44dzʅ31fu35ʂaɔ44ɕiaŋ44,bei112sʅ112taɔ33tsaɔ35ven213ɕian44n̠iaŋ31.]讽诫谚。穷人喜欢算命,富人喜欢烧香,走霉运的时候,喜欢求神问卜,这些都是迷信行为。例:~,箇是封建迷信,师公、娘娘婆么个都是假个,帮唔了你,还是要靠自家有真本事,靠自家个双手挣钱。

穷人冇听富人哄,桐子打花要下种。[dʑioŋ112z̩en31maɔ35thin213fu31z̩en24xoŋ33,doŋ112tsʅØta33xua44Øiaɔ35ʑia213tʂoŋ33.]农谚。以前,只有富人才能读书识字,穷人没有条件读书,大多都是文盲状态,经常听信富人的忽悠,富人说什么时候播种,就什么时候播种,穷人因此受了不少骗。说明种田要适时播种,到了油桐树开花的时候就要下种了,不要听信人家的忽悠。例:~,你冇听渠乱讲,桐子树打花时机浸谷种,箇是老祖宗早就总结出来个经验,唔得赵⁼,你照倒做就是哩。

穷人身上虱婆多,寡妇门前是非多。〔dʑioŋ112z̩en31ʂen44ɣaŋ0se44 bo31to44,kua33vu42men112dʑian31zʅ213fei44to44.〕生活谚。穷人因为生活条件差,不讲究卫生,身上容易长虱子。寡妇没有丈夫,别人对她的私生活会特别关注,容易说长道短。例:~。所以,你就冇去寡妇婆门前去转啊,唔是会巴起_{惹上}误会个啊。

穷人无灾便是福。〔dʑioŋ112z̩en31vu112tsai44pian213zʅ213fu44.〕生活谚。穷苦人家本就生活艰辛,只要没有大灾大难就是福分了。例:~。像我俚个样个穷苦人,有得么个另外个指望,只要有得大灾大难,我就谢天谢地哩。

穷要穷得硬扎,饿要饿个心愿。〔dʑioŋ112øiaɔ35dʑioŋ112te0ŋen21tsa42,ŋo35øiaɔ35ŋo35ko0çin44øyan35.〕讽诫谚。意思是人即使穷,也要穷得有志气,挨饿也要是心甘情愿的。例:渠屋里有钱是渠屋里个,我~,我唔得要渠散_{施舍}滴把我,我就是饿死也唔得找渠。

蚯蚓出洞,有雨必凶。〔tɕhiəu33çian31tɕhy44doŋ213,øiəu33øy33pʅ44çioŋ44.〕气象谚。蚯蚓从洞里钻出来,如果下雨,一定会是暴雨。例:~,今日有好多蚯蚓在地上裸_沾灰,等下唧肯定是得落大雨个。

渠敬我一尺,我敬渠一丈。〔tɕʅ44tɕin35ŋo33øʅ44tʂha44,ŋo33tɕin35tɕʅ44øʅ44dzʅaŋ213.〕讽诫谚。意思是别人敬重自己,自己更敬重别人。例:渠把我当屋里人,做么个事都为我着想,我当然也要对渠好。我是只箇样个人,~。要是渠先对唔起我,那我也唔得客气个。

R

让人一着,天宽地阔。〔z̩aŋ213z̩en112øʅ44tɕio44,thian44kuaŋ44di213kho44.〕讽诫谚。指发生矛盾时,退让一步,就会是另一番天地。例:我劝你冇和渠斤斤计较哩,冇必要为之箇样个小事伤脑筋。~。

人爱富个,狗咬穷个。〔z̩en112ŋai35fu35ko0,kəu33ŋaɔ33dʑioŋ112ko0.〕讽诫谚。指富贵之人谁都愿意亲近,贫穷之人连狗都敢欺侮。例:~。你要加油抓钱啊,唔是人穷哩连狗都欺侮你啊!

人参燕窝,当唔得奶婆。〔z̩en112sen31øian35øo31,taŋ35n̩35te0lai35

bo31.]生活谚。人参燕窝这样的补品再好,还比不上母乳。例:～,细个子要多喂滴奶奶唧,我屋里崽吃奶奶吃到两岁半,我女只吃到八个月,我崽个体质好远咖哩。

人多好割烂禾,人少好吃鸡婆。[ȵen112to44xaɔ33kua44lan21ɣo42, ȵen112ʂaɔ33caɔ33tɕhia44tʂʅ44bo31.]生活谚。割稻子这种事,人越多割得越快,而吃鸡肉这种事,人越少越好。意思是做事要人多,分配利益要人少。例:～。那前间屋里人多,一只两三斤重个鸡婆,一个人夹唔得一两坨就有得哩。所以,我生你坐月个时候,你爸爸都是趁大齐出去做路去哩才杀只鸡把我吃。

人多为王,狗多豪强。[ȵen112to44vei112vaŋ112, kəu44to44ɣaɔ112dʑiaŋ112.]讽诫谚。人多就会形成一个团体,称王称霸;狗多就会聚集成群,野蛮强横。例:～唻。那多痘子鬼和起时哩,肯定是有得顾忌个。

人各有一节。[ȵen112ko44θiəu33oȵ44tɕiɛ44.]生活谚。指每个人都会经历人生的各个阶段,没有哪个人会例外。例:～唻。哪个冇得小,哪个冇得老个时候?

人各有志,唔可强求。[ȵen112ko44θiəu33tsʅ35, ŋ35kho33dʑiaŋ112dʑiəu112.]讽诫谚。每个人都有自己的志向,不能强求别人。例:～,你屋里三妹,渠自家要学医,你做娘爷个阻止也冇得用,你干脆把渠自家为是,唔是搞得屋里整天唔得安生。

人过留名,雁过留声。[ȵen112ko35liəu112min112, θian35ko35liəu112ʂen44.]讽诫谚。人虽然走了,他的名声却让人难以忘记,如同大雁飞过,它的叫声还在空中回荡。常用来比喻人的一生不能虚度,要积累良好的口碑,做些有益于后人的事。例:我读书个时候,老师就和大齐讲,～。那时机我唔懂事,唔晓得箇句话个意思,冇读倒书,就箇样糊里糊涂过一世。

人好有人论,路好有人行。[ȵen112xaɔ33θiəu33caxȵen112len35, lu35caɔ33θiəu33ȵen112ɣen112.]讽诫谚。一个品行好的人,别人经常会谈论他的好,就如道路好走,经常有人行走一样。例:箇圜圜转转哪个唔晓得你是只好人?～。你为院子里做咖个好事,大齐唔得忘记个。

人活一口气,树活一层皮。[ȵen112xo35oȵ44khəu33tɕhʅ213, ʐy213xo35oȵ44dzen112bȵ112.]讽诫谚。人活在世上要活得有骨气,就好像树活着要有

一层皮保护一样。例：有人讲，为人在世，该低头个时候要低头。我觉得，~,要活得硬气点唧。

人急哩吊颈,狗急哩跳墙。 [ẓen112tɕ̧ʅ44li0tiaɔ35tɕ̧iaŋ33, kəu33tɕ̧ʅ44 li0thiaɔ213dʑiaŋ112.] 讽诫谚。人被逼急了会悬梁自尽，就像狗被逼急了会跳墙一样。例：~。你有逼我，你把我逼急咖哩，我诚咖和你是只案_{比喻鱼死网破}！

人急易瘦,菜淡易馊。 [ẓen112tɕ̧ʅ440ʅ35səu35, tshai213dan2130ʅ35 səu44.] 讽诫谚。人性子太急躁了容易变瘦，菜太淡了容易变馊。告诫人们要心平气和，太急躁了对身体不好。例：渠箇段时间店里生意冇好，心里着急啊，瘦咖好多哩。~唻。我跟渠讲咖好多转哩，要把心放宽点唧。

人看家小,马看其爪。 [ẓen112khan213tɕ̧ia44çiaɔ33, ma33khan213dʑʅ44 tsaɔ33.] 生活谚。意思是从一个人小时候的行为，就可以看出他长大了以后有什么出息；而要判断马是否是一匹好马，就看它的蹄子踢起来是否够劲。例：~。冬妹屋里只崽，从小读书唔是头名就是二名，果唔其然，后里读咖博士，还在湖南师大当教授,蛮有出息。

人靠衣妆,马靠鞍帮。 [ẓen112khaɔ2130ʅ44tsuaŋ44, ma33khaɔ213ŋan44 paŋ44.] 生活谚。人穿上得体的衣服，会显得格外精神好看；马备上讲究的鞍鞯，会显得格外骏美。指外在的装饰对人或事物有极大的影响。例：以前老大经常穿滴个便宜货，穿起丑哈。箇转买到箇两件衣衫贵是贵，但是穿起比以前就好看远咖哩，好么变咖只人样，真个是~。

人老骨头硬,树大根子深。 [ẓen112laɔ33kuei44dəu0ŋen35, ẓy213dai213 ken44tsʅ0ṣen44.] 生活谚。人越老，骨头变得越硬；树越大，树根也就越深。常用来比喻人越老越有能量，人脉也越广越牢固。例：~。渠又箇大个年纪哩，又在县里工作咖箇多年数哩，肯定认得蛮多人，找渠办事肯定冇问题。

人老精,姜老辣。 [ẓen112laɔ33tɕ̧in44, tɕ̧iaŋ44laɔ33la35.] 生活谚。人越老越精明，生姜越老越辛辣。比喻老年人的经验丰富，小事老练。例：~。还是你老家厉害，我奈你唔何。

人老是一年,牛老是一冬。 [ẓen112laɔ33ẓʅ2130ʅ44ŋian112, ŋiəu112 laɔ33ẓʅ2130ʅ44toŋ44.] 生活谚。人变老在一年之间，牛变老只需一个冬天。说明人和牛衰老的进程很快。例：真个~啊。三妹屋娘一年冇看见，就老得唔像只人哩!

人难谅,马难骑。[ʐen112lan112liaŋ35, ma33lan112dʐʅ112.]讽诫谚。人事难以预料,就像骏马难以驾驭一样。例:～。今后个事料唔倒个,我俚把自家个生活过好就要得了,冇要想得太多哩。

人怕肺痨病,禾怕钻心虫。[ʐen112pha213fei35laɔ112bin213, ɣo112pha213tsuan35ɕin44dzʅoŋ112.]农谚。人怕得肺结核病,禾怕长了钻心虫。人得了肺结核,禾苗长了钻心虫,都很难治好。例:今年个禾怕冇得么个收成哩,长起箇多钻心虫,～。

人怕伤心,树怕剥皮。[ʐen112pha213ʂaŋ44ɕin44, ʐy213pha213po44bʅ112.]讽诫谚。一个人的心受到伤害,就像树被剥皮受到的伤害一样,都是致命的,无法挽回的。例:听到讲梅花怀崽个时候,渠屋里丈夫出去乱搞,等渠把崽生落来,渠丈夫一看是只女,又要和渠离婚。～,箇下梅花确实受唔了哩,成咖和倒渠丈夫是只案哩。

人亲财唔亲,金银各自分。[ʐen112tɕhin44dzai112ŋ35tɕhin44, tɕin44ʐin112ko44dzʅ213fen44.]讽诫谚。指在钱财、利益面前,即使是最亲的人,也要按每个人的名分分清楚,不能算糊涂账,否则时间久了必生怨隙。例:～咪。凡是牵涉到经济利益,都要当面分清楚,冇背后隔意见。

人情是把锯,你有来我有去。[ʐen112dzin31zʅ213pa33ke35, ŋʅ33øiəu33lai112ŋo33øiəu33khe213.]讽诫谚。意思是人情交往就像拉锯一样,在有来有往中加深彼此的感情。比喻礼尚往来。例:今日渠屋嫁女你封500块钱红包,明日你屋崽抓周,渠可能还要加滴唧啰,反正～嘛。

人善逗人欺,马善遭人骑。[ʐen112san213təu44ʐen112tɕhʅ44, ma33san213tsaɔ44ʐen112dzʅ112.]讽诫谚。人太善良了很容易被别人欺负,马过于温顺和善,容易被人当作坐骑来骑。例:小花,你是只善良个妹唧家,善良蛮好,但是呢,善良个人容易被别个欺负。老话讲,～。所以,该强硬个时候要强硬,唔要怕起怕起。

人是生铁饭是钢,一餐唔吃饿得慌。[ʐen112zʅ213sen44thi44van213zʅ213kaŋ44, ɤ44tshan44ŋ35tɕhia44ŋo35te0xuaŋ44.]生活谚。吃饭是人生头等大事,是生存之本。人无论多厉害都要吃饭,哪怕一餐不吃都会饿得不行。例:～啊。我今日响饭晏咖点唧,就饿得肚子咕咕叫哩。

人朝高当走，水往低当流。［ʐ̩en112dʐ̩aɔ112kaɔ44taŋ35tsəu33, suei33 Øuaŋ33ti44taŋ35liəu112.］讽诫谚。指人总是攀高向上，向高处好处奔，向往美好生活，而水一般是往低处流动。例：~，你也有怪老李，渠在邵阳县干咖十多年哩，还是个科员，箇下渠到外头去，一下就可以当科长哩，你讲哪个唔心动啰。

人无病痛身体好，稻无虫害长得好。［ʐ̩en112vu112bin213thoŋ213sen44 thi31xaɔ33, daɔ213vu112dʐ̩oŋ112ɣai213tʂaŋ33te0xaɔ33..］农谚。人没有病痛身体自然就好，稻谷没有虫害自然就长得好。例：今年箇滴禾应该还罢哩_{勉强可以}唧，有得么个病虫害，~。

人无横财唔富，马无夜草唔肥。［ʐ̩en112vu112ven112dzai112n̩35fu35, ma33vu112Øia35tshaɔ33n̩35vei112.］生活谚。人如果没有意外之财，就不会富有，就好像马不在夜里补充草料就不长膘一样。例：~。我俚两个是要去哪里搞滴路子唧，发笔横财才好，唔是永世有得身翻得。

人无千日好，花无百日红。［ʐ̩en112vu112tɕhian44ʐ̩31xaɔ33, xua44 maɔ35pei33ʐ̩31ɣoŋ112.］讽诫谚。鲜花虽然好看，但终究不过百日，早晚是要凋落的；人生也不会一直是一帆风顺的，会遭受大大小小的挫折与磨难。说明人与花一样，不可能一直都是光鲜的。例：渠以前做生意，屋里有千打千万，后哩亏咖哩，连饭倒有得吃得。所以讲，~。哪个能保证自家一辈子都是风风光光个。

人冇远虑，必有近忧。［ʐ̩en112maɔ35Øyan33ly35, pʐ̩44Øiəu33dʐ̩in35 Øiəu44.］讽诫谚。人做事如果不作长远的考虑，马上就会有忧患的事发生。常用来告诫人们应该有长远的眼光和周密的考虑。例：勇伢唧做事哎，从来唔得想个，走一步算一步。老话讲，~。我看渠以后要吃亏个。

人要忠心，火要空心。［ʐ̩en112Øiaɔ35tʂoŋ44çin44, xo33Øiaɔ35khoŋ44 çin44.］讽诫谚。人要忠心耿耿，才能立身处世；烧柴火时，柴要架空，火才能烧得更旺。例：做人要老懂老实唧，冇要夏小聪明。要小聪明，别个唔得和你来个。老话讲，~，就是箇只道理。

人在人情在，人死两分开。［ʐ̩en112dzai213ʐ̩en112dʐ̩in31dzai213, ʐ̩en112sʐ̩33liaŋ33fen44khai44.］讽诫谚。人活着有人情往来，人死了就没有交情了，关系也就断绝了。说明世态炎凉。例：~咪。明日爷老子冇在哩，渠哪个还记得你个情哎?

人争一口气,树争一层皮。〔ʐen112tsen44ŋ̍44khəu33tɕʰ213, ʐy213 tsen44ŋ̍44dzen112bʐ̍112.〕讽诫谚。指做人要争气,要有志气、有骨气。也作"人争一口气,佛争一炷香"。例:~唻。别个是那咖谅死你冇得出息,要我就要恨起箇口气把渠看。

人走时运马走膘。〔ʐen112tsəu33ʐ̍112Øyn35ma33tsəu33piaɔ44.〕讽诫谚。人走运时意气风发,就好像马长膘时精神抖擞一样。例:~。看得出你现案ᵓ正在运头上,状态蛮好唲。

认理唔认人,帮理唔帮亲。〔ʐen213li33ŋ̍35ʐen213ʐen112, paŋ44li33 ŋ̍35paŋ44tɕʰin44.〕讽诫谚。在真理面前,即使犯了错的是亲人,也不能偏袒,必须按章法办事。例:你倒冇讲哩,讲起心里烦。我去找渠帮忙,总找咖三四转吧,渠根本就冇理我根藤。渠讲渠~,劳ᵓ冇点亲面个。

日出东南红,冇雨也有风。〔ʐʐ̍213tɕʰy44toŋ44lan112ɣoŋ112, maɔ35 Øy33Øiɛ33Øiəu33foŋ44.〕气象谚。如果太阳升起时东南方的天空是红色的,预示着即使没有雨也会有风。例:今早起高普岭箇边天绯红,是得落雨个,~。

日里间游啊游,夜里间熬灯油。〔ʐʐ̍213li0kaØ0ʑiəu35ØaØ0ʑiəu112, Øia35 li0kaØ0ŋaɔ112ten44ʑiəu31.〕讽诫谚。形容白天游手好闲,无所事事,到了晚上再熬夜做事,浪费灯油。例:你当真是~啊。一天花脚猫牛样,唔归屋,箇下天黑哩呢,又来读书哩啰。

日里唔做亏心事,半夜唔怕鬼敲门。〔ʐʐ̍213li0ŋ̍35tsəu35khuei44ɕin44 ʐ̍213, paŋ21Øia24ŋ̍35pha213kuei33khaɔ44men112.〕讽诫谚。白天没有做过亏心事,半夜都不怕鬼来敲门。常用来告诫人们为人处事要光明磊落。例:~。我做事对得起自家个良心,唔像有滴人,平日做多哩亏心事,整天胆战心惊个。~。

日落西北一点红,半夜起来搭雨棚。〔ʐʐ̍213lo35ɕʐ̍44pei33Øʐ̍44tian33 ɣoŋ112, paŋ21Øia24tɕʰʐ̍33lai0ta44Øy33boŋ112.〕气象谚。太阳落山的时候,如果西北方向有晚霞,半夜时分通常会下大雨。例:今日黑前间唧西北方向天绯红,你赶倒拿衣衫收起,唔是今夜是得落雨个。~。

日落有红云,劝君冇远行。〔ʐʐ̍213lo35Øiəu33ɣoŋ112ʐyn112, tɕʰyan213

tɕyn44maɔ35Øyan33ʑin112.]气象谚。意思基本同上一条。例略。

日长事多,夜长梦多。[zʅ213dzʅaŋ112zʅ213to44,Øia35dzʅaŋ112moŋ35
to44.]讽诫谚。白天时间长,需处理的事情多,晚上时间长,做的梦也就多。
告诫人们办事要当机立断,不能错失时机,否则有可能朝不利方向发展,节
外生枝。例:你要趁热打铁,要渠抓紧时间帮你把箇只事办咖,唔是~。

肉包子打狗——有得去冇得回。[dzu213paɔ44tsʅ0ta33kəu33——
Øiəu33te0khe213maɔ35te0vei112.]歇后语。用肉包子去打狗,对狗不能造成
伤害,反成了它的美食。后指东西拿出去后再也收不回来,或指人一去再不
回来。例:你把箇好个东西借把渠哎,那好咖哩,渠是~个唻。

入聋子[ȵia35loŋ44tsʅ0]惯用语。用于骂人耳聋。例:你箇只~!劳˝唔
听见哎?我喊咖你三声你倒冇理我!

入卵谈[ȵia35luan33dan31]惯用语。指吹牛闲聊。例:你两个冇得事做
得哎?在箇里~,那唔味!

入娘捣屄[zʅ213ȵiaŋ112taɔ33pʅ44]成语。形容一个人一直骂粗话。
例:两只大人骂架,渠一只伢唧家崽崽在那里~,渠屋里真个冇得教师!

若要伙计长,夜夜算伙账。[ʑio213Øiaɔ35xo33tɕʅ35dzʅaŋ112,Øia35Øia0
suaŋ35xo33tʂaŋ35.]讽诫谚。要想留住家里的伙计,那就每天结束工作时就
把工资算给他们,不拖欠人家的工资。例:渠今年招唔到工人个。听到讲,
前年跟倒渠去广东工地做个人,到现案˝还没领到工资。~唻。渠箇咖,哪
个还敢跟倒渠做。

若要口腹康,上床萝卜下床姜。[ʑio213Øiaɔ35khəu33fu44khaŋ44,
zʅaŋ213dzuaŋ112lo112bo0ʑia213dzuaŋ112tɕiaŋ44.]生活谚。要想胃口好,肠
胃好,就要晚上多吃萝卜,早上多吃生姜,因为萝卜可以通气,生姜可以开
胃。例:冬天回,要多吃滴萝卜唧,萝卜通气。如果胃口唔好,早日家可以吃
滴生姜唧。老话讲,~。你照倒做就是哩,唔得赵˝个。

若要来年虫子少,今年火烧田边草。[ʑio213Øiaɔ35lai112ȵian31dzʅoŋ112
tŋ0ʂaɔ33,tɕin44ȵian31xo33ʂaɔ44dian112pian31tshaɔ33.]农谚。想要第二年
田里的虫子少一些,当年就要用火把田边的草烧干净。例:你箇田基高头
哎,草箇厚把厚,冇地方落脚得哩。~。今年打咖禾哩,你要放把火烧干
净啊!

若要田耕好，必须牛喂饱。［ʑio213Øiaɔ35dian12ken44xaɔ33，pɻ44çy31 ŋiəu112vei35paɔ33．］农谚。如果要把田耕得很好，必须先把牛喂饱，否则牛没有力气耕田。例：牛下田之前，要喂饱，冇舍唔得。～。唔是渠犁到一半唔行哩就麻烦咖哩。

S

三百斤个野猪——是只嘴子。［san44pei33tçin31ko0Øia33tçhy31——zɻ213tʂa0tsuei33tsɻ0．］歇后语。三百斤的野猪，全凭一张嘴，用来形容那些嘴巴厉害，只吃不做的人。例：渠是～，吃得，还嘴巴子厉害，做路又唔大。

三分个人才，七分个打扮。［san44fen31ko0ʐen112dzai112，tçhɻ44fen31 ko0ta33pan42．］生活谚。人好不好看，三分是天生的，七分靠衣着妆饰。强调了衣饰对人的重要作用。例：～。你稍微打扮一下唧，就好看远咖哩。

三花子［san44xua44tsɻ0］惯用语。指戏剧中的丑角，没正行的人。例：你只～，老唔正经！

三句好话，当唔得一马棒棒。［san44tçy35xaɔ33va213，taŋ35ŋ35te00ɻ44 ma33baŋ213baŋ0．］讽诫谚。形容好话说得再多，都不如一顿打骂。例：渠是只～个人。你难和倒渠比牙犟哦，要我就直接打　顿饱个。

三句话唔离本行。［san44tçy35va213ŋ35li112pen33ɤaŋ112．］生活谚。指所讲的话离不开他所从事的职业。例：～啊。渠两个一见面就是讨论语言学问题。

三军可夺帅，匹夫唔可夺志。［san44tçyn44kho33to44suai35，phɻ44fu31 ŋ35kho33to44tsɻ35．］讽诫谚。意思是军队的首领可以被替换，但是人的志向是不能被夺去的。说明即使是普通人也要有坚定的志向。例：～，别个谅死你冇得出息，你就要恨起简口气，加油读书，今后有出息哩，气死渠。

三年徒弟四年帮。［san44ŋian31du112li35sɻ21ŋian42paŋ44．］生活谚。以前学徒学手艺，一般要三年才能出师，出师后还要免费帮师傅做四年。例：往年间当学徒，～啊。冇像现案，徒弟一出咖师就可以直接弄钱哩。

三穷三富唔到老，有个冇欢喜，冇得个冇作气，耙子也有三寸光。［san44 dʑioŋ112san44fu35ŋ35taɔ35laɔ33，Øiəu33ko0maɔ35xuaŋ44çɻ31，maɔ35te0ko0 maɔ35dzo213tçhɻ213，ba112tsɻ00iɛ330Øiəu33san44tshen42kuaŋ44．］讽诫谚。

指人生在世,贫富难料,总是穷了富,富了又穷。富人不要太高兴,穷人不要太沮丧,耙子也有三寸是光亮的,更何况是人。比喻人生不可能一帆风顺,起起伏伏是再正常不过的事。例:~,你才三十多岁,后来日子长,运气来哩一下就发起家哩,冇太心急哩,昂。

三十里外骂县官,越骂越健康。〔san44ʂɿ42li0ɵuai35ma35ʐyan21kuaŋ42,ɵyɛ44ma35ɵyɛ44dʑian21khaŋ42.〕讽诫谚。三十里之外骂县官,县官反正听不见,你越骂他反而越健康。比喻做没用的事。例:~。你紧倒在我面前骂渠有么个用,你有本事当倒渠个面骂嘛。

三十六计走为上。〔san44ʂɿ42liəu35tɕɿ35tsəu33vei112ʐɑŋ213.〕讽诫谚。指事情已到了无可奈何的地步,没有别的办法,只有出走一条路。例:渠欠起一屁股账,弄账个踩烂门,渠没得办法哩,~。

三十年河东,四十年河西。〔san44ʂɿ42n.ian112ɣo112toŋ44,ʂɿ35ʂɿ42n.ian112ɣo112ɕɿ44.〕讽诫谚。三十年前风水在河的东面,四十年后风水在河的西面。常用来感叹世事变化无常。例:渠屋里以前好风光,后里做生意亏咖哩,连饭倒吃唔饱哩。所以讲啊,~。冇哪个能保证自家一世风风光光。

三十夜个砧板——唔得空。〔san44ʂɿ42ɵia35ko0tin44pan33——ŋ35te0khoŋ213.〕歇后语。大年三十的晚上,家家户户都要做年夜饭,砧板不得空。比喻很忙,没有空闲。例:箇双抢月份,大齐都是~,哪个有闲工跟你去看戏呢。

三十夜去辞年——晏咖哩。〔san44ʂɿ42ɵia35khe213dzɿ112n.ian112——ŋan35ka0li0.〕歇后语。以前过年前几天有晚辈去给长辈送过年礼品的习俗,叫“辞年”,但三十晚上都过年了,辞年已太晚。比喻时间来不及了。例:你箇前间去找渠帮忙,都已经定咖局哩,你是~。

三岁黄牛四岁马,岁半水牛田中爬。〔san44suei42vaŋ112n.iəu31sɿ21suei24ma33,suei35paŋ35suei33n.iəu31dian112tʂoŋ44la112.〕农谚。黄牛长到三岁,马长到四岁才能驱使干农活,水牛长到一岁半就叫耕田了。例:~,还是喂水牛好滴,水牛点点大唧就犁得田哩。

三天唔读口生,三天唔写手生。〔san44thian31ŋ35du213khəu33sen44,san44thian31ŋ35ɕiɛ33ʂəu33sen44.〕讽诫谚。三天不读书口就会变得笨拙,三天不写字手就会变得笨拙。告诫人们要勤加练习,熟能生巧。例:好久冇看到你弹古筝哩,你唔练一下琴啊? ~咯。你经常唔练,明日通下还把老师!

三头六面[san44dəu112liəu35mian35]成语。指当着大家或各方的面对质。例:箇只事,我俚两个把院子里个长辈都喊到一起,~,大齐一起话一下。

三一三十一[san44ŋ44san44ʂʅ42ŋ44]惯用语。原是一句珠算口诀,常用来指按三份平均分配。例:要得,我俚~,一个人一份。

三月清明早浸谷,二月清明迟浸谷。[san44ŋyɛ31tɕhin44min31tsaɔ33tɕin35ku44,ŋai210yɛ24tɕhin44min31dʑin112tɕin35ku44.]农谚。清明节在农历三月,就要早一点浸谷种,清明节在农历二月,则要迟一点浸谷种。例:今年清明节在二月间,浸谷种还有着急。 ~。浸早哩唔得生。

三月三,九月九,冇事冇到江边走。[san44ŋyɛ31san44,tɕiəu33ŋyɛ31tɕiəu33,maɔ35ʅ213maɔ35taɔ35kaŋ44pian31tsəu33.]生活谚。农历三月初三和九月初九多暴风,没有特殊情况不要到江边去,以免失足。例:~,你箇大个风去江边去做么个? 慢唧跸倒江里去?

三月三,脱咖棉衣穿汗衫。[san44ŋyɛ31san44,tho44kaŋmian112ŋ31tɕhyan44ɣan21san44.]生活谚。到了农历三月初三,天气渐渐暖和了,人们可以脱掉冬天穿的棉衣换上汗衫了。例:~,你老家好福分,么个季节呷还一只夹衣穿起。

三月三日晴,油菜麦子胀死人。[san44ŋyɛ31san44zʅ213dʑin112,ʑiəu21tshai24mei35tsʅ0tʂaŋ35sʅ42zen112.]农谚。农历三月初三这天天气晴朗,预示着油菜和麦子有大丰收。因为这个时候,正是油菜麦子壮籽的时候,太阳光照好,有利于壮籽。例:今年三月初三,天老爷晴得那咖好,油菜丰收冇点问题,~。

三月有肥挑,谷子压弯腰;三月冇肥挑,谷子如牛毛。[san44ŋyɛ31ŋiəu33vei112thiaɔ44,ku44tsʅ0ia44uaŋ44iaɔ44;san44ŋyɛ31maɔ35vei112thiaɔ44,ku44tsʅ0zy112ŋiəu112maɔ31.]农谚。三月往田里多挑一些肥料,禾苗就会长得很好,谷子也会压弯腰;三月没有肥料往田里挑,谷子长得不壮实,会轻如牛毛。例:~,趁现案冇栽田,多挑滴肥料唧放田里。

三只臭皮匠,抵只诸葛亮。[san44tsa44tʂhəu213bʅ112dʑiaɔ31,ti33tsa44tɕhy44ko33liaŋ35.]讽诚谚。诸葛亮足智多谋,但是只要人多,集思广益,也

能想出超越诸葛亮的计谋。例:来嘛,我大齐还怕你是何哩? 我跟你讲,~。看你到底有好厉害唧哉,是你赢还是我大齐赢哉。

三只屠户讲猪,三只先生讲书。〔san44tʂa31du112vu31kaŋ33tɕy44,san44tʂa31ɕian44sen31kaŋ33ɕy44.〕讽诚谚。屠户师傅在一起,谈论的都是有关猪的话题,教书先生在一起,谈论的都是有关书的话题。意思是物以类聚,人以群分。例:崽啊,你冇跟班上那滴读书死唔行个同学一起耍。~。你要多跟读书狠个同学一起耍,箇咖你个成绩才会变好啊。

扫屋要扫四角,洗脸要洗耳朵。〔saɔ35vu44ɵiaɔ35saɔ35sʅ35ko44,ɕʅ33lian33ɵiaɔ35ɕʅ33ɵai33to0.〕生活谚。打扫屋子,要将屋子的角角落落都扫干净;洗脸除了洗面部,还要将耳朵等地方一并洗了。意思是搞卫生要搞彻底,不能只搞别人看得见的地方。例:~咮,你搞卫生,床底垛、屋角落箇样个当,都要扫咖咮。

扫油水〔saɔ35ɵiəu112suei31〕惯用语。指蹭吃蹭喝。例:渠死咖副脸冇要个,到处去~。

杀唔尽个猪,读唔尽个书。〔sa44ŋ35dʐin213ko0tɕy44,du213ŋ35dʐin213ko0ɕy44.〕讽诚谚。意思是猪是杀不尽的,书是读不完的。劝勉人们要多读书,学习是永无止境的。例:你才读咖几本书,就讲你唔想看书哩。我跟你讲,~。活到老,学到老,无论在么个时候,多读书总是唔得赵﹦个。

杀猪杀到喉,做事做到头。〔sa44tɕy44sa44taɔ0ɣəu112,tsəu35zʅ213tsəu35taɔ0dəu112.〕讽诚谚。杀猪要杀到猪喉咙处,才能杀死;做事要么不做,要做就要彻底做完。例:~咮。你既然已经开起头哩,么个唔做完就唔做哩。

山怕无林地怕荒,人怕懒来花怕霜。〔san44pha213vu112lin112di213pha213xuaŋ44,ʐen112pha213lan33lai0xua44pha213suaŋ44.〕生活谚。有山没有树木,水土必定流失;田地荒芜,农民就会挨饿;人如果懒惰,生活就会无着落;花朵遇到霜,很快就会凋落。例:~,你箇   懒哎,点么个唔做,田土迪下荒起放那里,看你明日唔饿死收梢﹙结局﹚!

山中无老虎,猴子充霸王。〔san44tʂoŋ31vu112laɔ33fu33,ɣəu112tsʅ0tshoŋ44pa21vaŋ42.〕讽诚谚。比喻没有贤能之人,普通人也能担任重要角色。例:渠是~。渠整个学院就只有两只博士,所以,渠就当咖副院长。

上八十［ʐ̢aŋ213pa44ʂʅ42］惯用语。指挨教训。例：你只有听话嘛，等你爸爸回来把你～！

上咖赌场，唔认爹娘。［ʐ̢aŋ213ka0tu33dʐ̢aŋ31，ŋ̍35ʐ̢en213ti44ȵiaŋ112.］讽诫谚。形容人一旦沾上赌瘾，就会六亲不认。劝诫人们不要赌博。例：你千万冇去打牌赌宝啊，那只案惹唔得个，惹起就戒唔脱。～，害死个人。

上梁唔正下梁歪，中梁唔正倒下来。［ʐ̢aŋ213liaŋ112ŋ̍35tʂen35ʑia213liaŋ112Øuai44，tʂoŋ44liaŋ112ŋ̍35tʂen35taɔ33ʑia213lai112.］讽诫谚。以前房屋大都是土木结构，通常是由三梁六柱组建而成，一旦上梁安放不正或者错位，中梁、下梁自然也就无法放正，随时会有房倒屋塌的风险。比喻领导或长辈品行不正，下属或晚辈就会跟着学坏。例：军伢唧两爷唧被公安局抓起咖哩，那只崽学到渠屋里爷个野样，经常去偷电线，唔抓起才怪哩，真个是～啊。

上山冇捉鸟，下河冇洗澡。［ʐ̢aŋ213san33maɔ35tso44ȵiaɔ33，ʑia213ɣo112maɔ35ɕʅ33tsaɔ33.］讽诫谚。告诫人们不要上山抓鸟，不要下河洗澡。例：～。尤其是冇去江里洗澡，今年圝近浸死咖几个细个子哩。

上树冇上尖尖，行路冇行边边。［ʐ̢aŋ213ʐy213maɔ35ʐ̢aŋ213tɕian44tɕian0，ɣen112lu35maɔ35ɣen112pian44pian0.］讽诫谚。爬树不要爬到树梢上去，走路不要走到路边上去，否则会让自己处于危险的境地。例：～，我跟你讲咖好多次哩，要你行路冇行边边上，你就是唔听，箇下把脚踩断咖哩，晓得"唔听老人言，吃亏在眼前"哩吧。

烧茅厕桶［ʂaɔ44maɔ21sʅ24thoŋ33］惯用语。形容酒后脸红的样子。例：你烧起茅厕桶哩，今日到底吃咖好多酒唧啊？

艄公多哩打烂船。［saɔ44koŋ31to44li0ta33lan35dʐ̢yan112.］讽诫谚。船上掌舵的人多了，每个人都有自己的方法、主意，会互相争论，甚至大打出手，以致将船打破。比喻主事的人多了，意见不统一，反而会把事情搞砸。例：对崽个教育，屋里有得一个人做主就要得哩。我俚屋里，老大负责教崽，妈妈和我冇插手个。唔是～，崽崽唔晓得听哪个个。

少吃多滋味，多吃冇滴味。［ʂaɔ33tɕhia44to44tsʅ44vei213，to44tɕhia44maɔ35tia35vei213.］生活谚。吃东西分量少一点，更有滋味，吃多了反而觉得

没有味道。也指某样东西刚吃时觉得好吃,吃多了次数就吃腻了,没有什么味道了。例:~。箇只柠檬鸡爪,爆吃觉得蛮好吃,吃餐吃餐,也是句个话唧哩。

少哩红萝卜唔出菜。[ṣɔ33li0ɤoŋ112lo31boŋ35tɕhy44tshai213.]讽诫谚。少了红萝卜就办不成宴席。比喻少了某个人或事物,就成不了大事,突出了某人或某物的重要性。多用于反语。例:你疑起自家了唔起哩,我拗倒要求你哎? ~哩哎?

少冇欺,老冇嫌,中年半节有几年。[ṣɔ35mɔ35tɕhŋ44,lɔ33mɔ35zian112,tṣoŋ44ŋian31paŋ35tɕiɛ44θiəu33tɕŋ44ŋian112.]讽诫谚。每个人都是从小到老走过来的,有小也有老的时候,中年的时间比较短。所以,不要欺负小孩子,也不要嫌弃老年人。常用于告诫人们要尊老爱幼。例:梅花对渠屋里阿婆娘硬是丑,那只老母亲有气管炎,渠就嫌渠唔干净,唔准渠到渠屋里去。人啊,~。梅花自家也有老个时候,到时候看渠自家媳妇何咖对渠啰。

少娘失教[ṣɔ33ŋiaŋ31ṣŋ44kɔ35]成语。指没有母亲而缺乏教养。常用作做出了有失道德、出格的事后的骂人话。例:渠屋里家婆娘得咖病,在床上困咖个哒个月哩,渠冇去晭下个,真个是~啊,自家以后也要老个嘛。

少时少吃糖,老来咬得钢筋断。[ṣɔ35zŋ112ṣɔ33tɕhia44daŋ112,lɔ33lai112ŋɔ33te0kaŋ44tɕin31tuaŋ35.]生活谚。糖吃多了容易得蛀牙,小时候少吃糖,年老时牙齿就会很好,连钢筋都能咬断。例:~。你天天买滴糖回来把细个子吃,你看渠两姊妹口牙子嘛,干干虫吃咖,明日拿口牙子早就坏咖。

蛇服哩告花子耍。[ẓa112fu35li0kɔ35xua44tsŋ0sua33.]讽诫谚。蛇一般人会害怕,但是乞丐可以随意摆弄。比喻一物降一物。例:老三其实心里蛮傲气,一般人渠看唔上个。但是呢,渠和倒更毛哈巴又蛮讲得来唻。当真是~啊。

蛇死三天尾巴动,虎死七天唔倒威。[ẓa112sŋ33san44thian44mŋ33pa0doŋ213,fu33sŋ33tɕhŋ44thian44ɳ35tɔ33θuei44.]讽诫谚。蛇死了三天,尾巴还会动,老虎死了七天,威风还留存着。比喻某人虽然下台了,但余威还在。例:~,渠退咖休箇多年数哩,还有好大个影响啊。屋里找渠开后门个从来冇断个啊。

伸手冇打冇娘崽,开口冇骂老年人。[tʂhen44ʂəu33mɔ35ta33mɔ35niaŋ112tsai33,khai44khəu33mɔ35ma35lɔ33ŋian31ʐen112.]讽诫谚。意指不要殴打没妈的孩子,不辱骂上年纪的人。例:老话讲~。你院子里那只花妹唧,好泼啊,经常把渠屋里老母亲骂崽个样,冇大冇细,何咖要得哦。俗话说~。

身正唔怕影子斜。[ʂen44tʂen35ŋ35pha213Øin33tsʅ0dʑia112.]讽诫谚。一个人只有身子站得正,影子才不会斜。常用来劝诫人们为人做事要走得正、行得端。例:我怕么个,我~。我冇收班上学生一分钱,冇拿班上家长一点东西。随便渠何咖告,随便渠告到哪里去,我都唔怕。

深栽茄子浅栽葱。[sen44tsai44dʑiɛ112tsʅ0tɕhyan33tsai44tshoŋ44.]农谚。栽茄子秧要栽深一点,栽葱要栽浅一点,这样容易成活。例:你箇滴葱子栽得箇深,那何咖长得出,要~唻。

神仙唔做做告花子。[ʐen112ɕian31ŋ35tsəu35tsəu35kaɔ35xua44tsʅ0.]讽诫谚。比喻放着神仙般的日子不过,非要过乞丐一样的生活。例:要你去女屋里去耍你唔去,你要在屋里把崽带人,累猪累牛个样。~。

生成个相,晒成个酱。[sen44dʐen112koØ0ɕiaŋ35,sai35dʐen112koØ0tɕiaŋ35.]讽诫谚。人的相貌一生下来就注定了,很难改变成别的样子;食用的酱是长时间晒成的,很难改变成另外一种东西。比喻人的品行形成后很难改变。例:小李坐牢坐咖好几次哩,每次放咖出来渠又去偷,放咖出来渠又去偷,真个是~,狗改唔了吃屎。

生得亲唔如住得近。[sen44teØ0tɕhin44ŋ35ʐy112dʐy213teØ0dʑin213.]生活谚。离得远的亲戚不如附近的邻居能够及时提供帮助。例:你要和邻居家搞好关系啊。~唻。

生姜老来辣,甘蔗老来甜。[sen44tɕiaŋ31laɔ33lai112la35,kan44tse31laɔ33lai112dian112.]生活谚。姜了更辣,甘蔗老了更甜。例:选甘蔗梗有诀窍个,颜色深个甘蔗梗老滴,也甜滴。~。

生意唔同和气在。[sen44ØʅØ0ŋ35doŋ112ɣo21tɕhʅ24dzai213.]讽诫谚。虽然生意没有做成,但不能伤了彼此的和气。例:~。你唔要冇紧个,冇诈气,你买得到,我也卖得脱。

省把米,省滴油,三年换头大水牛。[sen33pa0mɻ33,sen33tia0ziəu112,san44ɳian31vaŋ213dəu0dai213suei33ɳiəu112.]讽诫谚。意思是每天节省一点点,聚少成多,时间久了,就可以买头大水牛。告诫人们要勤俭节约。例:有浪费咖哩,要省倒滴。老话讲,~咪。

虱多唔痒,账多唔愁。[se44to44ɳ35Øiaŋ33,tsaŋ35to44ɳ35dzəu112.]讽诫谚。身上虱子多了,反而不知道痒了;债务多了,反而不觉得发愁了。比喻遭遇倒霉的事情多了,反而觉得无所谓了,有种破罐子破摔的意味。例:你算一下屋里欠起好多钱唧哉,光私人就欠咖30万,还有银行个贷款。我倒急死咖哩在箇里,你有忧个样。你是~啊。

湿柴难烧,娇子难教。[ʂɻ44dzai112lan112ʂaɔ44,tɕiaɔ44tsɻ0lan12kaɔ35.]讽诫谚。潮湿的柴火很难燃烧,娇惯出来的孩子很难管教。告诫人们不要娇惯孩子。例:老话讲,~。带细个子有要带娇哩。带得太娇哩,有是对渠好,是害哩渠。

湿柴燃猛火,猛火要柴多。[ʂɻ44dzai112zˌan112moŋ33xo33,moŋ33xo33Øiaɔ35dzai112to44.]讽诫谚。湿柴能够燃猛火,但需要用很多的柴火。比喻难办的事情需要加大人力或物力去解决。例:~咪。你要办只箇大个事,唔花滴本钱唧何咖办得成?

湿泥巴扶唔上壁。[ʂɻ44ɳɻ112pa0vu112ɳ35zˌaŋ0pia44.]讽诫谚。泥巴太湿了,抹到墙上糊不住。比喻能力差或水平低的人,怎么帮扶都成不了气候。例:三毛屋里只崽读书死唔大,小学倒有读完个。渠屋里叔爷带起渠去做生意,何咖教都教唔熟。看到~哩,渠屋叔爷就有管渠哩。渠自家后哩就去打泥底去哩。

十粒五双[ʂɻ35li35vu33suaŋ44]成语。形容饭煮得好,饭粒很完整。例:今日煮起个饭~唧,看到都觉得好吃,唔要菜都吃得两碗饭。

十转干塘,九转在场。[ʂɻ112dʑyan33kan44daŋ112,tɕiəu33dʑyan33dzai213dzˌaŋ112.]讽诫谚。干塘,指把鱼塘放干后捕鱼。十次干塘,他去了有九次。比喻某人爱凑热闹,无论什么场合都有他,多含贬义。又作“九转干塘,十转在场”。例:渠大齐经常在一起做坏事。尤其是三毛,~个。

石板出汗,有水煮饭。[ʂa21pan42tɕhy44ɣan213,Øiəu33suei33tɕy33van213.]气象谚。空气湿度大,石头表面冒出水珠,说明天要下雨了,所以说有水煮饭了。例:今日石板高头都是焦湿个。～。要落雨哩,出去记得带把伞哦。

食多伤胃,酒多伤身,忧多伤神。〔ʂʅ35to44ʂaŋ44vei35, tɕiəu33to44ʂaŋ44ʂen44, Øiəu44to44ʂaŋ44ʐen112.〕生活谚。饭菜吃多了容易伤胃,酒喝多了容易伤身体,忧愁多了容易伤精神。常用来劝诫人们吃、喝、想事情适度就好,不要太过,否则容易伤害身体。例:你看你瘦得么个样哉?干猴子样。～。你一个是吃多哩酒,二一个是担多哩心。你注意饮食,心放宽点唧啰,包你好滴。

屎胀挖茅厕。〔sʅ33tʂaŋ35Øua44maɔ21sʅ24.〕讽诫谚。要拉屎了才想起去挖茅坑,已经来不及了。比喻平时不做好准备,事到临头了才匆忙应付,为时已晚。例:平时唔读书,箇要考试哩呢,就～哩。

世上冇难事,就怕有心人。〔sʅ35ʐaŋ0maɔ35lan112zʅ213, dʑiəu213pha213Øiəu33ɕin44ʐen112.〕讽诫谚。世界上没有什么办不好的事情,只要肯下决心去做,困难总是可以克服的。例:我今日学咖一首新曲子,老师讲咖好多次,我还是唔晓得何咖弹,心里蛮难过。妈妈跟我讲,～。后里自家练咖二十多遍,终于弹得蛮流畅哩。

事唔关己,高高挂起。〔zʅ213ŋ35kuaŋ44tɕʅ33, kaɔ44kaɔ0kua35tɕʅ33.〕讽诫谚。意思是事情与自己无关,就把它搁在一边不管,是一种明哲保身的态度。例:现案"社会风气唔比以前哩,好多人都是一副～个态度,冇得点人情味。

手闲长指甲,心闲长头发。〔ʂəu33ɣan112tʂaŋ33tɕʅ44ka31, ɕin44ɣan112tʂaŋ33dəu112fa31.〕生活谚。经常不做事的人,手指甲会长得很快;心里没什么忧虑的事情,头发会长得很快。例:～。你头发长得快,说明你冇得么个让你烦心个事咪。

手心里个粑粑——要圐就圐,要扁就扁。〔ʂəu33ɕin44li0ko0pa44pa0——Øiaɔ35luaŋ112dʑiəu213luaŋ112, Øiaɔ35pian33dʑiəu213pian33.〕歇后语。被人捏在手心里的粑粑,要你圆就圆,要你扁就扁。比喻任人摆布。例:你现案"是我～,你还有么个皮调得?

手心手背下是肉。〔ʂəu33ɕin44ʂəu33pei35ɣa213zʅ213zu213.〕讽诫谚。原指长在手心和手背上的都是肉。比喻相关的双方都同等重要,需要同等对待。例：话是箇咖讲，~。渠两个都是我个崽，我应该对渠两个一样。但是呢，实际上哪只做娘爷个唔偏心？老大读书狠滴，又懂事又听话，老二天天在外头接帖子，我真个蛮难做到一视同仁。

输东坡，赢相料。[ɕy44toŋ44po31，ʑin112ɕiaŋ21liaɔ24.]生活谚。东坡，指东坡肉；相料，指放在菜里面的佐料。比喻打牌等输得多，赢得少。例：我今日打牌~。今上午输咖四百多，今下午只赢回来一百多。

树大分杈，崽大分家。[ʑy213dai213fen44tsha213，tsai33dai213fen44ka44.]生活谚。树长大了，自然会长出枝丫。儿女大了，自然要离开父母单独生活。例：~。崽女大咖哩，最好还是分开，无论对于老人家还是细个子，都自由滴。

树大怕风吹，好汉怕病磨。[ʑy213dai213pha213foŋ44tshuei44，xaɔ33xan35pha213bin213mo112.]生活谚。树木太高大，容易被大风吹倒，一个身体健康的男子，病得太久了也会垮掉。例：~。爱毛一只那高那大个男人家，住咖一个月院，就瘦得看唔得哩，连走路都走唔稳哩。

树高千丈，落叶归根。[ʑy213kaɔ44tɕhian44dʐaŋ213，lo35Øyɛ35kuei44ken44.]生活谚。树长得再高，树叶还是要落到根部。比喻人即使走得再远，年老了也要回到故乡。例：我俚明日老咖哩，还是要回到老家去住。~嘛。

树枯冇果实，话空冇价值。[ʑy213khu44maɔ35ko33ʂʅ31，va213khoŋ44maɔ35tɕia21tɕhʅ24.]讽诫谚。树木枯萎了，不会结出果实；说话如果没有实在内容，就没有什么价值。例：~。讲话要讲落实话，讲空话冇得用个。

树老根多，人老话多。[ʑy213laɔ33ken44to44，ʐen112laɔ33va213to44.]生活谚。树老了，根变得多了，人老了，话变得多了。例：~。转去几年唧，妈妈还冇得多话讲得。箇才过咖几年，你看渠，一天到黑唔骂箇个骂那个，色说得个冇停，啰唆死哩。

树老心空，人老事通。[ʑy213laɔ33ɕin44khoŋ44，ʐen112laɔ33zʅ213thoŋ44.]生活谚。树老了，树干里面大多是空心的，人年纪大了，什么样的人情世故都通晓了。指人年纪大了，经历多、见识广，事事都精通。例：有么个事，你多问下你妈妈。~。渠吃咖个盐比你吃咖个米还多滴。

耍摆子[sua33pai33tsʅ0]惯用语。指整天闲着什么事都不用干。例：好哩你哦,天天在屋里~哦,有像我一天累猪累牛个样。

耍麻蛇[sua33ma112zֻa31]惯用语。形容做事不落实,吊儿郎当的样子。例:箇点路径唧,你搞哩两三天冇做完,肯定~去哩吧!

水大漫唔过船,手大遮唔住天。[suei33dai213man35ŋ35ko35dzֻyan112, şəu33dai213tşa44ŋ35dzֻy213thian44.]讽诫谚。水再大船也能浮在水面上航行,手再大也遮不住天空。比喻力量再大也有极限,不能倚仗权势,蒙蔽群众。例:你放心,~。渠再有本事,也唔能一手遮天个。

水唧寡哒[suei33tɕҫ0kua33ta0]成语。指菜里没有油水。例:今晌午个菜~,冇得点油水,劳ᵘ唔好吃。

睡前开开窗,困到大天光。[suei35dzֻian112khai44khai0tshuaŋ44, khuen213taɔ35dai213thian44kuaŋ44.]生活谚。睡觉之前打开窗户透透气,这样有助于睡眠,能一觉睡到大天亮。例:我看你,从早到晚,把扇窗子关得铁紧唧。~。快打开窗子透下气!

睡前燗下脚,胜于吃鸡婆。[suei35dzֻian112lai35ɤa0tɕio44, şen21øy42 tɕhia44tɕҫֻ44bo31.]生活谚。睡觉之前用热水泡泡脚,比吃老母鸡都好。例:我跟你讲,~。尤其是冬天回,困眼闭之前用燗水燗下脚唧,出滴微微汗唧,那真个是舒服。

死咖一只鱼,臭咖一塘水。[sֻֻ33ka0øֻ44tşa44zֻy112, tşhəu213ka0øֻ44daŋ112suei33.]讽诫谚。池塘里死了一条鱼,整塘水都会臭掉。比喻因为某一个个体出了问题而影响了整个集体。例:李老师个英语课上得蛮好,箇次考试班上同学都考得蛮好,只有王小二,渠一个人只考得20多分,把全班个平均成绩拖下去咖哩,哎,真个是~啊。

死猪唔怕开水燗。[sֻֻ33tɕhy44ŋ35pha213khai44suei31lai35.]讽诫谚。猪死了之后,用开水烫都不知道疼了。形容一个人的脸皮很厚,无所顾忌,通常用于讽刺或鄙视。也可用于自嘲或调侃,表示已经有足够多的心理准备面对困难,或对表面上困难的事情抱着无所谓的态度。例:我现案ᵘ反正是~哩,婆娘离咖婚哩,崽女跟倒婆娘行咖哩,人一个卵一条,我还怕你哪个?

四方鸡蛋天下无,两只脚个婆娘到处有。[sֻֻ35faŋ44tɕhֻֻ44dan31thian 44zֻia213vu112, liaŋ33tsa44tɕio44ko0bo112ɲiaŋ31taɔ21tɕhy24ø iəu33.]讽诫

谚。四方形的鸡蛋普天下难寻,两只脚的女人到处都有。常用于鼓励男人找对象或劝诫男人离婚。例:我劝你拿箇只婆娘离咖算哩,离咖再讨只好个。～。还怕讨唔倒哎。

四角四形[sʅ35ko44sʅ35ʑin112]成语。形容方方正正的。例:今日个豆腐煎得～唧,两面金黄唧,看倒就好吃。

四十天个鸭,陪得客。[sʅ35ʂʅ35thian44ko0ŋa44,bei112teɔkha44.]生活谚。鸭子长四十天就可以吃了,就可以用来陪客了。例:喂鸡比喂鸭划得来远咖哩,～唻。

四月八,冻死鸭;五月端午,冻死牛牯;六月六,絮被沤;七月半,看牛伢唧凭田圹;八月中秋,灶面前蹲起;九月重阳,冻死牛羊。[sʅ35ØyƐ24pa44,toŋ35sʅ33ŋa44;vu33ØyƐ42tuaŋ44vu31,toŋ35sʅ33n̠iəu112ku31;liəu21ØyƐ24liəu35,çy21bʅ42ŋəu35;tçhʅ44ØyƐ42paŋ35,khan213n̠iəu112ŋa112tçʅ0ben213dian21khuaŋ24;pa44ØyƐ42tʂoŋ44tçhiəu31,tsaɔ35mian112dʑian112toŋ44tçhʅ0;tçiəu33yƐ42dzoŋ112Øiaŋ31,toŋ35sʅ33n̠iəu112Øiaŋ31.]生活谚。农历四到九月,一般情况下,天气一天一天变热,然后转冷。有时受冷空气影响,偶尔会有很冷的时候。农历四月初八,也会冻死鸭子;五月端午节,也会冻死公牛;六月初六,还要盖厚厚的棉被;七月半时,放牛娃要靠在田礠上躲风御寒;八月中秋时,要在灶前烤火;九月重阳时,会冻死牛和羊。例:～。还有冷个,现案⁼还有到端午,就把夹衣全部洗咖,到时候穿么个。

送撼⁼嗔[soŋ35ŋen33tshen31]惯用语。指做得罪人的事,与人结怨。例:好,我箇下送起撼⁼嗔把渠哩,何咖搞?

送起人情千年在,送起撼⁼嗔万万年。[soŋ35tçhʅ33zen112dʑin31tchian44n̠ian31dzai213,soŋ35tçhʅ33ŋen33tshen31van213van0n̠ian112.]讽诫谚。"撼⁼嗔",因利害关系或矛盾而产生的很深的怨恨,也指得罪人的事。给予他人的恩惠或情谊会留存在他人心里上千年,给予别人的怨恨或伤害会存留在他人心里上万年。劝诫人们不要给他人带去怨恨,不要做得罪人的事。例:渠两个人结婚你冇去打破,好唔好是渠两个人个事,你好丑冇做声就个,冇去送撼⁼嗔。老话讲～,万一渠晓得哩,还要怪你。要是我就唔得去做箇样个得罪人个事。

算盘子[suaŋ35ban112tsʅ0]惯用语。比喻没有自己的主见,被人操控的人。例:你硬是只~啊,叔下动下啊!

算盘子——扒下动下。[suaŋ35ban112tsʮ0——ba112ɤa0doŋ213ɤa0.]歇后语。比喻像算盘子一样,做事很被动,需要人督促才会干事。例:你要主动点唧,自家寻滴事做,冇~。

T

台上一分钟,台下炮年功。[dai112ɤaŋ0θʮ44fen44tʂoŋ44,dai112ʑia213phaɔ213n̪ian112koŋ44.]讽诫谚。指为了台上这短短一分钟的表演时间,需要付出十年的艰辛努力。例:~,乐乐个古筝弹得箇咖好,你唔晓得渠吃咖好多个苦啊。那六月间热死把人咖,大齐在客厅里吹空调,渠一个人在房里弹琴,弹得个汗爬水流。

贪便宜,买老牛。[than44bian112θʮ31,mai33laɔn̪iəu112.]讽诫谚。比喻因贪图便宜而买下没有用的东西。例:你经常日~。买滴箇样个死咖藤个西瓜,有只么个吃得个?

坛子里码"乌龟——起手便是。[dan112tsʮ0li0ma33vu44kuei31——tɕʮ33ʂəu33bian213zʮ213.]歇后语。就像在坛子里捉乌龟一样,想要捕捉的对象尽在掌握之中。形容手到擒来,十拿九稳。例:你屋崽考清华北大倒冇点问题个,考师大唔是~,你劳"冇要担心。

探百事[than213pei44zʮ213]惯用语。指打探与自己无关的事。又作"探闲事"。例:渠又去高头院子~去哩。

堂前教子,枕边教妻。[daŋ112dzian112kaɔ35tsʮ33,tʂen33pian31kaɔ35tɕʮ44.]讽诫谚。在人前公开教育孩子,让孩子认识到自己的错误,在人后悄悄教育自己的妻子,给妻子留一些面子。例:老话讲~咪。你经常当倒大齐个面那咖骂你屋婆娘,劳"冇顾及渠个面子,那何咖要得咗?你也要稍微为渠想下唧呢。

塘宽好养鱼,树大好遮阴。[daŋ112khuaŋ44xaɔ33θian33zʮy112,zʮy213dai213xaɔ33tʂa44θin44.]农谚。鱼塘宽一点,更好养鱼,树大一点,更好遮阴。例:你挖塘,干脆挖宽滴唧,宽滴唧鱼可以到处游。~。

塘里蟆蜗塘里好,井里蟆蜗井里好。[daŋ112li0ma21kuai24daŋ112li0xaɔ33,tɕin44li0ma21kuai24tɕin44li0xaɔ33.]讽诫谚。生长在池塘里的青蛙只

说池塘很好,生长在水井里的青蛙只说水井很好。比喻见识短浅的人自以为是,盲目自信。例:你两个是典型个～,只看到自家家乡个好。我建议你两个也要出去见识下唧,看别个是何咖开展乡村建设个。

塘里冇鱼虾为贵。［daŋ112li0maɔ35ʐy112xa44vei112kuei35.］生活谚。塘里没有鱼,虾就变得珍贵了。比喻物以稀为贵。例:你公司是～。像老李那样个货色,也能当经理!

塘里鱼跳,必有雨到。［daŋ112liØʐy112thiaɔ213,pʅ44Øiəu33Øy33taɔ35.］气象谚。水塘里的鱼跳出水面透气,天必定会下雨。例:～。今日塘里个鱼在那里只咖跳,要落雨哩。

螗蛳成群,有雨来临。［daŋ112sʅ44dʐen112dʐyn112,Øiəu33Øy33lai112lin112.］气象谚。蜻蜓成群低飞,预示有雨降落。例:看样子要落雨哩,因为～嘛。

讨得婆娘强,当得半年粮。［thaɔ33te0bo112ȵiaŋ31dʑiaŋ112,taŋ35te0paŋ21ȵian42liaŋ112.］讽诫谚。娶的老婆能干,会持家,能抵半年的口粮。例:～,你眇方方啰,自家有得么个用,箇只婆娘硬是讨得好,做事利巴,蛮会管家,屋里里外外做得绺绺抻抻井井有条唧。

讨坏一代亲,害坏炮代人。［thaɔ33vai213Øʅ44dai213tɕhin44,ɤai213vai213paɔ213dai213ʐen112.］讽诫谚。娶错了一个媳妇,有可能毁掉十代人。因为女人的道德品行和为人处事方式,不仅影响家庭建设和家族邻里的和睦,还直接影响到后代的培养教育。例:我屋里嫂嫂好厉害啊!我妈妈经常帮渠两口人又带崽,又做家务,还要帮渠卖货,渠唔领情如小可不说,还把我爸爸妈妈骂么个个样。真个是～。

踢痛脚［thia44thoŋ213tɕio44］惯用语。指趁人之危,落井下石。例:渠踢你个痛脚个唻,你还疑起渠对你好!

提肩蓑衣［lia112kan44so44Øi31］惯用语。比喻一个人走路一个肩膀低,一个肩膀高。例:你看到严=严=唧散步那只老人家里冇?渠是只～,你现案=行路也经常是箇咖,以后要注意啊。

提鞋子［dia112ɤai112tsʅ0］惯用语。指巴结人或干低贱事。例:你唔加油读书,明日把别个～别个倒唔得要唻!

剃光头［thi213kuaŋ44dəu0］惯用语。本指把头发全部剃光,现常用来比喻在高考等考试或赛事中没有人上榜。例:二中个教学质量现案["]越来越<u>隔</u><u>场</u>_{差劲}哩。今年一本又～,冇得一个上线个。

天干三年吃饱饭,水淹一年饿死人。〔thian44kan44san44ȵian31tɕhia44paɔ33van213,suei33øian44ȵ44ȵian112ŋo35sʅ33zʮen112.〕农谚。即使天干三年,人们也还能吃饱肚子,但是遭受一年水灾,人们就会被饿死。说明水灾对农作物的影响更大。例:～。天老爷,冇落久哩啊,唔是冇得吃得哩啊。

天黄有雪,人黄有病。〔thian44vaŋ112øiəu33çyi44,zʮen112vaŋ112øiəu33bin213.〕生活谚。天色昏黄有雪下,人的面色蜡黄有病痛。例:～。你脸箇咖黄,要唔要去医院里看一下啊?

天晴打倒落雨伞。〔thian44dzin112ta33taɔ0lo35øy33san33.〕生活谚。天晴的时候带着雨伞。比喻未雨绸缪,防患于未然。例:～。回去屋里过年,我劝你还是带起电脑回去,唔是万一突然有只么个事要处理哩,你就<u>死咖</u><u>只甑</u>_{完蛋了}。

天上个星子数唔抻,地上个知识学唔完。〔thian44ɣaŋ0ko0çin44tsʅ0su33ṇ0tshen44,di213ɣaŋ0ko0tsʅ44ʂʅ44çio35ṇ35vaŋ112.〕讽诫谚。天上的星星多得数不清,地上的知识一辈子都学不完。例:你冇疑起自家读咖几年书就唔得了哩。我跟你讲,～,你箇一辈子都学唔完个。

天上鲤鱼斑,明日晒谷冇要翻。〔thian44ɣaŋ0li33zʮy31pan44,min112zʮ213sai35ku44maɔ35ɕaɔ35fan44.〕气象谚。天上的云彩像鲤鱼鳞一样的话,第二天太阳会特别大,晒谷子都不用翻动就能晒干。例:明日晒谷啊,你坐到屋里扇风扇就要得哩。你看天上个云啰,像鲤鱼斑样,～。

天上落雨地上流,两口人伿孼冇记仇。〔thian44ɣaŋ0lo35øy33di213ɣaŋ0liəu112,liaŋ33khəu33zʮen31kua44ȵiɛ35maɔ35tɕʅ35dzʮəu112.〕讽诫谚。夫妻吵嘴打架不要记仇,就像天上下了雨,水自然要落到地上一样,都是很自然的事。又作"桐子树打花球码球,两口人打架冇记仇"。例:～咪,哪只两口人唔伿孼冇咪,伿咖孼马上就和好咖哩咪。

天上无云唔落雨,地下无媒唔成亲。〔thian44ɣaŋ0vu112zʮn112ṇ35lo35øy33,di213ɣaŋ0vu112mei112ṇ35dzʮen112tɕhin44.〕生活谚。就像天上没有乌云就不会卜雨一样,两个人如果没有媒人牵线就不能成亲。说明媒人在婚姻中的重要作用。例:～咪,你还是请个人帮你两个做媒。

天一半，地一半，麻雀老鼠各一半。［thian44ȵ̩44paŋ35，di213ȵ̩44paŋ35，ma21tɕhio24laȼ33ȼy31ko44ȵ̩44paŋ35.］农谚。旧时农民靠天、靠地吃饭，水灾、旱灾等不可预料的自然灾害，以及麻雀、老鼠等动物，对粮食收成都有很大影响，一年的收成很难预料。说明了农民的不易。例：～。当农民难啊，一年辛辛苦苦，从年头做到年尾，结果还是有得吃得。

天燥有雨，人躁有祸。［thian44tshaȼ213Øiɵu33Øy33，ȵ̩en112tshaȼ213Øiɵu33ɤo213.］生活谚。天气太干燥预示着有雨，人太急躁会遭来灾祸。例：你性格箇咖急躁，要唔得啊，要缓缓然然唧。老话讲～，你箇只性格唔改，明日有亏吃个。

挑水寻赵‌咖码头。［.Øuthiaȼ44suei33dȵin112dzaȼ213kaɵma33dɵu0.］讽诫谚。挑水找错了码头，比喻办事找错了地方。例：你要离婚去找民政局嘛，你寻倒我公安局有么个用？ ～哩。

条条蛇咬人。［diaȼ112diaȼ0ȵ̩a112ŋaȼ33ȵ̩en112.］讽诫谚。比喻无论做什么事情都不容易。例：老话讲，～。做么个事都唔容易，都要靠自家努力。

同伞唔同柄，同人唔同命。［doŋ112san33ŋ̩35doŋ112pin33，doŋ112ȵ̩en112ŋ̩35doŋ112min35.］讽诫谚。同样是人，但命运不同，就好像是同一种伞，但伞柄不一样。比喻同样的人却是截然不同的命运。例：～。渠两弟兄，一只娘肚子生个，命都有一样：一个坐办公室，一个卖苦力。

桐子花落地，谷种子下泥。［doŋ112tsȵ0xua44lo35di213，ku44tʂoŋ33tsȵ0ȵ̩ia213ȵ̩112.］农谚。当桐油树花谢时，谷种就要下泥播种。例：育秧有时间管到个，～，你唔能随便乱搞。

铜锣配铛铛，癫子配和尚。［doŋ112lo112phei213taŋ44taŋ0，lai35tsȵ0phei213ɤo21dʑaŋ24.］生活谚。铜锣和铛铛的声音比较和谐，和尚头上的印像长了癫子一样。比喻二者非常般配，门当户对，多用于贬义。例：渠两个是～：一个瞎咖只眼珠，一个踮咖只脚。

头回上当，二回心亮。［dɵu112vei112ȵ̩aŋ213taŋ35，Øai21vei42ɕin44liaŋ35.］讽诫谚。意思是第一次上当受骗，到第二次就会吸取教训，心明眼亮，不会再受骗了。例：～，我哪有那咖哈？你上次骗咖我一次哩，我晓得你个套路哩，箇下你哄我唔起哩。

图任务［du112ȵ̩yn21vu24］惯用语。指一味为了完成任务而偷工减料。

例:你仍冇~哦,仍要把我做仔细点唧哦!

土松红薯大,肥多萝卜粗。〔thu33soŋ44ɣoŋ112dʐy31dai213,vei112to44
lo44bo0tshu44.〕农谚。种红薯土要松,这样种出来的红薯才能个头大。种萝
卜肥料要多,这样长出的萝卜才能粗壮。例:看样子你冇种过红薯。老话讲
~哴。你箇坨土箇咖铁紧,哪里有红薯收啰。

兔子个尾巴——长唔了。〔thu213tsʅ0ko0mʅ33pa31——dʐ,aŋ112ŋ35
liaɔ33.〕歇后语。短尾巴是兔子的一种自我保护功能,长不长的。比喻事情
不会长久。例:渠找咖好几只男朋友都分咖手哩,我看箇只又是~哴。

兔子满山跑,还得回老窝。〔thu213tsʅ0maŋ33san44phaɔ33,ɣai112te0
vei112laɔ33ɵo31.〕讽诫谚。兔子在山里到处跑,最终要回到自己的老窝里。
比喻叶落归根。例:~哴。你最后还是要回老家个,还是要在屋里砌点
屋唧。

兔子唔吃窠边草。〔thu213tsʅ0ŋ35tɕhia44kho44pian31tshaɔ33.〕讽诫谚。
兔子不吃自己窝边的草。常用来告诫人们,别在家门口做坏事,不侵犯周围
人的利益。例:细哈毛经常偷院子里个东西,<u>要么</u>有时还带起外头个贼来偷,
你讲渠是只人冇啰? ~哩!

脱咖裤打屁——多此一举。〔tho44ka0khu213ta33phʅ213——to44tshʅ33
ɵʅ44tɕy33.〕歇后语。放屁是不用脱裤子的,通常用来形容人说话、做事画蛇
添足,多此一举。例:你直接把渠就个啊,还要我来中转一道? 箇名叫~哴。

脱咖卵样〔tho44maɔ33ɵiaŋ35〕惯用语。指完全脱离了原样。例:渠屋里崽
脱咖卵样哩,劳˵冇像渠屋爷那咖老懂老实唧。

四、首字母为 W-Z 的常用熟语汇释

W

外甥外甥,吃升掉升。〔ɵuai21sen42ɵuai21sen42,tɕhia44ʂen44tiaɔ35
ʂen44.〕讽诫谚。以前邵阳人认为,给外甥的东西,给多少就会浪费多少,是
没有回报的。例:嗯,~。你以前过年个时候经常封红包把三毛。你看啰,
箇下渠弄得钱倒哩,拿咖好多唧把你箇只舅爷啰。吃脱你个牙齿哦!

外屋娘唔痛郎,是只猪婆娘。〔ɵuai35vu44ȵiaŋ42ŋ35thoŋ213laŋ112,
zʅ213tʂa44tɕy44bo31ȵiaŋ112.〕讽诫谚。丈母娘不疼爱自己的女婿,就犹如

一头老母猪一样。意思是没有丈母娘不疼女婿的。例：～。哪有外屋娘唔痛女婿个？你自家要对外屋娘好滴唧唻。

弯竹子发直笋。［Øuaŋ44tʂəu44tsɻ0fa44dzɻ213sen33.］讽诫谚。弯竹子丛里长出直笋来。比喻后代强于前辈，青出于蓝而胜于蓝。例：渠两口人长得跟像么个样，两只崽仍长得标标致致唧，还读书蛮狠，渠屋里当真话是～哩。

丸心把狗巴起去咖哩。［vaŋ112ɕin31pa33kəu33pa44tɕʰɻ0khe213ka0li0.］讽诫谚。良心被狗吃了，指丧尽天良。例：你只有良心个，炮把岁个细个子你都唔放过，你个～哎？

晚上起黑云，一定有雨临。［Øuan33ʐaŋ0tɕʰɻ33xei44ʐyn112，ɻ35din213Øiəu33Øy33lin112.］气象谚。晚上天上起了黑云，一定有雨降落。例：今夜个天黑沉沉哩，看样子要落雨哩，～。

碗米粑粑何咖出得窼窼。［Øuaŋ33mɻ33pa44pa0ɤo112ka0tɕhyu44te0kuaŋ33khuaŋ0.］讽诫谚。一碗米做糍粑，都沾在臼窝里了，出不了成品。比喻上不了台面。例：要你读书读书你唔行，要你做路做路你唔行。你箇只～哦。

碗米养恩人，担米养仇人。［Øuaŋ33mɻ33Øiaŋ33ŋen44ʐen31，tan35mɻ33Øiaŋ33dzəu112ʐen31.］讽诫谚。在危难时给予他人一碗米，犹如雪中送炭，对方会感恩戴德。但如果继续援助，他就会变得贪得无厌，把给予视为理所当然，一旦停止援助就会心生怨恨。例：～。你吊三妹，有一年腊咖哩，在我俚土里挖咖只红薯吃，渠经常记得。那只怪婆呢，往年间天天在我俚屋里吃饭，现案有看到渠点么个，还讲起箇里那里。

万恶淫为首，百善孝当先。［van213Øo44ʐin112vei112ʂəu33，pei44ʐan213ɕiaɔ35taŋ44ɕian44.］讽诫谚。意思是在多种罪恶当中，淫乱是头等罪恶；在许多善行当中，孝顺是最重要的善行。例：～。所以，一定要孝敬大人啊。

王婆卖瓜，自卖自夸。［vaŋ112bo31mai35kua44，dzɻ213mai35dzɻ213khua44.］讽诫谚。比喻自己称赞自己的东西好。例：～。渠经常讲渠屋里个豆腐做得好，其实渠屋个豆腐有赶酸气。

为人唔做亏心事，半夜唔怕鬼敲门。［vei12ʐen112ŋ35tsəu35khuei44

çin44zৃ213, paŋ21Øia24ŋ35pha213kuei33kaɔ44men112.]讽诫谚。比喻只要为人光明磊落，就不必担惊受怕。例：～。我又冇做昧良心个事，我怕么个？

威喊威叫[Øuei44xan33Øuei44tçiaɔ35]成语。指大喊大叫。例:箇两天爷老子个病又严重咖滴哩，夜里间痛得～，看到造孽巴哩。

喂好一栏猪，吃穿都有余。[Øuei35xaɔ33ŋৃ44lan112tçy44, tçhia44tçhyan44tu44Øiəu33zy112.]农谚。养猪是以前农村的主要经济来源。猪喂得好，可以卖钱，猪粪是很好的肥料。例:喂猪好，你只放心多喂滴。～。

喂牛冇得巧，栏干水草饱。[Øuei35ŋৃiəu112maɔ35teØtçhiaɔ33, lan112kan44suei33tshaɔ31paɔ33.]农谚。养牛没有什么诀窍，就是要保持牛圈干爽，让牛吃饱喝足。例：～。你箇只牛栏箇咖焦湿，牛得长膘啊？

喂猪胜过喂狗，栽花唔如栽柳。[Øuei35tçy44sen35koɔ35Øuei35kəu33, tsai44xua44ŋ35zy112tsai44liəu33.]农谚。养猪比养狗好，栽柳树比栽花好。例：～。你栽箇多玫瑰花放箇里做么个？当得饭啊？还不如栽滴柳树哩。

温嬾水[Øuen44lai35suei33]惯用语。指没有主见、办事犹豫不决的人。例:你箇只～！要你和我一起买房子你唔买，要是早买倒，箇前间是唔是也涨咖价哩？

蚊子巴粒饭唔出。[ven112tsৃØpa44liØvan213ŋ35tçhy44.]讽诫谚。蚊子都不能叼粒米饭出去。用夸张的手法说明一个人极度小气。例:渠屋里小气死哩，～个。不过也有看到渠屋里发起财。

问路唔讲礼，多行二十里。[ven213lu35ŋ35kaŋ33li33, to44ɣen112Øai21sৃ24li33.]讽诫谚。问路的时候如果不讲礼貌，别人可能不会告诉你最短的路线，而是让你多绕路。例:每次都跟你讲，要懂礼貌。懂礼貌个人别个喜欢滴，有么个事也愿意帮你。老古话讲，～，就是要大齐讲话要懂礼貌。

我讲东边猴子，你讲西边楼子。[ŋo33kaŋ33toŋ44pian31ɣəu112tsৃØ, ŋৃ33kaŋ33çৃ44pian31ləu112tsৃØ.]讽诫谚。比喻一个说东，一个说西，说不到一块去。例:你两个哎，～。一个讲东，一个讲西，何咖讲得捽？

乌龟冇讲鳖，同在水里歇。[Øu44kuei31maɔ35kaŋ33piɛ44, doŋ112dzai213suei33liØçiɛ44.]讽诫谚。乌龟和王八都是生活在水里，彼此情况差不多。比喻两个情况、遭遇相同的人，不能相互嘲笑。例:～。你和我两个隔唔得好远，你也冇笑我。

乌云接日,唔落今日落明日。［Øu44ʐyn31tɕiɛ44zɿ213,ŋ35lo35tɕʐ44 zɿ213lo35men112zɿ213.］气象谚。太阳落山时天上有乌云,即使当天晚上不下雨,第二天也会下雨。例:天干咖箇久哩,唔晓得么个时候才有雨落。今日天黑时机天上云蛮厚,今夜可能就有雨。~。

屋檐水,滴现当。［Øu44ʑian112suei33,tia35ʑian21taŋ24.］讽诫谚。水滴沿屋檐往下滴,都会沿着原来的轨迹,滴落在同一个地方。比喻晚辈会模仿长辈的不良行为,因此父母要给孩子树立好的榜样。例:以前小英对渠阿婆娘_{丈夫的妈}好丑,老母亲在床上动唔得,渠天天就送滴馊咖个饭菜把渠吃。箇下哩,~。渠自家动唔得哩,渠媳妇也有管渠,随渠死也好活也好。

无平仄［vu112bin112tse31］惯用语。指没有一个特定的标准。例:渠一天赚好多钱是~个,撞倒一天赚得千倒千块倒,撞倒一天包门面费唔倒。

唔愁唔长,只愁唔养。［ŋ35dzʐəu112ŋ35tʂaŋ33,tsɿ44dzʐəu112ŋ35 Øiaŋ33.］讽诫谚。只担心不生孩子,不要担心养了孩子,孩子长不大。多用于鼓励人生孩子。例:我讲~啊。以前你还唔想生,箇生起哩风快也长大咖哩啊。

唔打唔成人,打哩成观音。［ŋ35ta33ŋ35dzʐen112zʐen112,ta33liØ dzʐen112kuaŋ44Øin44.］讽诫谚。指对孩子要采用棍棒教育,要多打才能成人。例:细个子~。你眈欣妹屋里啰,往年间渠屋爷拿渠姊妹家打么个事个样,现案"个倒个_{个个}都有出息。

唔当家,唔晓得柴米油盐贵;唔养崽,唔晓得父母恩。［ŋ35taŋ44tɕia44,ŋ35ɕiaɔ33teØdzai112mɿ44ʑiəu112ʑian112kuei35;ŋ35Øiaŋ33tsai33,ŋ35ɕiaɔ33teØvu213mo33ŋen44.］讽诫谚。自己不当家操持家务,就不知道柴米油盐有多贵;自己不养育儿女,就无法理解父母对你的养育有多么艰辛。例:你反正是只甩手掌柜。~。你唔晓得屋里开支有好大唧,在长沙生活,光生活费一个月就要两三千块,其他个还有算。

唔到八十八,冇笑别个脚蹣眼瞎。［ŋ35taɔ35pa44ʂɿ35pa44,ɯaɔ35ɕiaɔ35bei213ko35tɕio44pai44ŋan33xa44.］讽诫谚。意思是人活到八十八,眼睛或腿脚总会有一些小毛病,没到这个时候,千万不要嘲笑他人的不幸,这种不幸都有可能降临到每个人的头上。常用来告诫人们不要嘲笑他人,今天嘲笑他人,明天就有可能被他人嘲笑。例:人有时候啊,要看长远滴唧。

～。比如你屋里箇几年做生意是弄倒滴钱唧,哪个晓得后头得唔得亏本呢。

唔到冬至唔冷,唔到夏至唔热。[ŋ̍35taɔ35toŋ44tsʅ42ŋ̍35len33,ŋ̍35taɔ35zia21tsʅ24ŋ̍35z̞e213.]生活谚。不到冬至节气,天不会太冷,不到夏至节气,天不会太热。例:现案＝才刚刚立咖冬,你就讲冷哩,冷个日子还有来哝。～。

唔到长城非好汉,唔到黄河心唔甘。[ŋ̍35taɔ35dzʅaŋ112dzʅen31fei44xaɔ33xan35,ŋ̍35taɔ35vaŋ112ɣo112çin44ŋ̍35kan44.]讽诫谚。不登上长城就不算英雄好汉,不到黄河不会甘心。比喻做某件事情,不达到目的决不罢休。例:渠是～。跟渠讲咖好多次,要渠冇去三三屋里借钱,渠唔听。箇下冇借倒一分钱,就晓得我讲个话是真个哩。

唔分来和理。[ŋ̍35fen44lai112ɣo112li33.]惯用语。指不问事情的来由。例:学生大齐吵架,渠～,先一个罚二十只俯卧撑再讲。

唔干唔净,吃咖冇病。[ŋ̍35kan44ŋ̍35dzʅin213,tçhia44ka0maɔ35bin213.]生活谚。东西没洗干净就吃反而不会生病。农村人吃东西不那么讲究,认为太讲卫生了反而不利于健康。例:三妹,我土里有黄瓜,你摘根吃啰。摘起就吃嘛,那要洗么个。～,放心吃。

唔怕饭唔饱,只怕气唔平。[ŋ̍35pha213van213ŋ̍35paɔ33,tsʅ33pha213tçhʅ213ŋ̍35bin112.]讽诫谚。不怕吃不饱饭,就怕受一肚子气。例:～。我就是只箇个人,你唔把我吃我冇紧,你冇要我受你个气。

唔怕慢,只怕站。[ŋ̍35pa213man35,tsʅ44pa213tsan35.]讽诫谚。站,指停下来不动。意思无论是做什么事情,不怕做得慢,只要坚持不懈,就一定会取得成功。例:～。你停一下,又重新开始,要耽蛮多工。只要一直做,慢点唧冇紧。

唔怕三岁离娘,只怕五更离床。[ŋ̍35pha213san44suei31li112ŋ̍iaŋ112,tsʅ44pha213ɵu44ken31li112dzuaŋ112.]生活谚。不怕三岁的时候,离开自己的母亲,倒怕五更的时候离开自己的床。形容一个人起床困难。例:～。早起间个眼闭对渠来讲好浓酽_{重要}。你把渠喊醒来渠唔骂你个净个。快冇喊渠着,再等渠困下。

唔怕生坏命,只怕得坏病。[ŋ̍35pha213sen44vai213min35,tsʅ33pha213te44vai213bin213.]讽诫谚。人生在世,命运不好,生活艰难一点没有什么可

怕的,最可怕的是得了病。例:人少吃滴唧少穿滴唧冇紧,就是要身体好。老话讲～。你昀爱国啰,好咖一只后生家,抓钱也是把好手,屋里砌起栋好大个屋。冇想到人还冇倒四十,就得咖癌症哩,好造孽!

唔怕唔识货,就怕货比货。[ŋ35pha213ŋ35ʂ̩44xo35,dʑiəu213pha213 xo35p̩33xo35.]生活谚。不怕你不知道货物的好坏,就怕货物和货物之间进行比较。指人或事物只有进行比较以后才能分出好坏,显出差别。例:～。你自家再去箇条街看下,哪个屋里个菜有我个菜新鲜啰。

唔怕一万,就怕万一。[ŋ35pha213ɵ̩44van213,dʑiəu213pha213van213 ɵ̩44.]讽诫谚。告诫人们做事情要考虑周全,要预防偶然发生的事情,不能掉以轻心。例:疫情箇咖严重,屋里要多买滴米、油、盐和干菜啰唆。～。唔是到时候冇得吃得。

唔求富家子,只爱如意郎。[ŋ35dʑiəu112fu35tɕia44tʂ̩33,tʂ̩44ŋai35 ʐy112ɵ̩35laŋ112.]讽诫谚。不求嫁一个有钱人家的儿子,只愿嫁一个自己中意的、能对上眼的郎君。例:渠屋里是有钱,但是渠经常打牌赌宝,游手好闲,我唔得嫁把箇样个人。我～。我要嫁把自家喜欢个人。

唔入虎穴,焉得虎子。[ŋ35ʐy213fu33ɕiɛ35,ɵian44te44fu33tʂ̩33.]讽诫谚。不深入老虎窝,怎么能捉到小老虎。比喻不亲历险境就不能有所收获。例:～。箇只事别个代替唔了你,只有靠你自家亲自去冒下险哩。

唔听老人言,吃亏在眼前。[ŋ35thin213laɔ33ʐ̩en31ʐian112,tɕhia44 khuei44dzai213ŋan33dʑian112.]讽诫谚。老人的阅历、经验比年轻人多,不听老人的话,马上就会吃亏。例:你箇下晓得喊脑壳痛哩?坐月个时候,要你捆到脑壳,要你冇洗脑壳冇洗澡,你唔听。～。

唔想油渣吃,唔到锅边站。[ŋ35ɕiaŋ33ʐiəu112tsa35tɕhia44,ŋ35taɔ35 ko44pian0tsan35.]讽诫谚。如果不想吃油渣,就不会站在锅子旁边。比喻不想从中获取利益,就不会关注某事。例:～。渠天天问你好久干塘,肯定想来捉鱼个咪。

唔种今年竹,哪有来年笋。[ŋ35tʂoŋ33tɕin44n̩ian31tsəu44,la33ɵiəu33 lai112n̩ian112sen33.]讽诫谚。今年不种竹子,来年哪里有笋子。比喻现在不做好充足的准备,将来不会有收获。例:～。你现案ˉ唔发狠读书,明年你何咖考得初中起?

五峰铺个豆腐花桥个酒，盐井铺个斗篷家家有。[Øu33foŋ31phu213ko0 dəu213vu0xua44dʑiaɔ31ko0tɕiəu33，ʑian112tɕin31phu213ko0təu44boŋ112ka44 ka00iəu33.]风土谚。五峰铺的豆腐最好吃，花桥的酒最好喝，盐井铺盛产斗笠，每家每户都会做斗笠。例：邵阳县圞近唔同个地方有唔同个特产。～。

五月南风涨大水，六月南风火烧天。[Øu330ʮɛ42lan112foŋ31tʂaŋ33 dai213suei33，liəu210ʮɛ24lan112foŋ31xo33ʂaɔ44thian44.]气象谚。五月份刮南风天有大雨，六月份刮南风天气晴朗。例：～。看样子箇几天有大雨落，套鞋_{雨靴}冇洗着。

五月唔借锄，六月唔借扇。[Øu330ʮɛ42ŋ̍35tɕia35dzu112，liəu210ʮɛ24ŋ̍35 tɕia35ʂan35.]农谚。农历五月份，地里的庄稼正是生长期，需要去锄草、松土，锄头是每家每户必需的农具，不能外借；六月份天气变热，扇子是必需品，也不能外借。例：～。今日我屋里个锄头自家要用，你莫拿起我个去哩啊。

X

西南雷轰轰，大雨往下冲。[ɕʮ44lan112luei112xoŋ33loŋ0，dai2130y33 Øuaŋ33ʑia213tɕhoŋ44.]气象谚。西南边雷声轰轰，将有人雨降落。例：～。雷是从西南方向那边动咖来个，看来有大雨落哩。

稀禾大米，卵尻子大粒。[ɕʮ44ɣo112dai213m̩33，luan33kaɔ33tsʮ0dai213 li35.]农谚。"卵尻子"指睾丸。插秧时要插得稀一点，这样稻谷就会比较大颗、饱满。例：你唔晓得唻，栽田要栽稀滴唧唻。～，太密哩收成唔好。

细个子看到大人条卵——大惊小怪。[ɕi35ke33tɕʮ0khan213taɔ35dai21 ʐen42diaɔ112luan33——da213tɕin44ɕiaɔ33kuai35.]歇后语。小孩子看到大人的阳具。比喻遇事大惊小怪。例：你怕是～。冇看到渠吃酒个哎？渠以前吃得斤哒斤烧酒呢。

夏旱高砌仓，秋旱断种粮。[ʑia213ɣan213kaɔ44tɕhʮ213tshuaŋ44，tɕhiəu 44ɣan213duaŋ213tʂoŋ33liaŋ112.]农谚。夏天天旱的话，有利于作物生长，粮食会丰收，需要把粮仓砌高一点；秋天天旱的话，作物会减产，甚至连种粮都没有。例：今年秋天天干哩箇久哩，明日吃么个啊，拉_翻黄土啊？～。

夏至东风摇，麦子坐水牢。[ʑia21tsʮ24toŋ44foŋ31ʑiaɔ112，mai35tsʮ0

dzo213suei33laɔ112.］农谚。夏至日要是刮东风的话,会带来大量雨水,容易形成水害,这时候正是冬小麦成熟的季节,连绵的阴雨不利于麦子的收割,麦子就像坐在水牢里面一样。例:～。箇只天老爷啊,落哩箇久哩,还唔停。今年个麦子看样子有得收得哩。

夏至落雨隔垛墙。［ʑia21tsๅ24loๅ35øy33ke44to33dʑiaŋ112.］气象谚。夏至日的时候,天气变化快,紧邻的地方天气可能不同。例:～,硬有讲赵¯啊。你眹箇屋前头落大雨,屋后头红火大太阳。

夏至日长,冬至日短。［ʑia21tsๅ24zๅ213dʑaŋ112, toŋ44tsๅ35zๅ213tuaŋ33.］生活谚。夏至日是白天最长的一天,冬至日是白天最短的一天。例:难怪话今日天黑得箇晏哦,夜里家八点钟哩天还有黑。原来今日夏至哩啊!～唻。

先打雷,后落雨,赢唔得一场大露水。［ɕian44ta33luei112, ɤəu213loๅ35øy33, ʑin112ŋๅ35te00ŋๅ33dʑaŋ112dai213lu35suei33.］气象谚。先打雷,后下雨,下雨量还不如一场大露水。例:～。有得么个雨落得,你还是要去把土里个菜淋滴水唧。

先苦后甜,幸福万年。［ɕian44khu44ɤəu213dian112, ʑin35fu42van213ŋian112.］讽诫谚。指通过自己的辛勤劳动得来的幸福更长久。例:你两个以前苦哩滴,箇下好哩昂。～。

先年立春早下种,当年立春迟下种。［ɕian44ŋian31li35tɕhyn44tsaɔ33ʑia213tʂoŋ33, taŋ44ŋian31li35tɕhyn44dʑๅ112ʑia213tʂoŋ33.］农谚。立春日在春节前的话,稻谷要早点播种,立春日在春节后的话,稻谷则要迟一点播种。立春早,气温升高的时间较早,虽然冷空气还是比较强,但偏暖的季风已经开始北移,并形成了降水与升温,对农业生产非常有利。相反,立春日晚的话,常常会引发倒春寒,播种太早,农作物可能会被冻死。例:～。今年立春晏,你冇急倒浸谷种着,唔是冻死咖哩。

闲事冇管,多吃三碗。［ɤan112zๅ213maๅ35kuaŋ33, to44tɕhia44san44øuaŋ33.］讽诫谚。不管别人的闲事,管好自己的事,每天多吃三碗饭。例:～。唔管别个个闲事,确实心里舒服,过得轻松滴。但是你想一下,大齐是你箇咖想,那箇只社会会变只么个样子?

咸菜走咖风,臭咖一条冲。［ʑian21tshai24tsəu33ka0foŋ44, tʂhəu213

ka00ɻ44diaɔ112tʂhoŋ44．]生活谚。咸菜在腌制过程中进了空气，就会变质，发出浓浓的臭味，传遍整个村子。例：～。箇哪个屋里个咸菜出咖气哩，老远就有赶咸菜臭味。

皷鸡脑壳［ɕian35tɕɻ44laɔ33kho31］惯用语。指怕老婆的人。例：渠是只～，问渠冇得用个，渠做主唔倒个，要问渠婆娘。

向阳好种菜，背阴好种杉。［ɕiaŋ35ʑiaŋ112xaɔ33tʂoŋ33tshai213，bei213Øin44xaɔ33tʂoŋ33sa44．］农谚。种菜要种在光照充足的地方，栽杉树要栽在背阴的地方。要根据不同植物的生长习性来种植。例：我俚土里个菜劳"生唔长，主要是土边上那只大树，把土完全阴倒咖哩。你看周阿姨土里个菜，长得好好。真个是～。

小满芒种边，十日半月唔见天。［ɕiaɔ33maŋ33maŋ112tʂoŋ35pian44，ʂɻ35zɻ213paŋ21Øyɛ24ŋ̍35tɕian35thian44．］气象谚。小满、芒种期间，当地天气属于梅雨季节，阴雨连绵，有时雨一下就是十日半个月，甚至更长时间。例：甲：天老爷烂咖哩，箇雨怕落咖二十多天哩哎？天天出去唔得，还有好多种冇出呢。乙：～。是落雨个季节，冇得办法。

小气得屙棉花屎。［ɕiaɔ33tɕhɻ42te00o44mian112xua31sɻ33．］讽诫谚。棉花屎，指像棉花籽那么丁点大的屎。形容人特别小气。例：渠‥个。你想要从渠那里得到么个好处，那是唔可能个。

小时偷针，大哩偷金。［ɕiaɔ33zɻ112thəu44tʂen44，dai213li0thəu44tɕin44．］讽诫谚。意思是小时候敢偷人家一根针，长大就敢偷黄金。常用于告诫父母要从小从严管教孩子。例：听到讲黑疤子屋里只崽，偷电线被抓起坐牢去哩。～。那只伢唧细前间就爱小偷小摸，那时唧渠屋里娘爷看到渠偷起东西回来还哈哈笑，箇下抓起咖哩吧。

小雪大雪，煮饭唔歇。［ɕiaɔ33ɕyi33da21ɕyi33，tɕy33van213ŋ̍35ɕiɛ44．］生活谚。小雪、大雪这段时间，感觉整天就是在做饭。形容这段时间白天时间很短。例：～。一天冇做点么个，又要煮饭哩，我基本上一天就是在煮饭。

笑假冇笑真。［ɕiaɔ35tɕia33maɔ35ɕiaɔ35tʂen44．］讽诫谚。某些事是假的可以开玩笑，如果是真的，就不能开玩笑了。例：渠两个还冇讲起个时候，你大齐可以开玩笑。明日当真谈起咖哩，就冇笑哩哦。别个唔好意思。

笑口常开，青春常在。［ɕiaɔ35khəu33dz̻aŋ112khai44，tɕhin44tɕhyn44

dzₐaŋ112dzai213.]讽诫谚。指经常笑的人,不容易变老。例:你经常苦起只脸,你看你脸高头个皱纹好多唧哩哉? 老话讲~唻。

笑烂唔笑补。[ɕiaɔ35lan35ŋ35ɕiaɔ35pu33.]讽诫谚。指可以嘲笑衣服破了不补的懒人,而不要嘲笑穿破衣服的人,衣服烂了没关系,但要补起来再穿。例:老话讲~唻。衣衫烂咖点唧有紧,但你要补起。

斜理剥屌[dʑia112li0po44tiaɔ33]成语。指歪门邪道。例:渠也就那滴出息唧,要渠做点唧正事就气冲牛斗,要渠做~个事哩,渠狠得很。

心急吃唔得热糍粑。[ɕin44tɕₙ112tɕhia44ŋ35te0zₑe213dzₙ112pa44.]讽诫谚。刚出锅的热糍粑,温度很高,急于去吃,会烫伤嘴巴。常用来比喻做什么事情都不要过于心急。例:你和倒那只妹唧还只见得两三次吧? 你就要跟别个歇,难怪别个吓起行咖哩。我跟你讲,~。感情箇种事,要慢慢来,水到渠成。

心开朗,身安康。[ɕin44khai44laŋ33,ʂen44ŋan44kaŋ44.]生活谚。性格开朗的人,身体也会健康。例:~。你昀隔壁王阿姨,整天在屋里唱歌溜达,渠六七十岁个人哩,看起来还只有四五十岁唧,从来冇打针吃药个。

心术好,经得老;心术丑,唔得久。[ɕin44suei42xaɔ33,tɕin44te0laɔ33;ɕin44suei42tʂhəu33,ŋ35te0tɕiəu.]讽诫谚。心地善良的人,不容易老;内心狠毒的人,活不长久。例:那只人经常想何咖算计别个。~。我昀咖下唧,渠活唔长久个。

辛苦钱,万万年。[ɕin44khu31dʑian112,van213van213ŋian112.]讽诫谚。只有辛辛苦苦赚来的钱,花起来才踏实,才能长久。来得太快的钱和轻松就能赚到的钱,不会长久。例:你又冇是偷咖来个抢咖来个,都是靠自家卖苦力赚到个,你怕么个? 老话讲,~,放心!

辛苦做,快乐吃。[ɕin44khu31tsəu35,khuai21lo24tɕhia44.]讽诫谚。辛辛苦苦做事,快快乐乐吃饭。靠自己的双手挣来的钱,吃起来格外快乐。例:我~。我吃倒我白家个,又冇吃倒渠个,渠冇么个资格讲我。

新三年,旧三年,缝缝补补又三年。[ɕin44san44ŋian112,dʑiəu213san44ŋian112,voŋ112voŋ0pu33pu0ŋiəu35san44ŋian112.]生活谚。指旧时人们生活非常艰苦,新衣服穿三年,变旧了再穿三年,破了加上补丁又可穿三年。例:往年间,一只衣衫穿得炮倒炮年。~。

星子稀,浞死鸡;星子密,晒脱皮。[ɕin44tsʅ0çʅ44,dẓaɔ213sʅ33tɕʅ44;çin44tsʅ0mʅ35,sai35tho44pʅ112.]气象谚。可以根据天上星星的稀密程度来判断天气情况。前一天晚上星星如果稀疏,第二天将有大雨,可能把鸡都淋死;前一天晚上星星如果很密集,第二天将天气晴朗,会把人的皮都晒脱。例:~。今夜星子箇咖稀,明日有大雨落哩。天老爷,也该落雨哩,晴哩个打个月哩,土里个菜下干死咖哩。

兴家犹如手绣花,败家胜过水推沙。[çin44tɕia44ẓiəu112ẓy112ʂəu33çiəu35xua44,bai213ka44ʂen35ko35suei33thuei44sa44.]讽诫谚。兴家就好像用手绣花那么艰难,而败家比水推沙子还容易。通常用以告诫人兴家艰难,败家容易。例:~。家屋败起来蛮快个,你大齐要勤俭节约,冇拿家屋败咖哩啊。

行得正,坐得正,唔怕和和尚做头困。[ɣen112te0tʂen35,dzo213te0tʂen35,ŋ35pha213ɣo112ɣo112dzʅaŋ31tsəu35dəu112khuen213.]讽诫谚。指品行端正的人,不会做出出格的事,即使与和尚睡一头也不会有问题。比喻品行端正,不怕别人说三道四。例:随便你大齐何咖讲,我反正~,我就敢讲个样个话。

行还冇学熟,就想学走哩。[ɣen112ɣai112maɔ35çio35ʂəu35,dziəu213çiaŋ33çio35tsəu33li0.]讽诫谚。还没学会走路就想学跑步了。比喻人急于求成,不循序渐进,基础没打好就盲目追求更高层次的学习。例:你钢笔还捻唔稳,就想学毛笔字哩,真个是~。

兄弟同心土变金,兄弟离心扯烂筋。[çioŋ44di42doŋ112çin44thu33pian35tɕin44,çioŋ44di42li112çin44tʂha33lan42tɕin44.]讽诫谚。兄弟之间齐心协力,黄土也会变成黄金;兄弟之间离心离德,则会矛盾重重。例:~。你劳＝慨两兄弟,头一要和气啊,冇侪孽。

兄弟唔和旁人踩,姐妹唔和别个欺。[çioŋ44di42ŋ35ɣo112baŋ112ẓen31tshai33,tɕiɛ33mei31ŋ35ɣo112be213ko0tɕʅ44.]讽诫谚。指兄弟和姊妹不和睦,就会受别人的欺负。例:~。姊妹家头一要和气滴,冇生意见。少吃滴倒冇紧。

胸无大志,枉活一世。[çioŋ44vu112dai213tsʅ35,ɸuaŋ33xo112ɒʅ44sʅ35.]讽诫谚。如果心中没有远大的理想抱负,这一辈子就白活了。例:~。

你一只男子汉,右点理想,一天只想到滴鸡毛蒜皮个事,有么个卵用? 你婆娘都瞧唔起你。

修塘修坝,本小利大。〔ɕiəu44daŋ112ɕiəu44pa35,pen33ɕiaɔ33li35 da213.〕农谚。修建水塘、水库等水利设施,对于农业生产来说,都是本钱小利益大的事情,要多做。例:你刚生出来个时机,你爸爸正在修金江水库,政府讲~,天天累得只狗样。

秀才遇到兵,有理讲唔清。〔ɕiəu21dzai42øy35taɔ0pin44,øiəu33li33 kaŋ33ŋ35tɕhin44.〕讽诫谚。知识分子碰到没读书的粗人,沟通起来比较困难。例:~。你快右跟渠争哩,渠一只文盲哈巴,你紧倒跟渠争,丢咖自家个脸嘛。

许白手〔ɕy44bei21ʂəu24〕指行贿。例:现案¯个社会,你求人办事,唔许滴白手唥,别个就把你办哩?

学好三年,学坏三天。〔ɕio112xaɔ33san44n̠ian112,ɕio112vai213san44 thian44.〕讽诫谚。一个人要学好,需要很长的时间,但是要学坏,只需要很短的时间。例:~。你唔好式管到你只崽,随倒渠自家搞。我给你看只八字,唔出一个月,你箇只崽就是得废咖个。

学好数理化,走遍天下都唔怕。〔ɕio112xaɔ33su35li33xua35,tsəu33 phian213thian44ʑia0tu44ŋ35pha213.〕讽诫谚。只要把数、理、化这三门功课学好了,走到哪里都不用担心生活没有着落。例:~。你理科箇咖好啊,还有么个心担得个?

学问学问,唔懂就问。〔ɕio35ven213ɕio35ven213,ŋ35toŋ33dziəu213 ven213.〕讽诫谚。学问要边学边问,遇到不明白的事情要向明白人请教。例:~。有么个问题要经常去问老师、问同学,我劳¯有看到你问问题哎? 你通下晓得哩?

雪中有雷,阴雨伴随。〔ɕyi33tʂoŋ31øiəuluei112,øin44øy33baŋ213 dzuei112.〕气象谚。下雪时伴随着打雷的话,会有连绵阴雨。例·落雪天动雷,我长箇大右见过。老人家讲~,看来有会冷哩。

Y

牙齿唔钎唔松,耳朵唔挖唔聋。〔ŋa112tʂʅ0ŋ35tɕhian44ŋ35soŋ44,øiɛ33

to31ŋ35va44ȵ35loŋ44.]生活谚。牙齿不去剔它就不会松动;耳朵不去挖它就不会聋。又作"牙齿越钎越松,耳朵越挖越聋"。例:~。你一只细个子,天天去钎牙齿,明日大早就拿牙齿脱咖。

牙痛冇是病,痛死冇哪个问。[ŋa112thoŋ213maɔ35zʅ213bin213,thoŋ213sʅ33maɔ35la33koθven213.]生活谚。在人们心目中,牙痛不是什么大病,所以即使痛死都没人关心。例:箇几天我牙子痛得<u>该歪</u>不得了,左边脸巴子都肿起咖哩。你两个冇哪个想起去给我买滴药回来吃,当真话~。

崖鹰窠里冇善鸟,强将手下无弱兵。[ŋai112Øin44kho44liθmaɔ35şan213ȵaiɔ33,dʑiaŋ112tɕiaŋ35şəu33ȵiaθvu112ʑio213pin44.]讽诫谚。老鹰窝里没有善良的鸟,才能超群的将帅手下没有懦弱的士兵。比喻好的领导必然能带出好的部属。例:~。你导师那咖厉害,一年发好几篇权威论文。你跟倒渠,肯定也差唔到哪里去。

崖鹰唔打窠边食,巧贼唔盗屋边邻。[ŋai112Øin31ŋ35ta33kho44pian31şʅ35,tɕhiaɔ33dzei213ŋ35daɔ213vu44phian44lin112.]讽诫谚。老鹰不在自己的窝旁觅食,聪明的小偷不偷邻居家的东西。常用来告诫人们别在家门口做坏事,不要侵犯周围人的利益。例:三毛硬冇是只人。别个~,渠倒好,还带起别个来偷院子人个东西!

伢伢唧唔冷酒唔构。[ŋa112ŋaθtɕʅθȵ35len33tiəu33ŋ35kəu35.]生活谚。小孩子火气大,不怕冷,酒不会结冰。例:~。渠一只<u>伢唧家战</u>"战"形容年轻的后生,抱_揎得鸡崽崽出,何得怕冷?

哑老爷吃汤圆——心里有数。[ŋa33laɔ33ȵθtɕhia44thaŋ44ʑyan31——çin44liθiəu33su35.]歇后语。哑巴吃汤圆,嘴里说不出来,但心里清楚吃了多少。指人嘴上不说,但心里知道情况和问题的底细。例:你冇疑起我唔晓得你两个做滴么个事。其实,我是~个。

严父出孝子,严师出高徒。[ȵian112vu213tɕhy44çiaɔ35tsʅ33,ȵian112sʅ44tɕhy44kaɔ44du112.]讽诫谚。严厉的父亲才能教育出孝顺的孩子。严格的师傅才能培养出手艺高强的徒弟。例:~。你老师天天要你大齐读书,写读书报告。箇是为你大齐好呢。像冇滴老师那样,从来冇管学生个。看那滴学生像么个样样啰。

严是爱,松是害,放纵唔管出祸害。[ȵian112zʅ213ŋai35,soŋ44zʅ213

ɣai213，faŋ35tsoŋ35ŋ̍35kuaŋ33tɕhy44ɣo21ɣai24.]讽诫谚。越严格越是对你好，越是爱你，越放松越是害你，要是任凭你做什么事都不管不问，就会生出祸端。说明严加管教的重要性。例：～。你疑起唔管你是对你好啊？你整天只晓得打游戏，唔想读书。箇下你晓得哩吧，做么个都吃亏吧？

言教唔如身教，身教重于言教。［ʑian112tɕiaɔ35ŋ̍35ʐy112ʂen44tɕiaɔ35，ʂen44tɕiaɔ35dʐoŋ213ʐy112ʑian112tɕiaɔ35.]讽诫谚。通过身体力行去影响和教育别人比用言语更具有教育效果。无论是父母，还是老师，以身作则更有利于教育。例：你天天坐到那里讲有么个用？你要晓得，～。你要给你崽做只榜样，渠自然就晓得跟倒你做哩，胜过你讲一百句。

盐多唔坏菜，礼多人唔怪。［ʑian112to44ŋ̍35vai213tshai213，li33to44ʐ̩en112ŋ̍35kuai35.]生活谚。腌咸菜的时候，多放些盐才不会腐败变质；去亲戚朋友家，多带些礼品，多一些礼节，人家不会怪罪。例：上次做个萝卜条好像有滴上白哩，你讲要少放滴盐唧，我就有放好多盐。还是要多放滴盐。～。你晚晚屋里个剁辣椒，绯丁丁咸，吃一年都唔得坏。

盐多唔坏榨。［ʑian112to44ŋ̍35vai213tsa33.]生活谚。做榨菜时，多放一点盐，不容易坏掉。例：～。做榨菜个时机，多放滴盐唧有紧，放少哩容易上白。

阎王爷贴告示——尽是滴鬼话。［ŋian112vaŋ31ʑiɛ112thi44kaɔ21ʐ̩24——dʑin213ʐ̩213ti35kuei33va213.]歇后语。阎王爷贴的告示，都是有关于鬼的话语。形容谎话、假话连篇。例：渠讲个话，你头一有信，渠是～。

眼过千到，唔如手过一到。［ŋan33ko35tɕhian44taɔ35，ŋ̍35ʐy112ʂəu33ko35ŋ̍44taɔ35.]生活谚。指看的次数再多，也不如亲手写一遍印象深刻。例：我看你，天天拿到本书在那里读白口腔_{不看书朗读}，考试哩经常写白字。我跟你讲，～。要动手写，有要读白口腔。

眼珠里进唔得沙子。［ŋan33tɕy31li0tɕin35ŋ̍35te0sa44tsɿ0.]讽诫谚。眼睛进了沙子会让人无法忍受。比喻不能容忍不公正、不合理的人和事。例：我～个。看到唔公平个事，我就会讲个啊。

眼珠子放在裤裆里。［ŋan33tɕy31tsɿ0faŋ35dzai213khu213taŋ44li0.]讽诫谚。用来骂人不长眼睛。例：你现案˭晓得嫌我箇里嫌我那里哩，又讲我哈，又讲我长得丑。你追我那时机，你～哩哎？

砚晚先生葬坟——上也上得，下也下得。〔n̠ian21man42ɕian44sen31 tsuaŋ35ven112——z̠aŋ213Øiɛ33z̠aŋ213te0，ɣa213Øiɛ33ɣa213te0.〕歇后语。砚晚先生相传是邵阳县当地的知名秀才，为人正直、大度，足智多谋。他因在坟地纠纷中谦让对方而传为佳话。比喻在利益分配等问题上宽容大度，不斤斤计较。例：都是近边两个人，有那咖道硬。跟像～。互相体谅下唧。

燕子低飞蛇过道，大雨马上就要到。〔Øian35tsʅ0ti44fei44z̠a112koɔ35 daɔ213，dai213Øy33maʔ33z̠aŋ213dziɔu213Øiaɔ35taɔ35.〕气象谚。燕子飞得很低，蛇从洞里爬出来，是将要下大雨的预兆。例：你看田里燕子飞得那咖低，蚂蚁子也牵线线行。～。要落雨哩。

燕子高飞晴天兆，燕子低飞雨天到。〔Øian35tsʅ0kaɔ44fei44dʑin112 thian31dzaɔ213，Øian35tsʅ0ti44fei44Øy33thian44taɔ35.〕气象谚。燕子飞得高，是晴天的预兆，燕子飞得低，是雨天的预兆。例：～。今日燕子飞得高，冇得雨落得，你还是要去挑水淋菜。

秧ˉ精秧ˉ怪〔Øiaŋ44tɕin44Øiaŋ44kuai35〕成语。形容人很精怪。例：你名叫～唻。拿筷子吃饭上好，又要拿手抓。

秧好半年粮。〔Øiaŋ44xaɔ33paŋ35n̠ian112liaŋ112.〕农谚。秧好禾苗就长得好，稻谷也会有好的收成。例：～。你育秧要好式育起。你唔懂个话，请院子里个老把式教下你。

秧田里出禾线。〔Øiaŋ44dian31li0tɕhy44ɣɔ112ɕian35.〕生活谚。秧田里长出了稻穗。比喻提前进入了某个生长阶段。多用来形容女孩子不检点，未婚先孕。例：渠屋只女还有长捵就～哩。还在读初中个时机，就和倒别个伢子家歇哩，还流咖几只咖伢伢。

养女吃补药，养崽吃农药。〔Øiaŋ33n̠y33tɕhia44puʔ33Øio35，Øiaŋ33tsai33 tɕhia44loŋ21Øio24.〕讽诫谚。说明养女儿胜过养儿子。女儿长大嫁人了，还经常买补药给父母吃；儿子长大娶了媳妇，媳妇不好的话，父母尽受气，想死的心都有。例：～。养女比养崽强远咖哩。你看分毛屋里四只女，把渠砌起箇高楼大栋唧，还经常寄钱把渠两口人用，好味。

养女看娘，种树看苗。〔Øiaŋ33n̠y33khan213n̠iaŋ112，tsoŋ33z̠y213 khan213miaɔ112.〕生活谚。娶老婆要看她的娘家人怎么样，种树要看树齿好不好。表示判断一个人或一件事物的好坏，要追根溯源，因为遗传基因和成长环境对人或事物的影响很大。例：～。箇只妹唧屋里种根子丑。听到讲渠屋里娘蛮泼，和别个骂架，刹起钉板骂得三天三夜个。

养崽唔学艺，挑断畚箕徛。［Øiaŋ33tsai33ŋ35çio35ŋ̩35, thiaɔ44duaŋ213fen21tʂ̩24dʐ̩213.］讽诚谚。养儿子不学门手艺，将来在农村里种田会把畚箕都挑断。劝诫人们要让儿子学手艺。例：～。那时机我讲，要送崽学门手艺。木匠、砖匠、剃头匠，随到哪一门都要得，你就是唔肯送。害得崽跟你样，天天只晓得做哈巴路。

养崽像娘，背时眼黄；养女像爷，有吃有提。［Øiaŋ33tsai33dʑiaŋ213ȵiaŋ112, bei112sɿ112ŋan33vaŋ112；Øiaŋ33ŋy33dʑiaŋ213ʑia112, Øiəu33tçhia44Øiəu33dia112.］讽诚谚。旧时人们认为，儿子长得像母亲，会给家里带来霉运，而且会是个白眼狼；女儿长得像父亲，会给家里带来福气，经常给父母送各种吃的用的东西。例：你两只女下长得像渠屋爷。～。你两老老以后等倒享福就是个。

养猪冇巧，栏干湘饱。［Øiaŋ33tçy44maɔ35tçhiaɔ33, lan112kan44saɔ35paɔ33.］农谚。养猪没有什么诀窍，就是要保持猪圈干爽，把猪喂饱。例：你屋箇个猪栏哎，<u>焦统统湿</u>_{形容很湿}，只讲你屋里个猪唔长。老话讲～唻，你要多垫滴草放猪栏里。

痒要自家抓，好要别个夸。［Øiaŋ33Øiaɔ35dzɿ21ka24dzua112, xaɔ33Øiaɔ35be21ko24khua33.］讽诚谚。身上哪个部位痒，一定要自己亲手抓挠几下，因为自己最清楚身上到底哪个部位痒。你做事情做得好不好，要得到别人的夸奖了才是真的好。例：渠箇只人也有味，总是自家夸自家好。老话讲～。老鼠子上秤钩，自家夸自家，冇得么个意思。

要吃辣椒才发汗，要吃生姜才散寒。［Øiaɔ35tçhia44la21tçiaɔ42dzai112fa44ɣan213, Øiaɔ35tçhia44sen44tçiaŋ31dzai112san35ɣan112.］生活谚。辣椒和生姜同属辛辣食物，但是根据中医，辣椒入肝经，容易使人发汗；姜入脾经，脾主四肢肌肉，吃姜才可以驱寒。例：辣椒和生姜都带辣味，但是效果冇一样。～。你要发汗，就要吃辣椒。

要得富，快养兔。一只兔，油盐醋；两只兔，衣帽裤；炮只兔，全家福。［Øiaɔ35te0fu35, khuai213Øiaŋ33thu213. Øŋ44tʂa44thu213, ʑiəu112ʑian112tshu213；liaŋ33tʂa44thu213, Øŋ44maɔ35khu213；phaɔ213tʂa44thu213, dʐyan112 tɕia44fu35.]农谚。在农村,养兔子是发家致富的好途径。养一只兔子,可以解决柴米油盐问题;养两只兔子,可以衣食无忧;养十只兔子,整个家庭都很富裕了。例:~。所以,你多买滴兔子回来喂倒。多赚滴钱唧,唔是整个院子就你有得钱哩。

要得田里肥,清明刨草皮。 [Øiaɔ35teØdian112liØvei112, tɕhin44min31baɔ112tshaɔ33pʅ112.]农谚。要想田里比较肥沃,清明时节多刨一些草皮,然后烧成草木灰,撒到田里,是很好的有机肥。例:~。我俚屋里有得么个钱买肥料,你要勤快滴唧,多去山里刨滴草皮,烧滴灰放田里。

要就入围子,要就入雷子。 [Øiaɔ35dʑiəu213ʐy213vei112tsʅ0, Øiaɔ35dʑiəu213ʐy213luei112tsʅ0.]讽诫谚。围子,指带围墙的院子;雷子,江湖黑话,是犯罪分子对警察的讳称。指要么家财万贯,住上有围墙的院子;要么倾家荡产,住进监狱。比喻做事要具有冒险精神。例:下次我俚两个去冒下险,大干一场,~。

要看喂牛好唔好,春看皮毛夏看膘。 [Øiaɔ35khan213Øuei35ɲiəu112xaɔ33ɳ̍35xaɔ33, tɕhyn44khan213pʅ112maɔ112ʑia213khan213piaɔ44.]农谚。牛喂养得好坏,不同的季节有不同的判断标准。春天看牛的皮毛是不是光亮,夏天看牛是不是有膘。例:~。牛一到渠屋里,就毛刺刺哩。渠劳ˉ舍唔得把牛吃,箇个犁田个时期,牛唔喂饱哪有力气犁田。

要你读书,你捉到麻怪学镢猪。 [Øiaɔ35ɳʅ33du213ɕy44, ɳʅ33tsɔ44taɔ0ma21kuai24ɕiɔ35ɕian35tɕy44.]讽诫谚。父母要孩子读书,他不想读书,去田里捉青蛙学阉猪。意思是读书吊儿郎当。例:我~。要你读书就是要你只命。我唔晓得你<u>体</u>像哪个去哩,我和你妈妈两个还可以啊,至少读到高中毕业哩。看你箇只<u>碗米粑粑何咖出得窾窾</u>如何下场哦?

要使小鸡肥,一天喂炮回;要使小鸡好,一次冇喂饱。 [Øiaɔ35sʅ33ɕiaɔ33tɕʅ44vei112, Øʅ44thian44Øuei35phaɔ213vei112; Øiaɔ35sʅ33ɕiaɔ33tɕʅ44xaɔ33, Øʅ44tshʅ213maɔ35Øuei35paɔ33.]农谚。要想小鸡长得又肥又好,一天要多喂几次,但是一次又不能喂得太饱。例:喂鸡也是有诀窍个。~。像你箇咖喂鸡,一天劳ˉ冇有看到你喂,鸡得长冇唻?

要想常年富,就要多种树。 [Øiaɔ35ɕian33dzʐaŋ112ɳian31fu35, dʑiəu213Øiaɔ35to44tʂoŋ33ʐy213.]农谚。种树是发家致富的一条重要途径。例:~。

多栽滴树唧，可以发家致富。

要想婆娘到，脚板行起泡；要想婆娘来，走烂一双鞋。〔Øiaɔ35çiaŋ33 bo112n̩iaŋ31taɔ35, tçio44pan31ɤen112tçʅ0phaɔ213. Øiaɔ35çiaŋ33bo112n̩iaŋ31 lai112,tsəu33lan35ŋ̍35suaŋ44ɤai112.〕讽诫谚。说明男子想把妻子娶进门，不是件容易的事。例：往年间讨婆娘，讲～。现案￣讨只婆娘更加唔容易呢，还要准备几十万个彩礼，还要买房买车。

要想人唔知，除非己莫为。〔Øiaɔ35çiaŋ33ʐen112n̩35tʂʅ44, dʐy112fei44 tçʅ44moɔ35vei112.〕讽诫谚。要想别人不知道你做的事情，除非你自己不要去做（一般是指做坏事）。引申为做人要光明正大，要小聪明、干了坏事终究会暴露出来。例：～。你做咖坏事哩，你以为捂得倒啊？纸是包唔住火个，总有一天别个是得晓得个。

爷有能，崽抓周；崽有能，爷大寿。〔ʑia112Øiəu33len112, tsai33tsa44 tʂəu44;tsai33Øiəu33len112,ʑia112da213ʂəu213.〕讽诫谚。父亲有能力，会把儿子的周岁生日办得很风光；儿子有能力，会把父亲的寿酒办得很风光。例：～啊。冬毛屋里爷上八十，请起全大队个人来吃酒，还冇收红包个啊，免费请大齐来吃，酒席也办得好，要滴钱唧来办呢。

夜吃萝卜早吃姜，一世唔要开药方。〔Øia35tçhia44loɔ112bo0tsaɔ33tçhia44 tçiaŋ44, ŋ̍44sʅ35n̩35Øiaɔ35khai44Øio35faŋ44.〕生活谚。晚上吃萝卜，早上吃生姜，一辈子都不要请医生开药方（指生病）。例：双妹讲渠天天吃补药，还经常一只药罐子提起。要我讲啊，～，吃补药冇得用个，还是要食补。

夜路走多哩，总会碰到鬼。〔Øia21lu24tsəu33to44li0, tsoŋ33vei213 phoŋ213taɔ35kuei33.〕讽诫谚。经常走夜路的人，难免会碰到鬼怪。比喻做多了坏事，总有一天会东窗事发。例：老话讲～个。要你冇做坏事，做多哩坏事，肯定冇得好报应个。

夜夜做贼唔富，天天待客唔穷。〔Øia35Øia0tsəu35dzei213n̩35fu35, thian44thian0dai213khe44n̩35dʑioŋ112.〕讽诫谚。每天晚上做贼偷东西，终究也不会富有；每天都好酒好菜招待客人，也不会把自己吃穷。例：每次去店子里吃饭，老三都是抢起去交钱。～。还真个是，笛多年哩，老三屋里一年比一年抓得好滴哩。

夜崽唔离娘。〔Øia35tsai33ŋ̍35li112n̩iaŋ112.〕生活谚。晚上小孩子都离

不开妈妈。例：～唻。你还是回去算哩,慢唧崽在屋里哭。

一场春雨一场暖。[øȵ44dzɑŋ112tɕhyn44y31øȵ44dzɑŋ112luaŋ33.]气象谚。春天来了,伴随着一场场春雨,天气一天天暖和起来了。这与"一场秋雨一场寒"是相对的。例:春上月份落雨唔怕,～。落一场雨,天气又变得暖和滴哩。

一代亲,二代表,三代四代就是箇咖了。[øȵ44dai213tɕhin44,øai35dai213piaɔ33,san44dai213sʅ35dai213dʑiəu213zʅ213ko33kaɔliaɔ33.]生活谚。第一代是同胞兄弟姐妹,第二代是表兄弟姐妹,到了第三代、第四代,血缘关系比较远了,基本上已经没有来往了。例:～唻。你两个亲姊亲妹还行得蛮浓酽,明日渠表姊表妹看得唔得行啰。

一刀剃唔完一只脑壳,一口吃唔成一只胖子。[øȵ44taɔ44thi213ȵ̍35vaŋ112øȵ44tʂa44laɔ33kho31,øȵ44khəu33tɕhia44ȵ̍35dʐen112øȵ44tʂa44phaŋ213tsʅ0.]讽诫谚。一刀不能剃完一个头,一口不能吃成一个胖子。指凡事都要脚踏实地,不能急于求成,说明毅力和坚持的重要性。例:你学古筝才学咖两三年唧,就想弹得像王中山那咖好,那何咖可能咗?～。你要勤学苦练,才学得好。

一方二便,就汤下面。[øȵ44faŋ44øai35bian213,dʑiəu213thaŋ44ʑia213mian35.]讽诫谚。比喻顺水推舟或见机行事。例:渠明日来长沙,要渠把我带滴东西来。箇还唔是～。

一个省一口,胜于喂只狗。[øȵ44ko35sen33øȵ44khəu33,şen21øy0øuei35tʂa44kəu33.]讽诫谚。一人节省一口,就当喂了一只狗。常用于劝诫人们,在某个集体新增加个把人时,不要太在乎因为他而减少了自己原有的分量。例:渠一只细个子,能吃得好多? 我俚箇多人,～唻。

一根草有滴露水养。[øȵ44ken44tshaɔ33øiəu33tia35lu21suei42øiaŋ33.]讽诫谚。就算一棵不起眼的小草,也能有机会沾到露水,得以生长。比喻世界是公平的,无论你是渺小还是伟大,都会给予生存的机会。例:你放心,～。你只要加油,还是有出头个日子个。

一根筷子容易折,炮根筷子硬如铁。[øȵ44ken44khuai213tsʅ0ʑioŋ21øȵ24tʂe44,phaɔ213ken44khuai213tsʅ0ŋen35ʐy112thi44.]讽诫谚。一根筷子很容易被折断,十根筷子捆在一起则坚硬如铁。比喻团结就是力量。又作

"一根麻绳一分力,十根麻绳揽千斤"。例:~唉。你炮兄弟,齐起心来,哪个都奈你唔何。

一礼还一拜,青菜换芥菜。[ŋ̩44li33vaŋ112øŋ44pai35, tɕhin44tshai31vaŋ213kai21tshai24.]生活谚。指礼尚往来。例:~啰。渠来你屋里吃酒封好多钱个红包,明日你去渠屋里去也封好大个红包,稍微加点唧啰。

一粒老鼠子屎,坏咖一锅汤。[ŋ̩44li35laɔ33ɕy31tsʅ0sʅ33, vai213ka0ŋ̩44ko44thaŋ44.]讽诫谚。意思同"死咖一只鱼,臭咖一塘水"。例略。

一镥二鏺三打铁,还唔赚钱去打劫。[ŋ̩44lu33øai35ɕian35san44ta33thi44, ɣai112ŋ̩35dzuaŋ213dʑian112khe213ta33tɕiɛ44.]生活谚。旧时人们认为,镥匠、鏺匠和铁匠是最赚钱的三个行当,如果觉得干这三行都不赚钱,那就只能去抢劫了。例:~。你屋爷老子是只鏺匠师傅,应该屋里有万千个钱吧。

一箩蛇[ŋ̩44lo112z̩a112]惯用语。比喻彼此一样,都是坏人。例:你还讲渠箇里那里,你和渠两个唔是 ~。

一年烧山炮年穷,乱砍乱伐穷更穷。[ŋ̩44ȵian112ʂaɔ44san44phaɔ213ȵian31dʑioŋ112, luaŋ35khuan33luaŋ35fa35dʑioŋ112ken35dʑioŋ112.]农谚。烧一次山会造成树林毁坏,导致长时间的贫穷。如果乱砍乱伐,会更加贫穷。说明了封山育林的重要性。例:你硬是只败家子啊。~。你把箇片山是箇咖烧咖,造多哩孽啊。

一年之计,莫如种谷;炮年之计,莫如造林。[ŋ̩44ȵian112tsʅ44tɕʅ35, mo35zy112tʂoŋ33ku44;phaɔ213ȵian112tsʅ44tɕʅ35, mo35zy112tshaɔ213lin112.]农谚。做一年的计划,莫过于种谷子的;做十年的计划,莫过于植树造林的。说明在邵阳人的心里,种稻谷和植树造林都是非常重要的事情。例:~。所以讲,还是要多种滴树唧。

一人难做两人事,一墙难挡四面风。[ŋ̩44z̩en112lan112tsəu35liaŋ33z̩en112ŋ̩213, ŋ̩44dʑiaŋ112lan112taŋ33sʅ35mian35foŋ44.]讽诫谚。比喻一个人的力量是有限的。例:~。你拿渠一个人当三个人用哩哎,渠何咖做得来?

一日东风,大雨咚咚。[ŋ̩44zʅ213toŋ44foŋ31, dai213øy33toŋ44toŋ0.]气象谚。刮一天东风,将有大雨降落。例:昨日动咖一天个东风,难怪今日落箇大个雨哦! ~ 。

一日东风三日雨, 三日东风涨大水。［ȵ̩44z̩213toŋ44foŋ31san44z̩213ɵy33, san44z̩213toŋ44foŋ31tʂaŋ33dai213suei33.］气象谚。刮一天东风下三天雨, 连刮三天东风, 就会涨大洪水。例: 我何咖晓得有雨落哩哎? 你看到冇, 箇两天是唔是动东风? ~咪。

一日读, 三日功, 一日唔读炮日空。［ȵ̩44z̩213du213, san44z̩213koŋ44, ȵ̩44z̩213ŋ̍35du213san44z̩213khoŋ44.］讽诫谚。读一天书有三天的收获, 但如果有一天不读书, 以往十天时间里读书所积累的知识就会被荒废掉。强调读书是一个长久坚持的过程, 每天都要学习。例: ~咪。像你箇咖三天打鱼, 两天晒网, 读得书出哎?

一日夫妻百日恩, 炮日夫妻唔要命。［ȵ̩44z̩213fu44tɕʰ̩44pei33z̩213ŋen44, phaɔ213z̩213fu44tɕʰ̩44ŋ̍35ɵiaɔ35min35.］讽诫谚。做一日夫妻, 就有很深的感情; 做了十日夫妻, 能够为对方付出自己的性命。说明夫妻越长久感情越深。例: ~咪。你两个做咖几十年个夫妻哩, 那个感情, 应该冇办法形容哩吧?

一日南风三日燥, 三日南风狗上灶。［ȵ̩44z̩213lan112foŋ31san44z̩213tshaɔ213, san44z̩213lan112foŋ31kəu33z̩aŋ213zaŋ35.］气象谚。刮一天南风将有三天晴朗干燥的天气, 连刮三天南风, 天气会非常炎热, 狗都要热得乱窜了。例: ~ 。我俚两个打只赌好冇? 我赌明日还是蛮热个天气, 你敢赌冇?

一岁大, 两岁小, 三岁可以看到老。［ȵ̩44suei35dai213, liaŋ33suei42ɕiaɔ33, san44suei42khɔ33ȵ̩31khan213taɔ35laɔ33.］讽诫谚。从出生到一岁的婴儿期, 是孩子一生中生长发育最旺盛的阶段。一岁到两岁相对来说没那么重要。三岁时是孩子大脑发育的飞跃期, 孩子的性格、智商、感知觉、记忆力等多方面, 在三岁左右基本定型, 这时孩子所养成的行为习惯, 会对他一生的成长产生重大影响, 从三岁孩子身上, 可以看到他将来是个什么样的人。例: ~ 。箇句话讲得也太夸张哩吧, 三岁个细个子晓得滴么个事?

一天省一把, 炮年买匹马。［ȵ̩44thian44sen33ȵ̩44pa33, phaɔ21ȵian42mai33phȵ̩44ma33.］讽诫谚。指一天节省一点点, 十年时间节省下来够买一匹马了。劝诫人们要节俭。例: 老话讲 ~咪。我唔讲要你一天省一把, 你也要有浪费唧呢。

一问三唔知,神仙都冇法治。〔øȵ44ven213san44ȵ35tʂɿ44, ʐen112çian44 tu44maɔ35fa44dʐɿ213.〕讽诚谚。指对于凡事都推说不知道的人,即使是神仙都拿他没办法。例:渠被抓咖进去以后,何咖问渠都讲"唔晓得",警察拿渠冇得办法。真个是~咪。

一物降一物,卤水点豆腐。〔øȵ44vu213dʑiaŋ112øȵ44vu213, lu33suei31 tian33dəu213vu0.〕讽诚谚。某种事物专门制伏另一种事物,卤水洒在豆腐浆中使豆浆凝固变成豆腐。比喻事物相互制约,一种事物总会有另一种事物可以制伏它。例:三妹厉害在院子里出咖名个。渠和别个骂架,骂得三日三夜。但是,渠在渠丈夫面前服服帖帖唧,渠丈夫要渠做么个渠就做么个。真个是~。

一针唔补,炮针难缝。〔øȵ44tʂen44ȵ35pu33, paɔ213tʂen44lan112 voŋ112.〕讽诚谚。衣服有了一针宽的口子,如果不及时缝好,等到口子越破越大,十针都难以缝好。比喻犯了小错误要及时纠正,任其发展下去会酿成大错。例:~咪。你箇只牙齿脱咖哩要赶到去补起。你唔补起,旁边个牙子也跟倒松咖,明日越脱越多。

一阵秋雨一阵寒。〔øȵ44dʑen213tɕhiəu44øy33øȵ44dʑen213ɣan112.〕气象谚。立秋以后,每下一场秋雨,就会降一次温,天气越来越冷。例:真个是~。昨日才立咖秋,今日落雨就明显感觉冷蛮多哩。

一争两丑,一让两有。〔øȵ44tsen44liaŋ33tʂhəu33, øȵ44ʐaŋ213liaŋ33 øiəu33.〕讽诚谚。表示互相争夺,不但事情无法解决,而且双方都容易出丑;如果彼此退让一下,双方都会受益。例:有滴开车个哎,素质硬就是差。插车、超车,搞得路上堵得要死。老话讲,~咪。大齐互相让一下,路上就通咖哩咪。

一只手板拍唔响。〔øȵ44tʂa44ʂəu33pan44phei44ȵ35çiaŋ33.〕讽诚谚。一个巴掌不可能拍出响声。比喻事情不是单方面引起的,双方都有责任。例:我路来讲,~个。事情发展到现案ॅ箇只地步,你两个都有责任。

一只狗虱撑唔起一床被窠。〔øȵ44tʂa44kəu33se31tshen44ȵ35tɕhɿ33 øȵ44dzuaŋ112bȵ213kho44.〕讽诚谚。一只跳蚤不可能撑起一床被窝。比喻一个小人物再怎么折腾,也形成不了大气候。例:~。你放心,渠一只农村妇女,还能翻咖天啊?

一只罐子一只盖,自家个婆娘自家爱。[ȵ̩44tʂa44kuaŋ35tsɿ0ȵ̩44tʂa44 kai35,dʐɿ21ka24ko0bo112ȵiaŋ112dʐɿ21ka24ŋai35.]讽诫谚。一只罐子配一个盖子,自己的老婆自己珍惜。例:~。渠屋里婆娘那只样子,渠还看得只宝样。你屋婆娘乖乖他"他"唧,还唔珍惜哎。

一只女人一面锣,三只女人唱台戏。[ȵ̩44tʂa44ȵy33ʐen31ȵ̩44mian35 lo112,san44tʂa44ȵy33ʐen31tʂhaŋ213dai112ɕɿ35.]生活谚。表示女人在一起,场面会十分热闹。例:~啊。今日你三姊妹会队_{碰面},硬拿只屋也抬起去哩。

一只菩萨一炷香,各执各个事,各显各个圣。[ȵ̩44tʂa44bu112sa31ȵ̩44 dʐy213ɕiaŋ44,ko44tʂɿ44ko44ko0zɿ213,ko44ɕian33ko44ko0ʂen35.]讽诫谚。每一尊菩萨都守住信众给自己上的香,管自己该管的事。比喻每个人都有自己的行事方式,也指托人办事要根据对方的行事风格,采取相应措施。例:~。箇多把多个老师,每个老师都有自家个教学方法,我唔好评价得。

一只师公一道符。[ȵ̩44tʂa44sɿ44koŋ31ȵ̩44daɔ213vu112.]讽诫谚。每个师公都有自己的符。比喻各有各的打算,各有各的主意。例:渠两弟兄,你还是有劝渠俫伙做生意哩。渠两个~,各有各个心思。

一只田螺打咖二十四碗汤。[ȵ̩44tʂa0dian112lo112ta33ka00ai21ʂɿ24 sɿ35θuaŋ33thaŋ44.]生活谚。用一个田螺,做出了二十四碗汤来。比喻故意把文章、电影等拉长,导致内容空洞,淡而无味。例:你箇篇文章哎,写又写起老长,又有得么个内容,读起来就好像~,有点味道。

衣架子[ȵ̩44ka35tsɿ0]惯用语。比喻一个人身材好,穿什么衣服都很合适。例:你当真是只~啊,随倒穿么个衣衫都蛮好看。

衣烂易补,话破难收。[ȵ̩44lan35ȵ̩35pu33,va213po213lan112ʂəu44.]讽诫谚。衣服破了很容易就缝补好,但是说出嘴的难听话就无法收回来了。例:讲话个时候,还是要想咖再讲。尤其和箇样个拣"责"大个人_{小气,容易怪罪人的人}讲话,一定要注意,毕竟~。

衣少加根带,饭少添把菜。[ȵ̩44ʂaɔ33tɕia44ken44tai35,van213ʂaɔ33 thian44pa33tshai213.]生活谚。衣服太单薄,加根带子就会暖和些;饭不够吃,多添点蔬菜也可以充饥。例:~咪。饭煮少哩,搞滴小菜来吃也要得嘛。

宜粗唔宜细。[ŋ̩112tshu44ŋ35ŋ̩112ɕi35.]讽诫谚。指处理问题只适合用粗暴的方式,不适合用细腻的方式。比喻轻言细语地跟某人讲道理没有用,非得要用粗暴的方式来解决问题。例:你冇～。好意讲你唔得听个,拗倒要我恶言恶语骂好滴。

阴死鬼[Øin44sʅ33kuei33]惯用语。指没有朝气的人。例:你冇整天～样。一只伢子家,要有点朝气唧!

油菜听到锄头响,一边锄来一边长。[ziəu21tshai24thin213taɔ0dzu112dəu0ɕiaŋ33,ŋ̩44pian44dzu112lai112ŋ̩44pian44tʂaŋ33.]农谚。这一句用夸张的手法,说明栽种油菜需要多锄地松土,锄得越勤,油菜长得越快越好。例:～。你屋里个油菜,长出来箇久哩,冇看到你去土里转下,也冇看到你去薅下,难怪劳ᵇ生唔变哦。

油脸货[ziəu112lian33xo35]惯用语。指油嘴滑舌、没有羞耻的人。例:你箇只～,在老师面前冇恭恭敬敬啰!

有吃冇吃,烧炉火炙。有钱冇钱,回家过年。[Øiəu33tɕhia44maɔ35tɕhia44,ʂaɔ44lu112xo33tʂa44.Øiəu33dʑian112maɔ35dʑian112,vei112tɕhia44ko35n̩ian112.]生活谚。不管有没有吃的,先烧炉火暖暖身子再说。不管有没有挣着钱,都要回家过年。例:～。我冇讲要你赚好多钱回来,只要你在外头冇做眛良心个事,平平安安、健健康康唧回来过年,我就欢喜哩。

有恩报恩,有仇报仇。[Øiəu33ŋen44paɔ35ŋen44,Øiəu33dzʅəu112paɔ35dzʅəu112.]讽诫谚。意思是恩怨分明。例:我是只恩怨分明个人,～。欠起你老家个情,我肯定要还个。

有好大个泥巴,霸ᵇ只好大个灶。[Øiəu33xaɔ33dai213ko0n̩112pa0,pa35tʂa44xaɔ33dai213ko0tsaɔ35.]讽诫谚。有多少泥巴,打一个多大的灶。比喻要根据自己的能力和实际情况来做事情,要量力而行。又作"有好大个脚,穿好大个鞋"。例:你唔晓得你自家有几斤几两啊?自家个事都冇做完,你还答应别个箇里那里。我跟你讲,～。你冇得那只能力,就冇答应别个!

有话当面讲,有肉当面切。[Øiəu33va213taŋ44mian35kaŋ33,Øiəu33dzu213taŋ44mian35tɕhiɛ44.]讽诫谚。有什么话当着大家的面讲,有肉当着大家的面切。比喻为人处世要光明磊落。例:我喜欢～。唔喜欢在背后搞滴鬼名堂。

有哩婆娘唔愁鞋,有哩棍捡唔愁柴。〔Øiəu33li0bo112ŋiaŋ31ŋ35dzəu112 ɤai112,Øiəu33li0kuen35tçian33ŋ35dzəu112dzai112.〕讽诫谚。有了妻子就不愁没鞋子穿,有木棍子捡就不愁没有柴烧。比喻具备了基本条件,就不愁办不成事。又作"有哩青山唔愁柴,有哩婆娘唔愁鞋"。"有哩青山唔愁鸟,有哩水库唔愁鱼"。例:~。三毛你也有太性急哩。你现案⁼屋砌起咖哩,车子买起咖哩,管念⁼只管讨婆娘哩。

有哩一头牛,作田唔要愁。〔Øiəu33li0Ø44dəu112ŋiəu112, tso44 dian112ŋ35Øiaɔ35dzəu112.〕农谚。家里养了一头牛,种田就不用发愁了。说明养牛对于种田的重要性。例:~。你屋里喂起两只牛,你还愁么个? 到时候你要帮滴忙唧,把牛借把我犁两天田呢。

有理讲得君王倒,唔怕君王坐得高。〔Øiəu33li33kaŋ33te0tçyn44vaŋ112 taɔ33,ŋ35pha213tçyn44vaŋ112dzo213te0kaɔ44.〕讽诫谚。只要有道理,就不怕对方地位高。指任何人都得服从真理。例:你告到县里去? 我告诉你,随你告到哪里去我都唔怕! 我~!

有理骂得三代祖,无理骂唔得孙媳妇。〔Øiəu33li33ma35te0san44 dai213tsu33,vu112li33ma35ŋ35te0sen44çɿ31vu0.〕讽诫谚。只要有道理,即使是自己的曾祖父辈都可以骂,如果没有道理,即使是孙媳妇,都不能骂。表示在真理面前,人人平等。例:要我来讲个话,今日你老家就做得唔对。虽然讲你是只长辈,但是你讲个话冇得道理。老话讲,~。所以,我觉得啊,你还是要对你屋里媳妇讲句"对唔住"。

有理冇在声高。〔Øiəu33li33maɔ35dzai213ʂen44kaɔ44.〕讽诫谚。有理无理不在乎说话声调的高低。例:你讲起那重做么个? 你讲得重就有理哩哎? 你~嘛!

有理走遍天下,无理寸步难行。〔Øiəu33li33tsəu33phian213thian44 ɤia213,vu112li33tshen213bu213lan33ʑin112.〕讽诫谚。只要有道理,走到什么地方都能行得通,如果没有道理,无论走到哪里都站不住脚。例:~。今日你就是讲到国家主席那里去,我都唔得怕你,道理站在我箇边个。

有钱个药挡,冇钱个命抗。〔Øiəu33dʑian112ko0Øio35taŋ33, maɔ35 dʑian112ko0min35khaŋ213.〕讽诫谚。有钱的人生病了,可以用钱买药来抗病;没有钱的人生病了,只能认命了。例:~。我俚箇个冇得钱个人,得咖病哩买唔起药,也住唔起院,只有自生自灭哩唦。

有钱冇钱,回家过年,告化子也有只年过。〔Øiəu33dʑian112maɔ35dʑian112, vei112tɕia44ko35ŋian112. kaɔ21xua42tsŋ00Øiɛ33Øiəu33tʂa44ŋian112ko35.〕风土谚。不管有没有挣钱,都要回家过年。即使是叫花子,也要过年。说明过年在邵阳人心里的重要位置。例:今日腊月二十七哩,只有三天过年哩,回去得哩。~,钱弄唔尽个。

有钱冇上街,上街小退财。〔Øiəu33dʑian112maɔ35z̯aŋ213kai44, z̯aŋ213kai44ɕiaɔ33thuei213dzai112.〕生活谚。即使有钱也不要上街,上街就会退点小财。因为上街总会买东西,总会有所花费。例:你冇经常喊渠去街上去。~。渠冇像你那咖有钱。

有钱难买五月干,六月连雨吃饱饭。〔Øiəu33dʑian112lan112mai33vu33Øyɛ35kan44, liəu21Øyɛ24lian112Øy33tɕhia44paɔ33van213.〕农谚。大多数农作物在农历五月开花授粉,所以,五月晴天干旱有利于作物生长。农历六月是农作物授完粉后果粒灌浆的时期,需要充足的雨水,所以,六月雨水充沛能使作物丰收。例:~。今年年成好,六月间落咖好几次雨哩,禾长得好,今年唔愁冇得吃哩。

有钱难买春早到。〔Øiəu33dʑian112lan112mai33tɕhyn44tsaɔ33taɔ35.〕农谚。立春早,天气变暖也早,有利于农作物的种植。例:老话讲~。今年立春早,年成肯定蛮好。

有钱有势,讲话带棘。〔Øiəu33dʑian112Øiəu33sŋ35, kaŋ33va213tai35tsŋ35.〕讽诫谚。指有钱有势的人财大气粗,说话不怕伤人。例:~。渠屋里箇几年有钱哩,讲话越来越气人哩。

有钱丈夫亲,冇钱眼中钉。〔Øiəu33dʑian112dz̯aŋ21fu24tɕhin44, maɔ35dʑian112ŋan33tʂoŋ44tin44.〕讽诫谚。丈夫能挣很多钱,就觉得他是最亲的人;反之,就把丈夫当作眼中钉,肉中刺。例:小明屋里婆娘啊,冇是只好女人。渠~。小明箇两年冇弄到钱,渠就天天恶言恶语骂小明。

有情哪怕隔千里,无情哪怕门对门。〔Øiəu33dʑin112la33pha213ke44tɕhian44li33, vu112dʑin112la33pha213men112tuei35men112.〕讽诫谚。只要有感情,即使相隔千里,也会有缘相会;如果没有感情,即使是住在对门,也没有往来。例:现案"交通发达哩,隔得远冇是问题,主要看有冇有感情。～。

有实讲实［Øiəu33ʂʅ35kaŋ33ʂʅ35］成语。指实话实说。例:我俚～,今日你箇只水煮肉片有得么个味道,有做得以前好吃哩。

有事冇推明早。［Øiəu33zʅ213maɔ35thuei44men112tsaɔ33.］讽诫谚。今天的事情今天完成,不要推到明天。例:～。今日个事今日要做完,明日还有明日个事。

有收冇收在于水,多收少收在于肥。［Øiəu33ʂəu44maɔ35ʂəu44dzai213 zγ0suei33,to44ʂəu44ʂaɔ33ʂəu44dzai213zγ0vei112.］农谚。有没有收成,在于雨水是否充沛;收成多少,则在于肥料是否充足。说明农作物的收成与水和肥有密切关系。例:～。你劳ˉ唔下滴肥料唧,哪有收?

有盐同咸,冇盐同淡。［Øiəu33zian112doŋ112ɤan112, maɔ35zian112 doŋ112dan213.］讽诫谚。比喻同甘共苦,有福同享,有难同当。例:我俚两兄弟那是过命个交情。～。你现案ˉ有困难哩,我唔帮你哪个帮你。

有眼唔识泰山。［Øiəu33Øian33ɲ35ʂʅ35thai213san44.］讽诫谚。虽然长了眼睛,却不认识老丈人。比喻见识浅薄,不认识地位高或本事大的人。例:对唔住,都是我～。唔晓得你老家是省里来个干部,冒犯你老家哩。

有雨山戴帽,冇雨山捆腰。［Øiəu33Øy33san44tai35maɔ35, maɔ35Øy33 san44khuen33Øiaɔ44.］气象谚。如果山尖有白色雾气,就有雨;如果山腰没有白色雾气,则不会有雨。例:～。对门山尖尖高头雾气那重,看样子明日有雨落哩。

有雨四角亮,冇雨顶上光。［Øiəu33Øy33sʅ35ko44liaŋ35, maɔ35Øy33 tin33zʐaŋ0kuaŋ44.］气象谚。头顶乌云密布,但是四角光亮,是下雨的征兆;如果四角有乌云,但头顶很光亮,雨就下不来。例:～。你看天上个云啰,脑壳高头箇坨发光唧,肯定冇得雨落得。

有志肚里撑得船,冇志肚里难容拳。［Øiəu33tsʅ35du213li0tshen213te0 dzʐan112, maɔ35tsʅ35du213li0lan112zioŋ112dzʐan112.］讽诫谚。这里的"志",指的是胸襟。心胸宽广的人,肚子里能撑船;心胸狭窄的人,肚子里连一个拳头都容不下。例:我跟你讲,勇毛就是只小人,你今后冇和倒渠牵牵扯扯哩。别个讲～。渠肚子里连粒麦豆子都装唔落个。

又要马儿快快跑,又要马儿唔吃草。［Øiəu35Øiaɔ35ma33Øai112khuai213

khuai0phaɔ33ɕɕhaɔ33,øiəu35øiaɔ35ma33øai112n̩35tɕhia44tshaɔ33.]讽诫谚。既想马跑得快，又想不给马喂草。比喻又想把事情做好，又不想付出代价。例：你啊，～。哪有那样个好事啰？你舍唔得本钱，你崽就读得书出哩哎？

又做师公又做鬼。[øiəu35tsəu35sɻ44koŋ31øiəu35tsəu35kuei33.]讽诫谚。师公，指民间捉鬼的道士。指一边当捉鬼的道士，一边扮鬼，常用来形容两面讨好的人。例：你屋里娘啊，那是～。在我俚面前讲我俚好，讲你老弟两口人何咖何咖唔好。在你老弟两口人面前呢，又讲我俚两个何咖何咖唔好。

鱼多水腥，崽多母苦。[ʐy112to44suei33ɕin44,tsai33to44mo33khu33.]生活谚。鱼太多了，池里的水自然变腥了；孩子多了，母亲就会受更多的苦。例：～。渠生咖五男二女。那时机屋里田土少，有得吃得，渠自家经常唔吃，省到把细个子大齐吃，真个苦哩滴啊。

鱼有鱼路，虾有虾路，泥鳅黄蛇，各走一路。[ʐy112øiəu33ʐy112lu35,xa44øiəu33xa44lu35,n̩ɻ112tɕhiaɔ213vaŋ112ʐ̩a31,ko35tsəu33ŋɻ44lu35.]生活谚。鱼有鱼的走法，虾有虾的走法，泥鳅和黄鳝，也各自有各自的走法。比喻不同的人有不同的门路或活法，不能强求。例：～。你唔能要求所有个人和你一样，都照倒你个想法来做。

冤有头，债有主。[øyan44øiəu33dəu112,tsai35øiəu33tɕy33.]讽诫谚。冤有冤头，债有债主。比喻处理问题，要找到主事的人。例：～。欠你钱个是我屋里爷，又冇是我，你寻到我来有么个用？

元宵节种瓜，一只结巴一只。[ʐyan112ɕiaɔ31tɕie44tʂoŋ44kua44,øɻ44tʂa44tɕie44pa31ɻ44tʂa44.]农谚。元宵节的时候种瓜类作物，一个花蒂会结一个瓜，说明元宵节是种植瓜类的好时节。例：箇时期哩你还没发番瓜秧子哎？听老人家讲～唻。现案都快三月间哩，你还冇下种，你晓得种菜冇？

远亲唔如近邻，近邻唔如对门。[øyan33tɕhin44n̩35ʐy112dʑin213lin112,dʑin213lin112n̩35ʐy112tuei35men112.]讽诫谚。远方的亲戚不如住得近的邻居，住得近的邻居不如隔壁邻居。例：我跟你讲，～。所以，你要和隔壁邻居搞好关系。

远贼必有熟脚。[øyan33dzei213pɻ44øiəu33ʂəu35tɕio44.]生活谚。远道而来的贼如果没有熟悉内情的人通风报信，就偷不到东西。比喻有内鬼。

例:院子里箇多户数,单单只有有在屋里住那两户掉咖东西。要我讲, ~ ,我俚院子里有内鬼。

月光带毛,洪水咆咆。〔ŋye21kuaŋ42tai35maɔ112, ɤoŋ112suei33baɔ112baɔ0.〕气象谚。由于空气中水汽比较多,月光透过水汽时,被水滴或空气中的微粒散射而形成月亮外圈比较模糊,有发芒现象,这种情况预示着有大雨来临,会涨大水。例: ~ 。今夜月光带毛,明日是得落雨个,你带倒伞去吧。

越有个越挣,越冇得个越困。〔ŋye44ŋiəu33ko0ŋye44tsen35, ŋye44maɔ35te0ko0ŋye44khuen213.〕讽诫谚。指越有钱的人越努力,越没有钱的人越懒。例: ~ 。渠屋里箇两年做五金生意,总赚哩两三百万哩曼,渠还天天起早摸黑,一天连饭都冇得时间吃。

云走东,冇雨便有风;云走南,落雨打烂坛;云走西,落雨背蓑衣;云走北,有雨也冇得。〔ʐyn112tsəu33toŋ44, maɔ35ŋy33bian213ŋiəu33foŋ44; ʐyn112tsəu33lan112, lo35ŋy33ta33lan35dan112; ʐyn112tsəu33çɿ44, lo35ŋy33pei44so44ȵ44; ʐyn112tsəu33pei33, ŋiəu33ŋy33ŋiɛ33maɔ35te0.〕气象谚。云向东边走,即使没有雨也会有风;云向南边走,将会下暴雨;云向西边走,也将有雨降落;云向北边走,即使有雨也是对农作物生长不起作用的小雨,可以忽略不计。例: ~ 。你出去看一下,看天上个云往那边走个,看下得得落雨啰。

Z

栽跟斗〔tsai44ken44təu31〕惯用语。本指徒手在地上做翻、滚动作,比喻受挫折、失败。例:我讲个话你唔听,明日迟早是得 ~ 个!

崽大爷难做,弟大兄难为。〔tsai33dai213ʐia112lan112tsəu35, di213dai213çioŋ44lan112vei112.〕讽诫谚。指儿子长大了,父亲就不好再管教了;弟弟长大了,兄长就不好当了。例: ~ 啊。箇两只祸坨子唔晓得何咖想个,我天天催渠两个找女朋友,渠两个就是唔听,我也冇得办法。

崽多母苦,盐多菜苦。〔tsai33to44mo33khu33, ʐian112to44tshai213khu33.〕生活谚。儿女多了,母亲会受苦受累,盐太多了,菜会变苦。例: ~ 。男人家唔是,崽又冇要渠怀,冇要渠生,连带都很少带,从来体会唔倒女人家带崽个苦。

崽行千里娘担忧,娘行千里崽唔愁。〔tsai33ʐin112tçhian44li33ȵiaŋ112

171

tan44ɵiəu44, ȵiaŋ112ʑin112tɕhian44li33tsai112ŋ35dzəu112.〕讽诫谚。子女出门在外,父母在家很担心;父母出门在外,子女不会牵挂。表明父母对子女的爱深厚,而子女对父母缺乏关爱。例:~,箇句话硬是冇讲赵"啊!渠出去一个星期,我天天在屋里担心唔尽哩。我去广州去咖个多个月哩,渠冇管冇探个。

崽在外头摆架子,爷在屋里吃麦子。〔tsai33dzai213ɵuai35dəu0pai33ka35tsŋ0, ʑia112dzai213vu44li0tɕhia44mai35tsŋ0.〕讽诫谚。儿子在外面吃香的喝辣的,摆阔气,父母在家连饭都吃不上。比喻孩子不知道父母生活的艰辛。例:渠屋里那只崽,硬是冇是只人。天天在外头大吃大喝,请箇个吃饭,请那个吃饭。唔晓得渠屋里爷在屋里天天吃青菜。应咖那句老话,~。

在行在行,各习一行。〔dzai213ɣaŋ112dzai213ɣaŋ112, ko44ɕŋ44ɵŋ44ɣaŋ112.〕讽诫谚。指每个人都有自己擅长的一面。例:硬是~啊。你看渠屋里只崽,要渠读书,渠捉到麻怪鐖猪。但是做生意渠是把好手,一年赚得几百万。

在家靠父母,出门靠朋友。〔dzai213tɕia44khaɔ213vu213mo33, tɕhy44men112khaɔ213boŋ112ɵiəu33.〕讽诫谚。在家时依靠父母照顾,出门在外,就得靠朋友相助。例:~。我能有今日,全靠你箇滴朋友三四帮忙。以后你大齐有么个事就跟我讲,冇客气。

在生唔孝,死哩拜孝。〔dzai213sen44ŋ35ɕiaɔ35, sŋ33li0pai35xaɔ35.〕讽诫谚。父母在世时不孝顺,死了哭得再伤心都是假的。意思是趁父母在世要多孝顺,而不是死后才伤心难过。例:渠屋里老母亲在世个时机,渠天天骂么个个样,吃也是有餐冇餐个。箇下死咖哩,又在那里哭哩。~,有么个拜得。

在生要间屋,死哩要副木。〔dzai213sen44ɵiaɔ35kan44vu44, sŋ33li0ɵiaɔ35fu35mo44.〕生活谚。活着的时候要一间房子住,死了要一副棺材安葬。例:崽啊,你要恨气啊,多抓滴钱唧,把栋屋砌起。我箇年纪了,~。箇两样我就指望你哩啊。

早插薯多,晚插藤多。〔tsaɔ33tsha44dʑy112to44, ɵuan33tsha44den112to44.〕农谚。红薯一般采取插栽种植,插得早的话,红薯比较多,插得晚的话,藤多红薯少。例:~。看你想要红薯哎,还是想红薯藤多滴唧啰。要想红薯多滴唧,你就要插早滴唧。

早吃开胃,夜吃烂肺。[tsɑɔ33tɕhia44khai44vei35,øia35tɕhia44lan35 fei35.]生活谚。早上吃生姜开胃,晚上吃生姜伤肺。这是由姜的特性决定的。姜,味辛,性温,清晨胃中之气有待升发,这时吃点姜,可以健脾温胃,鼓舞阳气升腾。夜间阳气收敛,阴气外盛,这时吃姜容易上火。例:箇夜里间你还吃生姜,你唔晓得~吗?早日间倒是可以吃滴生姜唧,开胃。

早刮东风夜有雨,晚刮东风一场空。[tsɑɔ33kua44toŋ44foŋ31øia35 øiəu33øy33,øuan33kua44toŋ44foŋ31ɳ44dzaŋ112khoŋ44.]气象谚。早上刮东风,晚上就会下雨,晚上刮东风,基本不会下雨。例:~。夜里间渠动东风,看样子是有得雨哩。

早刮西南风,有雨也唔凶。[tsɑɔ33kua44çɳ44lan112foŋ44,øiəu33øy33 øiɛ33ɳ35çioŋ44.]气象谚。早上刮西南风,即使有雨也不多。例:今早日无头巴脑_{无缘无故}落雨哩,嘹!不过~,落唔得好久个。

早红夜雨,夜红冇滴雨。[tsɑɔ33ɤoŋ112øia35øy33,øia35ɤoŋ112maɔ35 tia35øy33.]气象谚。早上天边有红霞,晚上会有雨,傍晚天边有红霞,则不会有雨。例:甲:你看今夜红火烧天个,明日有大太阳出。乙:那你就赵"咖哩唻。~。明日有得雨落得。

早起东无云,日出便转阴。[tsɑɔ33tɕhɳ33toŋ44vu112ʐyn112,zɳ213 tɕhy44bian213tɕyan112øin44.]气象谚。早上东边没有云,太阳出来后就会转为阴天。例:甲:天气预报劳"唔准,昨日看今日还是天晴,今日何咖又是阴天哩?乙:天气预报唔准个。还是老话过得估滴,~。今早起东边冇看到有云,唔怪渠是阴天。

早起三朝当一工,免得求人拜下风。[tsɑɔ33tɕhɳ33san33tsɑɔ44taŋ35 øɳ44koŋ44,mian33teɔdziəu112ʐen112pai35ʐia213foŋ44.]讽诫谚。早起三个早上所干的活,能顶上一天干的活,以免因为干不完活而放下面子去求人。例:你就是懒。~咪。要是我,我能愿自家早滴唧起来,慢慢做,也免得去求别个,还要丢小。

早日间三打三吹,晌午间劚猪劚羊,夜里间麻子揢糖。[tsɑɔ33ɳ44kaɔ san44ta33san44tshuei44,ʂaŋ33vu31kaɔluaŋ112tɕy44luaŋ112ʐiaŋ112,øia35liɔ kaɔma112tsɳɔlo33daŋ112.]风土谚。指以前邵阳人一日三餐都以红薯为主

食。早上吃烤红薯,红薯上有灰,所以要三打三吹;中午吃蒸红薯,像整只猪羊;晚上吃红薯丝拌米饭,红薯上点缀着几粒米饭,像芝麻沾糖一样。例:我细前间屋里一日三餐都吃红薯。～,我吃腻咖个。现案ᵑ看到红薯我就脑壳痛,再好个红薯我也唔吃哩。

早雾晴,夜雾雨。[tsaɔ33vu213dʑin112,Øia35vu213Øy33.]气象谚。早上有雾是晴天,晚上有雾是雨天。例:今早起个雾箇大,都看唔见行路哩,不过等下有大太阳出。～。

枣树当年唔算死,柳树当年唔算活。[tsaɔ33ʐy42taŋ44ȵian112ŋ35 suaŋ35sʅ33,liəu33ʐy42taŋ44ȵian112ŋ35suaŋ35xuei35.]生活谚。枣树当年没有发芽,未必就已经死了,因为枣树来年还会发芽。而柳树比较容易出现假活现象,即使当年发芽了也未必是活的,第二年也可能会死掉。例:箇只枣子树,看起好像是死咖哩,但是明年又是得发芽个。～。

枣子骨头——两头尖(奸)。[tsaɔ33tsʅ0kuei44dəu0——liaŋ33dəu0 tɕian44.]歇后语。枣核中间圆,两端尖。"尖"谐音"奸",指在利益双方两头耍奸使滑。例:渠冇是只好人,你两个隔意见,渠在中间是只～。

灶锅净,少生病。[tsaɔ35ko44dʑin213,ʂaɔ33sen44bin213.]生活谚。灶台和锅碗瓢盆等都擦洗得干干净净,做出来的东西干净,吃了不容易生病。例:要你屋爸爸做饭呢,一只厨房搞得邋遢死哩,从来唔得收下个。你看我啰,每次做完饭,拿灶台擦得干干净净唥。～唻。

占倒茅厕唔拉屎。[tʂan35taɔ0maɔ21cɔ21sʅ24ŋ35la44sʅ33.]讽诫谚。比喻占着职位却不干活。例:你冇～嘛!自家冇得那样个本事,就把校长箇只位置让把有能力个人去做嘛!

章子大唔过条子,条子大唔过面子。[tʂaŋ44tsʅ0da213ŋ35ko35diaɔ112 tsʅ0,diaɔ112tsʅ0da213ŋ35ko35mian35tsʅ0.]讽诫谚。指旧时办事过程中,加盖公章不如领导递条子,领导递条子不如他直接带你去。说明人情因素在办事过程中的作用。例:现案ᵑ箇样个社会,都是靠关系个,～。我俚箇样个冇得关系个人,只有靠自己。

长短是根棍,轻重是只礼。[dzʅaŋ112tuaŋ33zʅ213ken44kuen35,tɕhin44 tʂoŋ35zʅ213tsa44li33.]讽诫谚。无论长短,都是根棍子;无论价值大小,都是个礼物。指送礼不计轻重,只在于表达心意。例:别个屋里今日进火住新屋,你也封只红包去贺喜一下嘛。~咪,你在屋里唔去,逗起别个讲。

长尾巴[tʂaŋ33mʅ33pa0]惯用语。指小孩过生日。例:今日崽崽~,你妈妈买滴么个好吃个把你吃啊。

丈二个金刚——摸唔倒头脑。[dzʐaŋ213ɵai35ko0tɕin44kaŋ44——mo44ŋ35tsɔ0dəu112la31.]歇后语。一丈二尺高的金刚雕像,摸不着他的脑袋。比喻弄不明情况,搞不清底细。例:到底是只么个案,我倒是~。

朝霞唔出门,晚霞行千里。[tʂɔ44ʑia112ŋ35tɕhy44men112,ɵuan33ʑia112ɤen112tɕhian44li33.]气象谚。早上有彩霞,下雨的可能性很大,最好不要出远门;傍晚有彩霞,不会下雨,可以放心出远门。例:~。你今日放心出去,昨夜天黑时机天上红火烧天,今日肯定冇得雨落得。

罩蹦子[tsɔ35poŋ112tsʅ0]惯用语。指突然跳起来的动作。例:渠昨日好厉害,一~跳起去,箍倒那只贼个颈骨唔放。

针无两头尖,蔗无两头甜。[tʂen44vu112liaŋ33dəu0tɕian44,tʂe44vu112liaŋ33dəu0dian112.]生活谚。没有两头都尖的针,也没有两头都甜的甘蔗。比喻人或事物没有十全十美的,都有一定的缺陷。例:~。你要求冇要那高,你屋里女已经蛮厉害哩,人无完人呢。

真个假唔去,假个真唔来。[tʂen44ko0tɕia33ŋ35khe213,tɕia33ko0tʂen44ŋ35lai112.]讽诫谚。真的就是真的,假的就是假的,指真实的东西终究做不了假,虚假的东西终究当不成真。例:你放万千个心,~。我个东西绝对是真个,如果是假个,我一只赔你炮只。

真人唔露相。[tʂen44zʐen112ŋ35lu35ɕiaŋ35.]讽诫谚。真正有本事的人是不会轻易露出自己的本领的。例:王老师乒乓球打得箇好,真个是~啊。我还疑起渠唔晓得打乒乓球呢。

砧板上个肉——听你锯。[tʂen44pan31ɤaŋ0ko0dzu213——thin213ŋʅ33ke35.]歇后语。放在砧板上的肉,别人想怎么割就怎么割,比喻不能把握自己的命运,听任别人摆布。例:我现案"是条卵都冇得哩,是~。

诊病在医生,养病在本人。[tsen33bin213dzai213ŋʅ44sen31,ɵiaŋ33bin213dzai213pen33zʐen112.]生活谚。医生可以给你治病,但是,要想病快点好起来,还是要靠自己养着,医生帮不上忙。例:你出咖院冇得两天,就要吃得箇咖咸咸辣辣,只讲你个病唔翻咖。~咪。

蒸酒打豆腐,冇充老师傅。[tʂen44tɕiəu33ta33dəu213vu0,maɔ35tʂhoŋ44laɔ33ʂʅ44vu0.]讽诫谚。指蒸酒和做豆腐很难一下子学精,不要轻易称师傅。例:甲:老婶子,你一年总要烤七八缸酒吧,那烤酒你是老师傅哩,要拜你为师。乙:那唔能是箇咖讲呢,~,我有时候也冇烤好。

正半年,鞋半箱。[tʂen44paŋ35ȵian112,ɣai112paŋ35ɕiaŋ44.]生活谚。正月是妇女在家做针线活的好时候,一个正月能做半箱鞋子。例:往年间,大齐全靠正月间做鞋子穿。~。农忙时哪有时间做鞋子。

正月十五贴门神——晏咖半个月。[tʂen44ØyƐ42ʂʅ112vu33thi44men112ʐen112——ŋan35ka0paŋ21ko24ØyƐ35.]歇后语。门神要在年三十儿或正月初一贴,到正月十五才贴,已经晚了半个月。指行动过于迟缓,错过了时机。例:你怕是发梦冲哦,箇时机才想起报名!~哩!

只有冻死个蚊子,冇得累死个蜜蜂。[tsʅ44Øiəu33toŋ35sʅ33ko0ven112tsʅ0,maɔ35te0luei35sʅ33ko0mʅ112foŋ31.]讽诫谚。苍蝇不劳动,天冷时只有冻死;蜜蜂勤劳,绝不会累死。劝诫人要勤快。例:你刚参加工作,在单位上要有眼法思想,要勤快滴唧。~。你听到哩冇?

只种唔管,打烂饭碗。[tsʅ44tʂoŋ33ȵ35kuaŋ33,ta33lan35van213Øuaŋ33.]农谚。只播种,不管理,就没有收成。例:你田里个禾哎,稗子、荷叶草长满咖哩,你也唔去扯咖。~唻。你箇咖作田,哪里有收哦。

只栽花唔栽刺。[tsʅ44tsai44xua44ȵ35tsai44tsʅ35.]生活谚。只做好事,不做伤害别人的事。例:我俚七十多岁哩,~,有滴么个事也唔讲渠哩。

直筒子[tʂhʅ213doŋ112tsʅ0]惯用语。指直来直去的人。例:我就是只~,讲话冇得弯转得个,有只么个讲只么个。

植树造林,冇过清明。[tʂhʅ213ʐy213tshaɔ213lin112,maɔ35ko35tɕhin44min112.]农谚。植树造林,最晚不宜超过清明节,因为清明节后,气温升高,雨水增多,不利于树苗的存活。例:~。只讲端午节哩,你还在栽树,还栽得活?

纸包唔住火,人管唔住嘴。[tsʅ33paɔ44ȵ35dʐy213xo33,ʐen112kuaŋ33ȵ35dʐy213tsuei33.]讽诫谚。火可以把纸烧掉,所以纸不可能包得住火;人的嘴巴是用来吃饭说话的,也难管得住。比喻事实是掩盖不了的。也形容某种形势不可阻挡。例:老娘得咖肺癌个事,我劝你还是告诉渠老人家,渠也有只心理准备。毕竟～。过几天渠也就晓得哩,到时候渠还怪你。

指背心[tsʅ33pei21ɕin42]惯用语。指在背后说他人的短处。例:为人要老实本分,冇逗起别个～。

指倒葫芦骂冬瓜。[tsʅ44taɔ0vu112lu31ma35toŋ44kua31.]讽诚谚。意思是指桑骂槐。例:你冇在那里～,再骂冇怪我唔给你留情面哩。

种菜唔要问,勤淋水,多上粪。[tʂoŋ33tshai213ŋ̊35ɵiaɔ35ven213,dʑin112lun112suei33,to44z̩aŋ213fen35.]农谚。种菜不要多问,只要勤浇水,多施粪肥,菜肯定能种得好。例:～唻。别个一天早夜淋两次水,我从来冇看到你淋水,也冇看到你淋小淤,菜得长冇唻?

种田唔锄草,到头啃野草。[tʂoŋ33dian112ŋ̊35dzu112shaɔ33,taɔ35dəu112khen33ɵia33tshaɔ33.]农谚。种田要勤快,要多锄草,如果不锄草,野草长得快,把田里的肥料全部吸收了,到头来稻谷颗粒无收。说明除草对于种田的重要性。例:～。你看你田里个草好厚唧哉,明日赶倒去扯咖!

种田唔杀虫,收时两手空。[tʂoŋ33dian112ŋ̊35sa44dz̩oŋ112,ʂəu33zʅ112liaŋ33ʂəu33khoŋ44.]农谚。种田如果不杀虫,等到收获时将两手空空。说明虫害对农作物的损害很大,必须及时杀虫。例:田里个钻心虫满咖哩,你快买滴农药杀一下!～。钻心虫蛮厉害个,冇到时候冇得收得。

种子隔年留,崽女前世修。[tʂoŋ33tsʅ0ke44ŋian112liəu112,tsai33ŋ̊y33dʑian21sʅ24ɕiəu44.]讽诚谚。指粮食种子是隔一年留下的,儿女是前世修善修德而得的,人无法选择。例:甲:我命何咖箇咖苦啊,崽女下唔听话,烦尽心。乙:～。你也想开滴唧,等渠两个长大滴唧就好滴哩。

猪血李[tɕy44ɕyi44li33]惯用语。本指一种好看不好吃的李子,后用来形容外表漂亮而没有内涵的人。例:渠是只～,外牌子蛮好,肚才就蛮隔场啊。

猪血李——好看唔好吃。[tɕy44ɕyi44li33——xaɔ33khan213ŋ̊35xaɔ33tɕhia44.]歇后语。猪血李外表好看但不好吃。比喻人或事物徒有外表而没有什么实际内涵和价值。例:那只臭柑,眑起蛮乖他=,吃起清苦,好像只～。

猪嘴里讲唔出人话,狗嘴里吐唔出象牙。[tɕy44tsuei33li0kaŋ33ŋ̊35tɕhy44z̩en112va213,kəu33tsuei33li0thu213ŋ̊35tɕhy44dʑiaŋ213ʑia112.]讽诚谚。比喻从坏人的嘴里说不出好话。例:你冇和倒渠讲,渠是～,听到心

里烦。

竹子也要分只上藕˭下节。［tʂəu44tsɿ0Øiɛ33Øiaɔ35fen44tʂa44ʐaŋ213ŋəu33ʑia213tɕiɛ44.］讽诫谚。同一根竹子也有上下节之分。比喻要分清长幼尊卑。例:娘亲舅大,外甥今日结婚,舅爷老人家要坐上席,我俚做晚辈个哪里敢坐。～。你老家讲是唔是?

主人爱的是真龙。［tɕy33ʐen31ŋai35ti0zɿ213tʂen44loŋ112.］讽诫谚。真龙,比喻美好珍贵的事物。当事人自己喜欢的才是最美好的,别人说再多都没有作用。例:那只后生脸目相只那牌子唧,屋里又冇得钱。～。妹唧自家喜欢,硬要嫁把渠,我冇得办法。

主雅客来勤。［tɕy33Øia44khe44lai112dʑin112.］生活谚。主人有情趣、有品位,客人就会经常来。例:有滴饭店客好多,有滴客就少。一个跟饭菜好唔好吃有关系,还有一点也蛮重要,～,主人高雅,有品味,自然就吸引客人过来。

煮饭要放水,讲话要讲理。［tɕy33van213Øiaɔ35faŋ35suei33,kaŋ33va213Øiaɔ35kaŋ33li33.］讽诫谚。讲话要讲道理,就好像煮饭要放水一样。例:～。我和倒你箇个唔懂道理个人讲唔抻。我唔做声哩,要得冇?

抓下屁股嗅下手。［dzua112ɤa21phɿ213ku33ɕioŋ35ɤa21ʂəu33.］讽诫谚。挠一下屁股嗅一下手。比喻做事不踏实,三心二意。例:要你把我读书,你～。一下去喝口水,一下又去厕部尿,一上午哩,书还是翻到现当。

赚钱不如省钱,省倒两个现钱。［dzuaŋ213dʑian112pu35ʐy112sen33dʑian112,sen33taɔ0liaŋ33ko0ʑian213dʑian112.］讽诫谚。辛辛苦苦去赚钱,还不如节省用钱,省下的都是已有的现钱。例:今日渠屋里爷八十大寿,冇做酒,又把我省倒几百块钱。～。

赚钱唔费力,费力唔赚钱。［dzuaŋ213dʑian112ŋ35fei35li35,fei35li35ŋ35dzuaŋ213dʑian112.］讽诫谚。真正能赚钱的靠的是智慧,不要费太多的体力;凭劳力干活既费力气又赚不到大钱。例:箇热个天,你爸爸在外头卖苦力,又唔赚钱。你大大在屋里吹起空调,打下电脑就要得哩,比你爸爸还多赚滴钱。所以讲,～。

庄稼一朵花,全靠肥当家。［tsuaŋ44tɕia35Øɿ44to33xua44,dʑian112khaɔ213vei112taŋ44tɕia44.］农谚。要想庄稼长得好,就要多施肥。例:渠个

土有种东西之前，下咖好多肥料，现案＂土里个茄子辣椒长得好好。唔是讲
~哩，还是要肥得好。

捉泥鳅要捰，捉黄蛇要恶。［tso44n̠ɿ112tɕhiaɔ213Øiaɔ35loɔ33, tso44
vaŋ112z̠a31Øiaɔ35Øo44.］生活谚。泥鳅很滑，抓泥鳅要用双手慢慢捧起来；
捉黄鳝必须一下子掐住头部，才能抓住。例：你那咖捉得黄蛇倒，我算你狠。
~唻，捉黄蛇要用力掐倒只七寸唻。

捉蛇要掐七寸。［tso44z̠a112Øiaɔ35kha44tɕhɿ44tshuen42.］讽诫谚。抓
蛇要卡住它的七寸之处。比喻说话做事要注意抓关键环节。例：~唻。你
和渠罗里吧嗦有么个用？把关键问题交代清楚就要得哩唻。

捉只狗虱也要费滴口水。［tso44tʂa0kəu33se31Øiɛ33Øiaɔ35fei35tia0khəu
33suei31.］讽诫谚。跳蚤很小，容易逃脱，捉跳蚤时，往往要用手沾点口水，
以防止其逃脱，所以说也要费一滴口水。意思是无论做什么事，即使是很不
起眼的小事，都要付出一定的代价。例：你求别个帮忙，送滴东西唧生怕浪
费咖哩。~呢，你箇咖小气，哪个愿意帮你做事？

捉只虱婆放脑壳高头抓。［tso44tʂa0se44bo31faŋ35laɔ33kho31kaɔ44dəu0
dzua112.］讽诫谚。自己捉只虱子放自己头上，比喻没事故意给自己找麻烦。
例：你是自家冇得事寻滴事做，~。渠屋里两只崽读书，渠自家个哥哥在教
育局，唔晓得打招呼啊，要你充么个狠！

子唔嫌母丑，狗唔嫌家贫。［tsɿ33ŋ̍35z̠ian112moʔ33tʂhəu33, kəu33ŋ̍35
z̠ian112tɕia44bin112.］讽诫谚。做子女的不要嫌弃母亲长得丑，狗不会嫌弃
主人家里贫穷。意思是做人不能忘本。例：老话讲，~。三毛那只剁脑壳
个，在城里当只芝麻官，就疑起自家了唔起哩。渠屋里娘去找渠，渠唔准渠
娘进屋啊，硬冇是只人！

姊妹如肝胆，兄弟似手足。［tsɿ33mei42z̠y112kan44tan33, ɕioŋ44di42
sɿ213ʂəu33tsu44.］讽诫谚。指兄弟姐妹之间的关系亲密无间。例：~。娘爷
冇在哩，你姊妹家要互相帮衬下唧，血浓于水。

自屎唔臭，自尿唔臊。［dzɿ213sɿ33ŋ̍35tʂhəu213, dzɿ213n̠iaɔ35ŋ̍35laɔ
44.］讽诫谚。认为自己的屎不臭，自己的尿不臊。比喻自己的缺点自己感
觉不到。例：你是~，你自家也经常挖鼻了，还骂崽。

字怕上墙，人怕上床。［dzɿ213pa213z̠aŋ213dz̠iaŋ112, z̠en112pha213

zๅaŋ213dzuaŋ112.]生活谚。指写的字挂到墙上,就容易看出缺点来,人生病卧床了,就日子不长了。例:~。趁渠现案=还吃得动得,多把滴把渠吃,带渠出去走下唧,看下唧。

走咖只卖香个,捉到只卖姜个。[tsəu33ka0tʂa0mai35çiaŋ44ko0,tso44taɔ0tʂa0mai35tçiaŋ4ko0.]生活谚。指真凶逃跑了,抓了一个替罪羊。例:上次那只杀人案,~。重新审理之后,发现冤枉咖好人哩。

走路往前看,做事往后看。[tsəu33lu35Øuaŋ33dʑian112khan213,tsəu35zๅ213Øuaŋ33ɤəu213khan213.]讽诫谚。走路要朝路前方看,做事要多考虑事后的情况。比喻人要朝着希望的方向前进,做事情都要为今后做打算。例:人啊,~。你唔能老是揪倒以前个事唔放,以前个事已经过去咖哩,你还是要为自家以后个生活打算。

嘴巴甜,当得钱。[tsuei33pa0dian112,taŋ35te0dʑian112.]讽诫谚。劝告人说话嘴巴要甜一些,这样可以当钱使。例:一只妹唧家,看到认得个人,嘴巴子甜滴唧。~。唔是别个讲你屋里冇教习。

嘴巴甜如蜜,心里黑如漆。[tsuei33pa31dian112ʑy112mๅ35,çin44li0xei44ʑy112tçhๅ44.]讽诫谚。嘴巴上像蜜一样甜,但是内心却像漆一样黑。形容人表里不一。例:那只女人,~。你看到渠天天口脸眯笑,但是做出个事歹毒死哩。

嘴巴子两块皮,一边讲一边移。[tsuei33pa31tsๅ0liaŋ33kuai213 bๅ112,Øๅ44pian44kaŋ33Øๅ44pian44zๅ112.]生活谚。形容人说话不算数,说完就变卦。例:渠讲话劳=唔算数个。~。你冇信渠。

嘴多冇命,屁多冇病。[tsuei33to44maɔ35min35,phๅ213to44maɔ35bin213.]讽诫谚。一个人太多嘴,会给自己带来致命的伤害;屁多有利于身体健康,不容易生病。例:你就是管唔住自家个嘴巴子。老话讲~。哪滴话讲得,哪滴话讲唔得,你要好式衡量下。

嘴多伤人,酒多伤身。[tsuei33to44ʂaŋ44zๅen112,tçiəu33to44ʂaŋ44ʂen44.]生活谚。说话太多了,容易给人造成伤害;酒喝多了,容易伤害自己的身体。例:吃酒,吃滴养身酒唧就可以哩。~。吃多哩对身体唔好。

作春要只大水牯,掌家要只多嘴婆。[tso44tçhyn44Øiaɔ35tʂa0dai213suei33ku31,tʂaŋ33tçia44Øiaɔ35tʂa0to44tsuei33bo112.]讽诫谚。主持家务需

要一个多嘴的妻子，就好像种田需要一头大水牛一样。例：三毛屋里婆娘就是嘴巴多，喜欢讲。但是老话讲，～。屋里要抓得好，要只箇样个女人。

作坏阳春一年，讨坏婆娘一世。［tso44vai213ɵiaŋ112tɕhyn31ɳ44ȵian112，thaɔ33vai213bo112ȵiaŋ31ɳ44sɿ35.］讽诫谚。庄稼种得不好，对家庭只带来一年的损害，但是，老婆娶得不好，对男人的影响就是一辈子的。例：晚妹屋里种根子唔好，渠屋里只女，我劝你还是冇要哩。～。你要好式想下再做决定。

作田看水，买猪看嘴。［tso44dian112khan213suei33，mai33tɕy44khan213tsuei33.］农谚。种田能不能有收成，关键看水源是否充足，买猪崽好不好养，关键看牙口好不好。例：～。今年箇滴猪崽崽买得好，明日赚得注大钱。

作田冇得巧，多犁多耙多锄草。［tso44dian112maɔ35te0tɕhiaɔ33，to44li112to44ba112to44dzu112tshaɔ33.］农谚。种田没有什么诀窍，就是要多犁几次，多耙几次，多锄草，这样庄稼才能长得好。例：～。你照倒我给你讲个做啰，我保证你今年个禾长得好。

作田唔养猪，好比秀才唔读书。［tso44dian112ŋ35ɵiaŋ33tɕy44，xaɔ33pɿ33ɕiəu35dzai31ŋ35du213ɕy44.］农谚。以前在邵阳人看来，庄稼人家里一定要养猪，如果不养猪，就没有肥料，庄稼也就长不好，就好像秀才不读书一样。例：～。渠屋里冇喂猪个，全靠肥复合肥。所以，你看渠屋里个禾长得劳＝冇好啰。

作田作到老，全靠种子好。［tso44dian112tso44taɔ35laɔ33，dʑyan112khaɔ213tʂoŋ33tsɿ0xaɔ33.］农谚。要想种田种得好，全靠种子要好。说明种子对农民来说特别重要。例：渠是作田个老把式哩，渠每年打起谷之后，要留最好个谷做谷种。老话讲，～。

坐得正，行得稳，唔怕癫狗来咬人。［dzo213te0tʂen35，ɣen12te0ɵuen33，ŋ35pha213tian44kəu33lai112ŋaɔ33ʐen112.］讽诫谚。比喻做人做事行为端正，即使有人想要加害，也不会担心受怕。例：我随便渠三毛讲到哪里去，随便渠何咖乱讲。我～。

做事存天理，讲话服人心。［tsəu35zɿ213dzen112thian44li33，kaŋ33va213fu35ʐen112ɕin44.］讽诫谚。指为人处事要遵循天理，开口说话要顺应人心。例：～。我从来唔得乱讲。你眇我严＝严＝唧讲个话，哪一句冇得道理？

参考文献

[1]陈慧英.广州方言熟语举例[J].方言,1980(2):141-143.

[2]陈丽冰.吉水方言谚语研究[D].南昌:江西师范大学,2017.

[3]邓红华.郴州俗语使用情况调查[J].湘南学院学报,2006(6):99-103.

[4]邓红华.郴州俗语的来源探究[J].文史博览(理论),2007(6):25-27.

[5]邓红华.永兴方言俗语与地域文化[J].湖南科技学院学报,2014(1):
    161-163.

[6]邓红华,田世雄.从郴州俗语透视郴州民俗[J].民族论坛,2007(4):
    38-39.

[7]邓红华.郴州俗语的文化特征[J].船山学刊,2007(3):141-144.

[8]方炳桂,方向红.福州熟语[M].福州:福建人民出版社,1999.

[9]符淮青.现代汉语词汇(增订本)[M].北京:北京大学出版社,2004.

[10]高歌东.汉语熟语学[M].青岛:山东教育出版社,1986.

[11]高然.漳州闽南语熟语[M].北京:世界图书出版公司,2010.

[12]谷晓恒.青海汉语方言谚语的文化特征探究[J].青海社会科学,2006
    (3):95-98,105.

[13]黄映琼.客家方言饮食熟语中的饮食文化[J].嘉应学院学报,2014
    (10):25-31.

[14]焦伟娜.安徽蒙城方言熟语的地域文化内涵[J].陇东学院学报,2015
    (4):28-31.

[15]靳雨.忻州方言四字组俗语的构成方式和修辞特色[J].语文研究,1986
    (1):52-60.

[16]李世琳.从认知视角浅析客家方言的熟语[J].汉字文化,2021(22):
    30-31.

[17]李亚娜.衡阳方言谚语与当地地域文化[J].时代文学,2014(1):201.

[18]刘叔新.汉语描写词汇学(重排本)[M].北京:商务印书馆,2005.

[19]刘薇.熟语性与熟语形成的研究[D].上海:华东师范大学,2006.

[20]陆侠.蒙城方言熟语研究[M].北京:中国科学技术大学出版社,2017.

[21]罗昕如.湖南方言与地域文化研究[M].长沙:湖南师范大学出版社,2001.

[22]马国凡,高歌东.惯用语[M].呼和浩特:内蒙古人民出版社,1982.

[23]马国凡,高歌东.歇后语[M].呼和浩特:内蒙古人民出版社,1979.

[24]马建东,温端政.谚语辞海[M].上海:上海辞书出版社,2017.

[25]聂志平,焦继顺.东北方言中的熟语[J].绥化师专学报,1997(2):44-47.

[26]聂志平,赵树全.东北方言中的熟语(之三)[J].佳木斯师专学报,1997(2):70-75.

[27]聂志平.东北方言中的熟语[J].佳木斯教育学院学报,1998(4):38-42.

[28]邵阳市民间文学集成编委会.中国民间谚语集成湖南卷·邵阳市分卷[M].邵阳市民间文学集成编委会,1988.

[29]邵阳县志编纂委员会.邵阳县志[M].长沙:湖南人民出版社,2008.

[30]沈玮.论汉语俗语的文学图像[D].上海:华东师范大学,2010.

[31]孙维张.关于"熟语"的概念[J].汉语学习,1982(3):53-56.

[32]孙维张.汉语熟语学[M].长春:吉林教育出版社,1989.

[33]唐若石.福州方言的熟语(上)[J].福州师专学报,1996(4):57-61.

[34]唐若石.福州方言的熟语(中)[J].福州师专学报,1997(1):50-55.

[35]唐若石.福州方言的熟语(下)[J].福州师专学报,1997(2):56-61.

[36]唐松波.熟语和成语的种属关系[J].中国语文,1960(11):275.

[37]唐艳.衡阳方言谚语的句法结构分析[J].衡阳师范学院学报,2009(5):100-103.

[38]唐艳.衡阳方言谚语与当地农业生产文化特征探究[J].大众文艺(理论),2009(17):63-64.

[39]涂纳.南昌方言俗语研究[D].南昌:南昌大学,2014.

[40]王德春.词汇学研究[M].济南:山东人民出版社,1983.

[41]王华.方言与地域文化[J].陕西社会主义学院学报,2006(2):31-32.

[42]王勤.谚语歇后语概论[M].长沙:湖南人民出版社,1980.

[43]王勤.论惯用语[J].语文研究,1982(1):141-150.

[44]王勤.汉语熟语论[M].济南:山东教育出版社,2006.

[45]温端政,周荐.二十世纪的汉语俗语研究[M].太原:书海出版社,1999.

[46]温端政.歇后语[M].上海:商务印书馆,1985.

[47]温端政.谚语[M].上海:商务印书馆,1985.

[48]温端政.中国俗语大词典[Z].上海:上海辞书出版社,1989.

[49]温端政.歇后语辞海[M].上海:上海辞书出版社,2018.

[50]吴春波,刘云.湘乡方言俗语的语义认知规律[J].现代语文(语言研究版),2011(12):72-75.

[51]吴春波,刘云.湖南湘乡方言俗语初探[J].学习月刊,2011(24):48-50.

[52]吴建生,温端政.惯用语[M].上海:上海辞书出版社,2018.

[53]武占坤,张莉.论熟语的民族气质[J].河北大学学报,1991(4):1-7,17.

[54]武占坤.汉语熟语通论[M].保定:河北大学出版社,2007.

[55]谢玉.邵阳方言俗语的文化内涵探究[J].青年文学家,2018(3):180-181.

[56]许宝华,汤珍珠,钱乃荣.上海方言的熟语(一)[J].方言,1985(2):146-158.

[57]许宝华,汤珍珠,钱乃荣.上海方言的熟语(二)[J].方言,1985(3):232-238.

[58]许宝华,汤珍珠,钱乃荣.上海方言的熟语(三)[J].方言,1985(4):314-316.

[59]言岚.方言谚语的地域文化解读:以醴陵方言谚语为例[J].船山学刊,2009(2):41-43.

[60]言岚.方言谚语的文化内涵:以湖南醴陵方言为例[J].前沿,2010(6):140-150.

[61]杨建国.基于动态流通语料库的汉语熟语单位研究[M].北京:北京语

言大学出版社,2009.

[62]杨月蓉.重庆方言俚语俗语研究[M].北京:中国文史出版社,2004.

[63]姚锡远."熟语"的种属地位及其定义域[J].汉字文化,1998(2):38-42,15.

[64]姚锡远.熟语文化论[J].河北大学学报,1994(3):85-91.

[65]姚锡远.熟语学纲要[M].郑州:大象出版社,2013.

[66]云生.关于"熟语"[J].中国语文,1959(7):23-24.

[67]张光明.忻州方言俗语大词典[Z].上海:上海辞书出版社,2002.

[68]张光明.忻州歇后语词典[Z].上海:上海辞书出版社,2006.

[69]张能甫.现代汉语熟语历史层次研究[M].北京:人民出版社,2020.

[70]张文轩.兰州方言中的谚语:兰州熟语简介(一)[J].兰州大学学报,1984(1):121-127.

[71]张文轩.兰州方言中的成语:兰州熟语简介(二)[J].兰州大学学报,1986(4):89-93.

[72]张友丽.湖北宜昌方言熟语研究[D].宜昌:三峡大学,2019.

[73]张钰莹.仙居方言熟语的认知分析[J].汉字文化,2020(17):55-57,82.

[74]周荐.熟语的经典性和非经典性[J].语义研究,1994(3):33-38.

[75]祝敏青.福州方言熟语的修辞特点[J].方言,2005(2):186-191.

后 记

　　这本小书是我和我的先生蒋协众合作的第一本书。先生是从 2004 年撰写硕士论文《邵阳马草话的状态形容词》起,就开始研究邵阳话的。2007 年,我们合作发表了《平行周遍原则和邵阳(南路)话的几个名词后缀》一文。此后,他陆陆续续发表了一些邵阳话语法研究的论文。我是从 2017 年读博士起才开始重点关注邵阳话的,也是关注邵阳话的语法现象。2012 年,先生发表了《湖南邵阳方言里的两类骂人话》,在他撰写这篇文章的过程中,我们感觉到家乡方言的词汇与语法一样,具有非常迷人的魅力。从那时起,我们就产生了要合写一本有关家乡方言词汇研究的小书的想法了,至今刚好 10 年。今年恰逢我们相恋 20 周年,所以,这本小书的出版,对于我们来说,具有特别的纪念意义!

　　本书的调查、研究和出版,得到来自多方面的支持和帮助,我要对他们表示衷心的感谢!

　　我首先要感谢我们的母亲徐爱冬女士,她是本书最重要的发音合作人。在我们的调查、研究过程中,她承担了我们家几乎所有的家务,可以说,没有她的配合和支持,就没有这本书的出版。

　　我要感谢我们的博士生导师罗昕如教授,她多次关注、指导本书的研究和出版。感谢伏照照、张妍、赵笑笑等为我们校对书稿、整理参考文献。感谢所有参考文献的作者们给我们的研究提供了重要基础。我们曾就少数条目的释义请教过唐湘鹏先生,在此一并致谢!

　　我要感谢国家社科规划办、国家语委、长沙师范学院等机构给本书的研究和出版提供的经费支持,感谢郑州大学出版社和责任编辑孙理达先生为本书的出版所付出的辛勤劳动。

　　本书是针对邵阳地区的熟语所进行的收集、整理和研究,但实际调查点集中在邵阳县,调查范围略显狭窄。邵阳方言文化博大精深,可以肯定,还有不少有特色的邵阳方言熟语没有挖掘出来,需要进一步进行调查、研究。

本书熟语的搜集、整理、例句的调查等工作由蒋遐和蒋协众合作完成,熟语的分类、研究等工作主要由蒋遐承担。具体来说,第一章到第四章由蒋遐执笔,第五章 1000 余条熟语的例释,有 700 条左右由蒋遐执笔,蒋协众承担了 300 条左右。

由于学术能力和水平有限,书中难免有错误或不当之处,敬请读者批准指正!

蒋 遐

2022 年 7 月于长沙补拙斋